T0244195

El linaje
de Hitler

David Gardner

EL LINAJE
DE HITLER

Una investigación
sobre los descendientes del Führer

Título original: *The Hitler Bloodline: Uncovering the Fuhrer's Secret Family*

© David Gardner, 2023

Publicado originalmente en inglés como *The Hitler Bloodline* en el Reino Unido por John Blake Publishing, un sello de Bonnier Books UK Limited.

© Editorial Pinolia, S. L., 2024
   Calle de Cervantes, 26
   28014 Madrid
www.editorialpinolia.es
info@editorialpinolia.es

© Traducción: Equipo Pinolia

Colección: Divulgación histórica
Primera edición: abril de 2024

Depósito legal: M-2804-2024
ISBN: 978-84-19878-39-7

Corrección y maquetación: Palabra de apache
Diseño de cubierta: Alvaro Fuster-Fabra
Impresión y encuadernación: Liberdúplex S. L.

Printed in Spain - Impreso en España

ÍNDICE

PRÓLOGO

En 1976, Mike Unger, entonces director del *Liverpool Daily Post*, me habló de la existencia de un diario escrito por una mujer que se hacía llamar Brigid Hitler, en el que afirmaba no solo que Adolf Hitler era su cuñado, sino que había visitado Liverpool en 1912. Brigid, una elegante irlandesa, había conocido al apuesto Alois, medio hermano de Adolf, en Dublín en 1909 y enseguida se fugó con él a Inglaterra. Una vez allí, se casaron y se instalaron en una vivienda alquilada en Upper Stanhope Street, en la zona de Toxteth de la ciudad. Su diario, escrito mucho después de que Alois la abandonara, está depositado en la Biblioteca Pública de Nueva York. Se ha demostrado que estaba casada con el hermanastro de Hitler, pero la mayor parte de lo que escribió, posiblemente con la ayuda de periodistas y columnistas de la prensa amarilla, podría haberse extraído de cualquier periódico de los años treinta. En sus páginas recuerda una visita a Berchtesgaden, un encuentro con Angela Raubal y Goebbels, pero lo que suena más verdadero, por su contenido mundano, por la ingenuidad de su expresión, es su relato de la llegada de Adolf a Liverpool.

Alois, que se dedicaba a la promoción de maquinillas de afeitar, había decidido contratar a su hermana Angela como agente en Alemania. Con este fin, le envió dinero para comprar un pasaje a Inglaterra. Acompañado de su esposa fueron recibir a Angela a la estación de Lime Street. Brigid, con su hijo pequeño, William Patrick, en brazos, relata prosaicamente cómo, en lugar de Angela, bajó al andén el joven Adolf Hitler. Más tarde, describe que su inoportuno huésped dormía mucho, era amable con el bebé y no mostraba ninguna inclinación a ganarse el sustento.

Mike Unger escribió un excelente libro basado en este diario y, algún tiempo después, yo escribí un relato ficticio de este supuesto suceso, totalmente inspirado en aquel primer encuentro en la estación de Lime Street. Imagínense la escena: la bocanada de vapor al acercarse el tren y, entre la bruma arremolinada, la aparición de Adolf, harapiento, con veintitrés años y aún por dejar su huella sangrienta en la historia.

Este libro es un extraordinario relato de la búsqueda de los descendientes de William Patrick, nacido en Liverpool y emparentado, por accidente de nacimiento, con el Führer. El propósito de este libro no es exponer o dar notoriedad a aquellos que llevan ese infame nombre, sino simplemente explorar el destino posterior del último de los Hitler.

Beryl Bainbridge, DBE (1932-2010)

«De familia e historia no tengo ni idea. En este aspecto soy completamente ignorante. Antes no sabía que tenía parientes. Solo cuando me convertí en canciller del Reich me enteré. Soy una criatura totalmente antifamiliar. Eso no va conmigo. Solo pertenezco a mi pueblo».

Adolf Hitler, *Monólogos*, 1942

«Soy el único descendiente vivo de la familia Hitler que lleva ese apellido y espero ingresar pronto en la Marina de los Estados Unidos».

William Patrick Hitler, 1944

«Que duerman los perros. Ya ha habido bastantes problemas con su nombre».

Phyllis Hitler, 1998

INTRODUCCIÓN

C uando escribí por primera vez sobre la extraordinaria historia de los últimos descendientes vivos de Adolf Hitler, una fuente impecable me dijo que los tres hermanos Hitler supervivientes, que viven en un suburbio de Nueva York, habían acordado no casarse nunca ni tener hijos para asegurarse de que el gen Hitler se extinguía con ellos. Todavía viven otros miembros de la familia extensa, pero estos son los últimos de la línea paterna, literalmente los últimos Hitler.

Ellos, por supuesto, ignoran si el mal se transmite a través de los genes, aunque su experiencia tiende a sugerir lo contrario. Los tres han llevado una vida decente, tranquila y sin pretensiones. Además del apellido —que han ocultado durante casi tres cuartos de siglo bajo uno falso—, no tienen nada en común con uno de los hombres más odiados de la historia.

Sin embargo, la idea de que los hermanos tenían un pacto sigue siendo fascinante, al igual que la extraordinaria vida de su padre, William Patrick Hitler, quien, hasta la publicación original de este libro, fue tachado de sobrino «repugnante» del Führer. Su familia más cercana insiste en todo lo contrario: fue un hombre valiente que se atrevió a hablar en contra de su tío a pesar del considerable riesgo que corría.

El hermano mayor ha sugerido que mi afirmación sobre su acuerdo para no engendrar una nueva generación de Hitler es una exageración, pero me atengo a la historia narrada por mi fuente, que prefiere permanecer en el anonimato. Es cierto que, de joven, uno de los hermanos más jóvenes esperaba casarse con una novia judía, pero su compromiso terminó cuando ella conoció su desgarradora historia familiar. Según me han dicho, esta fue una de las razones por las que se decidió poner fin a la línea de los Hitler y salvar a las generaciones futuras de la considerable carga que tal apellido suponía. Todos ellos, y espero que me perdonen por decir esto, atraviesan sus últimos años. Más de dos décadas después de mi primer contacto con ellos, los tres siguen solteros y sin hijos. En los años transcurridos, he hablado con la familia Hitler en numerosas ocasiones. Siempre se han mostrado educadamente firmes en su decisión de no hablar abiertamente de una conexión familiar que ha proyectado una enorme sombra sobre sus vidas, a pesar de que no han hecho nada para merecerlo. He rellenado las lagunas lo mejor que he podido, y he hecho todo lo posible por respetar sus deseos, ocultando el apellido que la familia eligió para sustituir a Hitler, la ciudad donde crecieron en Long Island y el lugar en el que residen en la actualidad. Incluso pude compartir con los hermanos la copia de un diario que escribió su padre mientras vivía en la Alemania de Hitler en los años treinta y que nunca habían visto antes.

Casi ochenta años después de la muerte de Adolf Hitler en 1945, su nombre arroja una sombra aún más oscura que la de otros líderes genocidas contemporáneos, como Pol Pot, Osama bin Laden y Vladimir Putin. William Patrick experimentó en primera persona el ascenso de su tío al poder como líder del Partido Nacionalsocialista Obrero Alemán mediante una campaña de brutalidad e intimidación y, tras la invasión de Polonia, el estallido de la Segunda Guerra Mundial el 1 de septiembre de 1939. Como el resto del mundo, William Patrick no conoció la existencia del Holocausto, la persecución de los judíos por parte de Hitler que costó la vida a seis millones de personas, hasta después de la Segunda Guerra Mundial, el conflicto más mortífero de la historia, con una cifra estimada de entre setenta y ochenta y cinco millones de víctimas mortales.

Con semejante rastro de muerte y devastación dejado a su paso por Hitler, no es de extrañar que su sobrino inglés desapareciera poco después del final de la guerra. Adoptó un nombre falso y formó su propia familia en una pequeña ciudad muy alejada del tumulto de su juventud. Tras recorrer medio mundo en una búsqueda que me llevó cuatro años, por fin pude contar por primera vez su extraordinaria historia. En este libro he incluido nuevos detalles. Espero que esto no afecte a la intimidad de los hermanos supervivientes.

Este libro no es solo la historia de una familia, los Hitler americanos, sino también el relato de mi esforzada investigación.

* * *

Tan solo era una tumba, apenas diferente de tantas otras que yacían una detrás de otra en el cuidado césped del cementerio rural en los bosques de Long Island, en Nueva York. Apoyado contra la lápida de mármol había un geranio recién regado junto a una pequeña bandera estadounidense que parecía haber echado raíces en la tierra aún blanda a causa de una tormenta de otoño.

Nada parecía distinguir esta tumba de sus vecinas, nada parecía sugerir que las vidas que conmemoraba merecían más que una segunda mirada de un extraño.

Solo cuando leí las palabras grabadas en la lápida supe con certeza que contenía la clave de uno de los misterios sin desvelar de la Segunda Guerra Mundial. Un apellido compuesto inventado inscrito en negrita y en mayúsculas había servido para ocultar la verdad a decenas de historiadores y académicos durante más de cinco décadas. Debajo se podía leer la información vital que yo había estado buscando durante cuatro años y por la que había decidido hacer un viaje de 3000 millas, aunque no ofreciera ninguna pista sobre el drama de la vida de las personas allí enterradas.

Descanse en paz

3/7/1891 Brigid Elizabeth 18/11/1969

12/3/1911 William Patrick 14/7/1987

Debido al chaparrón, yo era la única persona viva que continuaba en el cementerio. Me arrodillé para apartar las flores del mármol y comprobar las fechas de nacimiento. Las conocía perfectamente, pero aun así necesitaba comprobarlas en mi cuaderno para disipar cualquier duda.

William Patrick nació en Liverpool el 12 de marzo de 1911 y murió en su casa de Long Island a la edad de setenta y seis años. Compartió la tumba con su madre, Brigid Elizabeth, que nació en Dublín, Irlanda, el 3 de julio de 1891, y murió el 18 de noviembre de 1969, a la edad de setenta y ocho años.

En el cuaderno aparecía un apellido, pero no el que estaba grabado en la lápida. El apellido escrito en el cuaderno era la herencia no deseada que la madre le había dejado a su hijo: el nombre con el que William Patrick nació y del que intentó escapar durante más de media vida. Este apellido era el motivo de mi búsqueda.

No pretendo revelar el apellido inscrito en la lápida, pero debería haber sido Hitler.

Como sobrino de Adolf Hitler, hubo un tiempo en el que William Patrick llamó «tío Adolf» al que posiblemente fuera el mayor tirano del siglo XX.

A su vez, William Patrick fue descrito por su tío como «mi repugnante sobrino».

Hitler, nacido en Inglaterra, había recorrido Estados Unidos y Canadá dando conferencias sobre el malvado líder alemán y se había alistado en la Marina de Estados Unidos para luchar con los Aliados hacia el final de la Segunda Guerra Mundial. No obstante, nunca pudo desprenderse del papel que le asignaron los historiadores nazis y los biógrafos de Hitler como el «sobrino oveja negra» del Führer, un turbio estafador. Eso podría explicar por qué eligió desaparecer y pasar el resto de su vida en la oscuridad en un rincón anónimo de Estados Unidos.

La historia no había sido más amable con su madre, ampliamente acusada de intentar aprovecharse de su posición como cuñada de Hitler gracias a un matrimonio infeliz con su hermanastro mayor, Alois. Ella también optó por el anonimato en lugar de vivir como la señora de Hitler.

Mi emoción al encontrar por fin la tumba del hombre que, según creía, era el último en llevar el nombre del infame dictador se vio atenuada por un matiz de decepción al darme cuenta de que William Patrick Hitler había cumplido su deseo de llevarse su secreto a la tumba. Puede parecer fantasioso, pero también tuve la siniestra sensación de que la historia se agolpaba a mi alrededor en el desierto jardín del recuerdo, a pesar de que me encontraba a un océano y a medio siglo de distancia de los horrores de Adolf Hitler. Tenía la sensación de estar siendo observado, si no por los vivos, quizá por los muertos. Para William Patrick, gran parte de su vida debió de ser así, bajo el temor del recuerdo de un hombre que murió en un búnker en Berlín en 1945, pero que seguía vivo en las pesadillas de tantos. Cada día traía consigo la posibilidad de ser descubierto. Había conseguido ocultar su secreto al mundo, pero la realidad del linaje de su tío era algo de lo que no podía escapar.

En ese momento, me giré y vi que una figura se acercaba en dirección al mausoleo. Durante un irracional segundo justifiqué mi sensación de temor anterior, puesto que, después de todo, me estaban observando.

—Lamento tener que apartarlo de un ser querido —dijo el hombre con solemne cortesía—. Soy el superintendente y estoy a punto de cerrar las puertas, así que me temo que tendré que pedirle que se marche dentro de unos minutos. Le vi aquí de pie bajo la lluvia. Debe de haber significado mucho para usted. Lamento su pérdida.

Dando las gracias entre dientes, eché un último vistazo a la lápida y volví a través de la hierba empapada hasta mi coche de alquiler. Apenas tres días antes, estaba sentado en mi despacho de Newport Beach, en California, dispuesto a abandonar por fin mi obsesión por el Hitler inglés. Durante mis cinco años en Estados Unidos, trabajando como periodista *freelance* en las costas este y oeste para periódicos británicos, volvía una y otra vez a esta historia, agotaba las pesquisas y me daba por vencido una y otra vez. El destino de mi investigación parecía frustrado, igual que el de otros que habían intentado antes desvelar la historia de William Patrick.

Pero aquella tarde, tres días antes de esta visita, hice un descubrimiento fortuito que me condujo a lo que pensé que sería la tumba de mi sobrino perdido hacía mucho tiempo. Ahora sabía que lo era.

Mientras conducía de vuelta a la pequeña ciudad que William Patrick eligió hace tantos años como refugio del pasado, me preguntaba cuál sería mi siguiente paso. Resultaba especialmente irónico que, mientras Adolf Hitler se desvivía por repudiar a su familia, incluso convirtiendo la campiña austriaca donde creció en un campo de tiro de artillería, yo tuviera por fin pruebas de que su sobrino estaba igual de paranoico con su pasado y había tomado medidas extraordinarias para ocultarlo.

Si para Adolf Hitler era tan importante mantener a su familia y a sus antepasados fuera del alcance de la opinión pública, ¿es posible que conocer mejor la vida de William Patrick, el sobrino al que supuestamente describió como uno de sus «parientes más repulsivos», pudiera ayudarnos a desentrañar el enigma de la malvada mente del propio Hitler?

Aquel cementerio desierto había respondido a una pregunta, pero quedaban muchas más. ¿Era William Patrick el último Hitler? ¿O tenía herederos que llevaran el nombre que él había inventado?

Descubrí que William Patrick había continuado el linaje de su tío y había tenido cuatro hijos. De estos cuatro hijos, uno murió en un accidente de tráfico y los hermanos supervivientes decidieron, en un pacto extraordinario, no tener hijos para que los genes de Adolf Hitler se extinguieran con ellos.

El hijo mayor guarda un secreto aún más notable: le pusieron el nombre de su despótico tío. Así pues, un Adolf Hitler vive hasta hoy en un rincón olvidado de Estados Unidos. Aunque ha vivido la mayor parte de su vida escudado en el alias que asumieron sus padres, el primogénito de William Patrick se llamaba Alexander Adolf Hitler.

Los motivos por los que un hombre que estuvo más de media vida intentando distanciarse del apellido Hitler le puso a su hijo el nombre más despreciado de la historia son una de las muchas contradicciones de esta fascinante saga de una familia maldita por derecho de nacimiento.

Del mismo modo, resulta extraño que William Patrick eligiera como su identidad adoptiva una parte del nombre de un escritor inglés pro-Hitler. Los antecedentes de este escritor se exploran más adelante en este libro. Como me dijo un miembro de la familia: «Hay muchas piezas en este rompecabezas y no todas encajan necesariamente bien». En lo más profundo del corazón de Estados Unidos, los sobrinos nietos de Hitler siguen guardando secretos. Nunca habían hablado antes y continúan protegiendo ferozmente el anonimato que tanto les costó conseguir. Sin embargo, su decidida desaparición significa que ahora, después de todos estos años, pueden ofrecer nuevas perspectivas —y nuevos detalles— del retorcido enigma que supone la figura de Adolf Hitler.

Durante años, los historiadores se preguntaron si la bien documentada admiración de Hitler por Inglaterra se debía a una visita al país. La supuesta visita es muy discutida. Casi todos los historiadores han descartado esa posibilidad. Pero la versión que Brigid transmitió a William Patrick y que este, a su vez, transmitió a sus hijos fue que Adolf Hitler no solo estuvo en Liverpool y Londres, sino que también viajó a Irlanda.

Muchos de esos mismos expertos en Hitler han mantenido durante mucho tiempo que un manuscrito supuestamente escrito por la madre de William Patrick era falso. Los Hitler supervivientes han hecho todo lo posible por fomentar esa impresión, insistiéndome en que las singulares memorias, actualmente conservadas en la Biblioteca Pública de Nueva York, eran una «fantasía».

La razón es que son absolutamente conscientes de que confirmar los hechos narrados en ese libro solo despertaría más interés por ellos y aumentaría el riesgo de ser públicamente delatados. Según un miembro de la familia, la verdad es que las memorias, que incluyen detalles de la visita de Hitler a Inglaterra, eran esencialmente objetivas y fueron escritas por William Patrick y su madre.

«Me hubiera gustado que lo conocieras. Sé que te habría gustado», me dijeron de William Patrick. Por desgracia, mi viaje empezó demasiado tarde. Pero, gracias a la amable, aunque no total, ayuda de algunos de sus familiares supervivientes, las memorias de su madre, un diario inédito de antes de la guerra, archivos inéditos del FBI y de los servicios de inteligencia y otras fuentes, considero que he logrado lo que Hitler tanto se esforzó por evitar: he dado un rostro humano a su familia.

Han pasado más de dos décadas desde que visité ese cementerio y descubrí lo que les ocurrió al pariente de Hitler desaparecido hace mucho tiempo y a sus hijos, los últimos miembros vivos de la línea paterna de Hitler. En este tiempo, la fascinación por la historia de la familia ha aumentado si cabe, al igual que las peticiones para que los miembros supervivientes compartan su pasado. Estos han rechazado firmemente cualquiera de estas solicitudes, incluso después de que Phyllis, la viuda de William Patrick, falleciera en 2004. Cuando escribí por primera vez sobre los Hitler americanos, los productores de Oprah Winfrey me pidieron que enviara una solicitud en su nombre para que aparecieran en su programa de máxima audiencia y hablaran de su inquietante legado con la reina de la televisión estadounidense. No les interesó.

Durante una visita a su casa de Long Island, Alex me contó: «Cuando era niño, le hacía preguntas a mi padre. Él siempre me respondía: "¿Por qué? ¿Para qué quieres saberlo? No te va a ayudar en nada". Realmente no hablaba de ello. Cuando se trasladó a Estados Unidos, dijo: "Esa vida se acabó: esta es mi nueva vida"».

William Patrick lo consiguió, creó una nueva vida más tranquila para él y su familia, con la Alemania nazi como un oscuro y lejano recuerdo. Para sus hijos no ha sido tan fácil.

¿La maldad se hereda? Nacer con el apellido Hitler conlleva sin duda inmensos retos. Como demuestra este libro, ha sido una carga para los Hitler estadounidenses. Ha proyectado una larga sombra sobre sus vidas. Pero los hijos de William Patrick han tenido vidas largas y decentes. Se han desvivido por marcar una diferencia positiva en las vidas de sus familiares y amigos. Solo quieren dejar atrás el pasado, como hizo su padre.

Entrevisté a un superviviente de Auschwitz que vivía en un pueblo cercano al de los Hitler, en Long Island, Nueva York. Me interesaba saber cómo se sentía al tener como vecinos a los únicos Hitler supervivientes. Curiosamente, no sentía ninguna enemistad hacia ellos. Ni siquiera culpaba a Hitler y sus secuaces de los horrores que provocaron en el Holocausto. Para él, la culpa era del pueblo alemán por permitirlo. Muchas cadenas de televisión, desde la BBC a la CNN y HBO, y muchos periódicos y revistas importantes, desde el *New York Times* al *Daily Mail*, pasando por el *Daily Telegraph*, *Paris Match* y *Bild*, ha mostrado un ávido interés a lo largo de los años por contar su historia. Sin embargo, este libro sigue siendo el único relato de la fascinante y singular historia del último Hitler.

CAPÍTULO I
ENTREVISTA CON EL FBI
30 de marzo de 1942. Ciudad de Nueva York

Aunque William Patrick llegara a Estados Unidos en marzo de 1939, unos seis meses antes de la invasión alemana de Polonia, el FBI no se interesó por él hasta tres años después de que escribiera al presidente Franklin D. Roosevelt sobre la posibilidad de alistarse en el ejército estadounidense. La investigación fue confiada al agente especial T. B. White, que debía entrevistar a William Patrick Hitler en la sede de la División de Campo de Nueva York de la Oficina Federal de Investigación, en Foley Square.

La investigación sobre el caso del pariente británico del Führer se había puesto en marcha poco más de dos semanas antes, cuando un memorándum de alto secreto de la Casa Blanca llegó hasta la mesa del director del FBI, J. Edgar Hoover, en Washington, D. C. Con fecha de 14 de marzo de 1942, el documento decía:

MEMORÁNDUM CONFIDENCIAL
Destinatario: J. Edgar Hoover

Querido Edgar:

Esta carta procede del sobrino de Hitler que, al parecer, está de gira por los Estados Unidos. Pensé que sería bueno investigar el asunto, ya que ahora está escribiendo al presidente para que se le permita alistarse en el Ejército de los Estados Unidos. Atentamente,

EDWIN M. WATSON, secretario del presidente

La carta dirigida al presidente, fechada el 3 de marzo de 1942, estaba ahora sobre la mesa de White junto con una orden del jefe del FBI exigiendo una «expeditiva» investigación sobre los antecedentes del joven Hitler.

La carta decía:

Su excelencia Franklin D. Roosevelt, Presidente de los Estados Unidos de América,
Casa Blanca,
Washington D. C.

Estimado señor Presidente:

¿Puedo tomarme la libertad de invadir su valioso tiempo y el de su personal en la Casa Blanca? Consciente de los días críticos que atraviesa la nación, lo hago solo porque la prerrogativa de su alto cargo es la única que puede decidir mi difícil y singular situación.

Permítame exponerle lo más brevemente posible las circunstancias de mi situación, cuya solución creo que podría alcanzarse fácilmente si usted se sintiera inclinado a ofrecer su amable intercesión y decisión.

Soy sobrino y único descendiente del mal afamado canciller y líder de Alemania que hoy tan despóticamente pretende esclavizar a los pueblos libres y cristianos del planeta.

Bajo su magistral liderazgo, hombres de todos los credos y nacionalidades están librando una guerra desesperada para determinar, en el último análisis, si finalmente servirán y vivirán en una sociedad ética bajo las órdenes de Dios o serán esclavizados por un régimen diabólico y pagano.

Todos en el mundo de hoy deben responderse a sí mismos a qué causa sirven. Para las personas libres de profundos sentimientos religiosos solo puede haber una respuesta y una elección, que las sostendrá siempre y hasta el amargo final.

Soy uno de tantos, pero puedo prestar un servicio a esta gran causa y tengo una vida que dar para que, con la ayuda de todos, triunfe al final.

Todos mis parientes y amigos pronto marcharán por la libertad y la decencia bajo las barras y estrellas. Por esta razón, señor presidente, le presento respetuosamente esta petición para preguntarle si se me permite unirme a ellos en su lucha contra la tiranía y la opresión. En la actualidad se me niega porque, cuando hui del Reich en 1939, era súbdito británico. Vine a América con mi madre irlandesa principalmente para reunirme con mis parientes aquí. Al mismo tiempo, me ofrecieron un contrato para escribir y dar conferencias en Estados Unidos, cuya presión no me dejó tiempo para solicitar la admisión en virtud de la cuota. Por lo tanto, tuve que venir como visitante.

Mi madre, convertida en apátrida por las autoridades austriacas, me dejó sin familiares británicos y todos mis parientes son estadounidenses.

He intentado unirme a las fuerzas británicas, pero mi éxito como conferenciante me ha convertido probablemente en uno de los oradores políticos con más concurrencia de público, teniendo la policía que controlar con frecuencia a las multitudes que clamaban por entrar en Boston, Chicago y otras ciudades. Esto provocó que los funcionarios británicos me invitaran a abandonar. Los británicos son un pueblo insular y, aunque son amables y corteses, tengo la impresión, correcta o incorrecta, de que a la larga no se sentirán demasiado cordiales o comprensivos con una persona que lleva mi apellido. El gran gasto que exige el procedimiento legal inglés para cambiar mi nombre es solo una posible solución que no está dentro de mis posibilidades económicas en este momento. Al mismo tiempo, no he tenido éxito en determinar si el ejército canadiense facilitaría mi entrada en las fuerzas armadas o si soy aceptable para ellos. Tal y como están las cosas actualmente, y a falta de cualquier orientación oficial, me parece que intentar alistarme como sobrino de Hitler es algo que requiere un extraño tipo de valor que soy incapaz de reunir, desprovisto como estoy de cualquier clasificación o apoyo oficial de cualquier sector.

En cuanto a mi integridad, señor presidente, solo puedo decir que es una cuestión que consta en el expediente y se compara en cierta medida con el espíritu previsor con el que usted, con todo el ingenio conocido para el arte de gobernar, arrebató al Congreso estadounidense las armas que hoy son la gran defensa de la nación en esta crisis. También puedo argumentar que, en una época de gran complacencia e ignorancia, traté de hacer las cosas que como cristiano sabía que eran correctas. Como fugitivo de la Gestapo, advertí a Francia a través de la prensa que Hitler invadiría el país ese año. Al pueblo de Inglaterra le advertí por los mismos medios que la llamada «solución» de Múnich era un mito que traería terribles consecuencias. A mi llegada a América informé inmediatamente a la prensa de que Hitler perdería ese año su Frankenstein sobre la civilización. Aunque nadie prestó atención a lo que dije, seguí dando conferencias y escribiendo en América. Ahora el tiempo de escribir y hablar ha pasado y solo tengo presente la gran deuda que mi madre y yo tenemos con los Estados Unidos. Más que cualquier otra cosa me gustaría participar en el combate activo tan pronto como sea posible y así ser aceptado por mis amigos y camaradas como uno más en esta gran lucha por la libertad. Solo su decisión favorable a mi llamamiento garantizaría la continuidad de ese espíritu benévolo por parte del pueblo americano, del que hoy me siento tan partícipe. Le aseguro muy respetuosamente, señor presidente, que, al igual que en el pasado, haré todo lo posible en el futuro para ser merecedor del gran honor que estoy buscando a través de su amable ayuda, con la certeza de que mis esfuerzos en nombre de los grandes principios de la Democracia tendrán al menos una comparación favorable con las actividades de muchos individuos que durante tanto tiempo han sido indignos del bello privilegio de llamarse americanos. ¿Puedo, por tanto, aventurarme a esperar, señor presidente, que, en la agitación de este vasto conflicto, no se sentirá inclinado a rechazar mi llamamiento por razones de las que no soy responsable en modo alguno?

Para mí, hoy no puede haber mayor honor, señor presidente, que haber vivido y que se me haya permitido servirle a usted, el libertador del pueblo americano de la miseria, y no hay mayor privilegio que haber luchado y haber contribuido en una pequeña parte al título que le será otorgado en la posteridad como el gran emancipador de la humanidad sufriente en la historia política.

Estaré encantado de facilitar cualquier información adicional que se me solicite y me tomo la libertad de adjuntar un documento con datos sobre mi persona.

Permítame, señor presidente, expresarle mis mejores deseos para su futura salud y felicidad, junto con la esperanza de que pronto pueda conducir a todos los hombres que creen en la decencia a una gloriosa victoria.

Respetuosamente suyo,

Patrick Hitler

Después de que el secretario de Roosevelt, el mayor general Edwin Watson, transmitiera la carta al FBI, el agente White habló con varios de los socios de William Patrick Hitler para elaborar rápidamente un expediente considerable sobre el tema de la investigación de alta prioridad de la Casa Blanca. Hoover había insistido en que un agente experimentado determinara los «antecedentes, actividades, asociados y lealtades» del autor de la carta e incluyó un comunicado de la embajada británica en Washington en el que se afirmaba que «el señor Hitler estaba sano». En la misma carta a P. E. Foxworth, subdirector de la División de Campo del FBI en Nueva York, Hoover pidió que Patrick Hitler fuera «discretamente entrevistado a fondo».

Hitler acudió a la oficina del FBI con la esperanza de que le permitieran participar en la guerra contra su tío. Mostró a White su tarjeta de reclutamiento, registrada con el nombre completo de William Patrick Hitler y con la dirección: calle 45, número 4315, Sunnyside, Queens, Nueva York.

Mientras el agente White tomaba notas, Hitler, luciendo un fino bigote tipo lápiz, ofreció sus datos personales.

Nombre: WILLIAM PATRICK HITLER
Edad: 31 años
Fecha de nacimiento: 12 de marzo de 1911.
Lugar de nacimiento: Liverpool, Inglaterra
Altura: 1,85 m
Peso: 80 kg Complexión: Mediana
Ojos: Azules Pelo: Negro
Piel: Clara Nacionalidad: Británica

Hacía tres años que William Patrick Hitler se había trasladado a Estados Unidos en busca de una nueva vida, una liberación de la carga de su nombre. Además de tener parientes viviendo en Brooklyn y en el Bronx, William Patrick tenía la esperanza de que un hombre, a pesar de llamarse Hitler, pudiera sobrevivir, e incluso prosperar, a tres mil millas del conflicto y el caos de una Europa dividida. Le contó al agente White que tanto él como su madre, Brigid Hitler, habían sido despedidos de sus trabajos en Londres por su relación con el dictador alemán. Por ese motivo, en lugar de viajar como hijo del hermanastro de Adolf Hitler, Alois, William Patrick adoptó el seudónimo de Carter Stevens para cruzar el Atlántico en 1939 a bordo del transatlántico francés *Normandie*.

En su informe clasificado sobre el caso (expediente del FBI número 100-21611), White añadió que William Patrick también utilizaba los alias William Patrick Dowling y Patrick Dowling.

Poco después de que le asignaran el caso Hitler, White había telefoneado a Brigid a la casa de Nueva York que compartía con su hijo. Sin embargo, en aquel momento, William Patrick estaba visitando a un amigo en Pensilvania y no regresaría hasta final de mes. Cuando el agente especial terminó de entrevistar al sobrino de Hitler, además de hablar con otros informantes, Hoover, impaciente por ver el informe, pidió por télex a su oficina de Nueva York que se lo enviaran «sin más demora».

Al redactar su informe el 1 de abril de 1942, White observó que varios periódicos de Nueva York habían publicado artículos sobre William Patrick y su madre. Entre otros, en la edición del 30 de enero de 1941 del *Herald Tribune* apareció un artículo que afirmaba que William Patrick estaba a punto de abandonar Estados Unidos para unirse a la Real Fuerza Aérea Canadiense. Además, mencionaba que su madre participaba activamente en la Sociedad Británica de Socorro de Guerra. Otro artículo del *Herald Tribune*, fechado el 1 de abril de 1939, afirmaba que, cuando William Patrick llegó a Estados Unidos, se alojó en el Hotel Buckingham de la Sexta Avenida, donde permaneció en cama a causa de una gripe.

El informe de White tuvo cuidado de registrar la propia versión de William Patrick sobre su vida.

SEGURIDAD NACIONAL –
Investigación especial *G* - CASA BLANCA

El sujeto Hitler informó de que nació en Liverpool, Inglaterra, el 12 de marzo de 1911 y fue educado en el St. Marcy

College de Liverpool y en el Ashford College de Middlesex. Hitler afirmó que estudió Contabilidad y dejó la Universidad a los diecisiete años, momento en el que empezó a trabajar para Benhan & Son Ltd. de Whitmore Street, Londres, Inglaterra. Tanto él como su madre trabajaron para esta empresa hasta marzo de 1932, momento en el que tanto él como su madre fueron despedidos debido al apellido que llevaban. Hitler informó de que fue por primera vez a Alemania durante unas vacaciones de verano de dos semanas en 1928 para visitar a su padre, Alois Hitler, que estaba en Berlín en ese momento. El sujeto Hitler afirmó que había mantenido correspondencia con su padre y que fue por sugerencia suya por lo que viajó a Alemania. En ese momento, su padre trabajaba en el negocio de restaurantes y vinos en Berlín. El sujeto Hitler dijo que en el verano de 1929 visitó de nuevo a su padre, momento en el que fueron al Congreso de Núremberg del Partido Nazi y que permanecieron unos cinco días en esta concentración nazi. Fue en ese momento, dijo Hitler, cuando conoció a su tío, Adolf Hitler.

El 20 de octubre de 1933, según informó el sujeto Hitler, llegó a Alemania por voluntad propia para ocupar un puesto en los grandes almacenes Defaka de Berlín, donde aceptó un trabajo por 250 marcos al mes. El sujeto declaró que consiguió este puesto a través de un amigo en Inglaterra y que, cuando llegó a Alemania, le fue necesario obtener los documentos laborales requeridos y sujetos a la aprobación de Adolf Hitler. Dijo que Koerner, el zar económico de Alemania, lo llamó y le informó de que Adolf Hitler no permitiría que un pariente suyo ocupara un puesto de dependiente en unos grandes almacenes. Entonces le aconsejaron que se pusiera en contacto con la hermanastra de Adolf Hitler y, cuando lo hizo, ella negó la historia de que existiera relación alguna por su parte, o por parte de Adolf Hitler, con William Patrick Hitler. El sujeto informó de que entonces presentó documentos que fueron llevados por la hermanastra de Adolf Hitler al Führer y que él, William

Patrick Hitler, fue entonces convocado ante el Führer, le dieron 500 marcos y Adolf Hitler fue extremadamente cortés con él. Declaró que el Führer le informó de que esos 500 marcos se le daban para ayudarle a subsistir hasta que pudiera encontrar un puesto de trabajo.

Al término de esta entrevista con Adolf Hitler, el sujeto declaró que el Führer le presentó entonces a Rudolph Hess y le comunicó que William Patrick Hitler estaba bajo su supervisión y que debía encontrarle un trabajo adecuado. El sujeto Hitler, continuando, dijo que Hess rápidamente delegó esta tarea a uno de sus subordinados, de nombre Bowler, y que Bowler no hizo absolutamente nada para encontrarle un puesto. El sujeto Hitler dijo que, al darse cuenta de que no se le iba a proporcionar ningún trabajo, se aseguró un puesto en un banco por aproximadamente 35 dólares al mes y permaneció en este puesto durante aproximadamente diez meses. Declaró que renunció a su trabajo en el banco en vista de que no podía proporcionar dinero a su madre, que en ese momento se encontraba en Inglaterra. El sujeto Hitler comunicó que entonces había conseguido un puesto en la fábrica de automóviles Opel y que había recibido la autorización necesaria del Gobierno nazi para ocupar dicho puesto…

Dijo, a continuación, que trabajó como mecánico en la fábrica de automóviles hasta febrero de 1935, cuando consiguió un traslado al departamento de ventas, momento en el que asumió sus funciones como vendedor de automóviles. Informó que recibió una lista de nombres de posibles compradores y que, al ponerse en contacto con uno de estos posibles compradores, se enteró de que era un periódico del Partido Nazi. Al presentarse como William Patrick Hitler, el representante del periódico del partido le preguntó por su relación con el Führer y el sujeto Hitler informó de que era sobrino de Adolf Hitler, momento en el que el representante del periódico se excusó y telefoneó a la policía local, que a su vez se puso en contacto con la oficina de Adolf Hitler. El sujeto fue entonces conducido ante uno de los ayudantes de Adolf Hitler, quien le amenazó con arrestarle y le informó de que el Führer se había enfurecido porque el sujeto Hitler había declarado públicamente su relación con el Führer para vender automóviles para la fábrica Opel. En ese momento, el sujeto le dijo al ayudante que no había cometido ningún delito y que había aceptado el puesto en Opel Automobile Works con el visto bueno del Gobierno y que el Führer estaba al corriente de que había aceptado dicho puesto. Además, le dijo que, en caso de ser detenido, tenía la intención de tratar el asunto con el embajador británico.

El sujeto informó entonces de que fue llamado ante Adolf Hitler. Este se mostró extremadamente cordial con él, pero más tarde recibió la notificación de que había sido suspendido de sus funciones por Adolf Hitler en la fábrica de automóviles Opel.

Hitler informó entonces que regresó a Inglaterra durante aproximadamente seis meses para arreglar los asuntos de su madre y que, una vez completado esto, regresó a Alemania el 30 de marzo de 1938. Hitler afirmó que había escrito a su padre antes de regresar a Alemania para pedirle que le adelantara suficiente dinero para vivir en Alemania hasta el momento en que pudiera conseguir otro trabajo.

El sujeto informó de que el verdadero motivo de su regreso a Alemania era ver a una chica a la que había cogido mucho cariño. Continuó diciendo que Scholtz-Klink, conocida en Alemania como la Madre Alemana Perfecta, se interesó personalmente por él y le consiguió un trabajo en una fábrica de cerveza de Berlín. Informó que esta mujer le invitó a varias ceremonias sociales y que, en una ocasión, asistió a una campaña de caridad de los rusos blancos. Mientras participaba en este acontecimiento fue visto en compañía del príncipe Ashwiln y que un ayudante de Ribbentrop había puesto este hecho en conocimiento de Adolf Hitler. El sujeto declaró que Hitler le pidió entonces que compareciera ante él y que, tras una violenta reprimenda por parte de Adolf Hitler, se le aconsejó que se convirtiera en ciudadano alemán o que abandonara Alemania, que el sujeto había avergonzado continuamente al Führer y que ya no se consideraba aconsejable que permaneciera en Alemania en vista de que el Führer nunca creyó que fuera un buen alemán. El sujeto Hitler dijo que, por esta razón, el 1 de febrero de 1939 abandonó Alemania, siendo conducido a la frontera holandesa por un amigo, y desde allí regresando a Inglaterra. Antes de salir de Alemania, la oficina del embajador alemán en Inglaterra se puso en contacto con su madre y le pidieron que firmara un documento en el que decía que volvía voluntariamente a Alemania y que le pagarían todos los gastos. Dijo que su madre se negó a firmar el documento y no se supo nada más de que el Gobierno alemán deseara que regresara a Alemania.

Durante la «purga de sangre» de 1934 en Alemania, según informó el sujeto, fue arrestado por la Gestapo y retenido durante dos días. En su opinión, fue liberado porque un amigo suyo, que había presenciado el arresto, se puso en contacto con el consulado británico, que intervino y provocó la liberación del sujeto Hitler. Además, durante todo el tiempo que estuvo empleado en Alemania, sus diversos empleadores debían presentar informes mensuales sobre sus actividades y el tipo de trabajo que realizaba.

El sujeto Hitler afirmó que una de las razones que lo llevaron a abandonar Alemania fue que era un católico devoto y observaba con horror la persecución de Hitler contra la Iglesia católica y, además, nunca suscribió las doctrinas nazis.

El sujeto declaró que llegó a Estados Unidos con una visa de visitante el 30 de marzo de 1939 en el *Normandie* y que vino a este país por mediación de la Agencia Teatral William Morris, y que, desde que está en este país ha mantenido a su madre impartiendo numerosas conferencias sobre sus experiencias en Alemania y también escribió un artículo para la edición de julio o agosto de 1939 de la revista *Look*. Declaró que también había consultado al Informador Confidencial n.º 2 sobre la posibilidad de escribir un libro titulado *Mi tío Adolf*, que nunca llegó a escribir, y que había consultado al señor Eugene Lyon, de la revista *American Mercury*, sobre la publicación de este libro. Sin embargo, le habían advertido que, si se publicaba en ese momento, probablemente no tendría tanto éxito como si se hubiera publicado antes de la guerra.

En relación con la publicidad que el sujeto Hitler había recibido sobre numerosos artículos de prensa que hacían referencia a su alistamiento en las fuerzas canadienses en Canadá, informó de que nunca había ido a Canadá para consultar a las autoridades canadienses. Sin embargo, dijo que había escrito al cónsul británico y había recibido una respuesta bastante negativa con respecto a su alistamiento en las fuerzas canadienses. Dijo que las autoridades británicas le habían aconsejado que continuara con sus conferencias. En cuanto a sus planes para el futuro, Hitler declaró que había escrito al presidente de los Estados Unidos para que intercediera por él y lo ayudara a ser admitido en las fuerzas armadas de este país. Además, afirmó que también había escrito que deseaba convertirse en ciudadano estadounidense si era posible. El sujeto declaró que todos sus parientes eran ciudadanos americanos y que tenía muy pocas relaciones sociales, y que las pocas personas a las que conoce son participantes o asistentes de sus conferencias.

El sujeto exhibió su tarjeta de reclutamiento que indicaba que se había registrado con el nombre de William Patrick Hitler, dando como dirección el número 4315 de la calle 45, en Sunnyside, Queens, Nueva York, el 16 de octubre de 1940 y el distrito 12, de Queens, Nueva York.

El agente especial P. J. Martin, al comprobar los archivos de la Oficina de Crédito del Gran Nueva York, informó de que no había ningún registro de crédito sobre William Patrick Hitler.

El informe de White fue aprobado por Foxworth y enviado a Hoover, en Washington D. C., el 20 de abril de 1942. El resumen del informe de Hoover fue enviado por un mensajero especial al secretario del presidente, el mayor general Watson, en la Casa Blanca.

Hoover escribió: «No se ha obtenido ninguna información que indique que estaba implicado en actividades de naturaleza subversiva». No obstante, añadió: «En este momento se está intentando averiguar si Hitler, durante su estancia en Inglaterra, estaba implicado en alguna actividad que pudiera ser de interés, y si se obtiene algo que se considere pertinente a este respecto, esta información se pondrá inmediatamente en su conocimiento».

En su carta confidencial, el director del FBI también mencionó que «se mantuvo contacto con otras personas que han estado relacionadas con él desde su llegada a este país».

CAPÍTULO II
COMIENZA LA BÚSQUEDA
19 de abril de 1995. Nueva York

M e llamo David Gardner. Soy un periodista británico y tengo una pregunta bastante inusual que hacerle. —Respiré hondo y me lancé—: ¿Hay alguna posibilidad de que su marido esté emparentado con Adolf Hitler?

La mirada inexpresiva de la mujer corpulenta que se asomaba tras la puerta sugería que se estaba preguntando qué es lo que intentaba venderle.

—No necesito nada, y mi marido está trabajando... pero volverá muy pronto —añadió rápidamente mientras retrocedía para cerrar la puerta principal.

—Por favor, si me permite un minuto, me gustaría explicárselo —dije, interponiendo un pie metafórico en la puerta y lanzándome a hablar rápido sin tomar aliento—. Sé que debe resultarle muy extraño que un inglés aparezca así de la nada, pero no intento venderle nada. Solo quiero preguntarle si puede ayudarme con un artículo que estoy escribiendo sobre un pariente de Adolf Hitler.

—¿Adolf qué?

—Adolf Hitler. Ya sabe, el líder alemán en la Segunda Guerra Mundial.

—No lo conozco.

—Lo sé. Lo siento, permítame que le cuente algunos detalles y entonces todo tendrá sentido.

—Ya le he dicho que no quiero comprar nada. Hoy no.

—Sé que no quiere comprar nada. Soy periodista. Trabajo para un periódico.

—Ya tenemos el *New York Post*. Nos lo entregan todos los días.

—Soy de un periódico británico…

—No queremos un periódico británico.

—Por favor, no vendo periódicos. Solo quiero que me ayude con un artículo que estoy escribiendo. Escribo artículos para un periódico británico llamado *Daily Mail*. Soy periodista. Esta es la dirección correcta, ¿no? ¿Su nombre es Dowling?

Totalmente perpleja, la mujer se arregló el peinado, se colocó la blusa estampada y se giró para gritar:

—¡Pórtate bien, Vinnie! No llores y mira la tele. Y deja en paz a tu hermana.

Volvió a mirarme, dudó un instante e hizo el monumental esfuerzo de abrir la puerta mosquitera.

—Sí, me llamo Dowling, pero ¿qué tiene eso que ver con Hitler? Esto es Queens. Debe de haberse equivocado de sitio. Aquí no hay Hitlers.

—Estoy seguro de que tiene razón. Pero si pudiera dedicarme un par de minutos más, me gustaría explicarle el motivo que me ha traído hasta aquí.

—¿Es usted de Inglaterra? Una vez conocí a un tipo de Inglaterra. Se quedó con su hermana en la carretera. Vivía en la misma ciudad donde nacieron los Beatles.

—¿Liverpool?

—No, creo que era Mánchester. En algún lugar cerca de Londres de todos modos.

—En serio —respondí, feliz de haber entablado al menos una conversación con la mujer—. ¿Ha estado alguna vez en Inglaterra?

—¿Yo? No. Pero ese inglés era un buen hombre. Se llamaba Swift. ¿Conoce a los Swift de Mánchester? —Negué con la cabeza, y la mujer continuó—: También hablaba raro. Mi marido creía que era de Australia. Bueno, gracias por llamar, pero tengo que dar de comer a mis hijos pequeños y recoger a los mayores del colegio. Siento no poder ayudarle.

—Si pudiera dedicarme un poco más de su tiempo. Verá, Adolf Hitler tenía un sobrino que creció en Inglaterra, llegó a Estados Unidos antes de la guerra y se enroló en la Marina. Luego desapareció y nadie ha vuelto a saber de él. Se supone que vive en algún lugar de Nueva York y estoy intentando averiguar qué le ha pasado.

—¿Y eso qué tiene que ver conmigo?

—Su verdadero nombre es William Patrick Hitler, pero no encuentro ningún Hitler viviendo en América. No es un nombre especialmente popular.

Levanté la vista esperando una sonrisa, pero obtuve la misma mirada perdida.

—De todos modos —insistí—, como su madre se llamaba Dowling, hay muchas posibilidades de que cambiara su apellido por el de Dowling después de la guerra. Y su marido es el único William Patrick Dowling que he podido encontrar en Nueva York. El otro W. P. Dowling, en Far Rockaway, resultó ser Walter Peter Dowling.

—¿Así que está diciendo que mi marido podría estar emparentado con Adolf Hitler?

—Eso es lo que me preguntaba.

—Pero está en el trabajo. Nunca me mencionó nada al respecto.

—¿Cree que hay alguna posibilidad de que tal vez quisiera mantenerlo en secreto? Su madre era irlandesa y se llamaba

Brigid. Espero que no me considere un grosero, pero ¿llevan mucho tiempo casados?

—Veintisiete años. Vivimos con su madre durante diez de esos años. Pero ella no era irlandesa. Era polaca. Apenas hablaba inglés. Su nombre era Anna. Pero su padre era irlandés. También se llamaba Bill. Bebía como un pez.

—Entonces, ¿no cree que su marido pudiera venir aquí desde Inglaterra? —dije, sabiendo la respuesta—. ¿No lleva un bigotito tipo cepillo de dientes?

—¿Bigote cepillo de dientes? ¿Qué es eso?

—Perdón, el pequeño bigote de Hitler. Como el que tenía Adolf Hitler.

—No, bigote no. Una vez tuvo barba, pero se la afeitó porque le picaba mucho. No creo que haya salido casi nunca de Queens. Excepto durante el verano, cuando vamos a la costa de Nueva Jersey. Bill nació en el Bronx y ha vivido aquí toda su vida y no creo que conozca a ningún alemán. A menos que conozca a alguno en el bar que frecuenta después del trabajo. El que está bajo el metro.

—Bueno, muchas gracias. Siento haberla molestado —dije, impaciente por marcharme—. No quiero entretenerla más.

Ya llevaba dos semanas trabajando en esta historia y todas las líneas de investigación sobre el destino del misterioso sobrino inglés de Adolf Hitler se cerraban de golpe.

Había probado en todo Estados Unidos con los diversos nombres que la familia de Adolf Hitler había utilizado a lo largo de los años, desde Hiller a Hiedler, pasando por Heidler y el original, Schicklgruber. Había William Hillers en Frewsburg, Niagara Falls, Rochester y Westfield, todos en Nueva York y todos sin parentesco. Hubo un William Hillermeier en Smallwood y un William Hillery en Nueva Jersey. De nuevo, sin conexión.

Luego estaban los William Dowling del Bronx, Brooklyn, Coxsackie, Flushing, Garden City, Jamaica, Morides, Peckskill,

Saratoga Springs y Staten Island. Incluso había otro William Patrick Dowling en Islip. Ninguno de ellos sabía de lo que estaba hablando cuando me puse en contacto con ellos para preguntarles si eran parientes de Adolf Hitler.

La llamada que dio origen a todo esto se había producido el lunes anterior en la oficina de Nueva York de US News and Features, la agencia que yo había creado en 1993 con mi socio Tim Miles para satisfacer las necesidades de los periódicos británicos que buscaban reportajes en Norteamérica. Habíamos elegido la oficina del 220 de la calle Lafayette por su atmósfera de cine negro. Con su puerta de cristal ahumado y vistas a los tejados del Soho, la pequeña oficina de la esquina parecía esperar a Sam Spade. Daba a la calle Mulberry y Little Italy, con un cliché del Padrino en cada esquina, y se abría al moderno Soho y a toda su salvaje variedad de restaurantes, boutiques *vintage*, millonarios tatuados y modelos imposiblemente altas.

Al otro lado de la línea telefónica estaba Paul Palmer, un antiguo colega de la calle Fleet y alguien a quien siempre había tenido mucho aprecio, entre otras cosas porque pagaba puntualmente los artículos que encargaba. Palmer tenía la típica idea descabellada para un reportaje para el *Mail* de Londres.

—Dave, ¿puedes hacer un trabajo para nosotros? —dijo, utilizando la pregunta favorita de los editores de prensa, que, sin duda, ofrece un buen sueldo, pero también puede significar comprometerse a hacer un trabajo que realmente no quieres hacer.

Sabía que no me enteraría de qué se trataba si no aceptaba, así que decidí mostrarme entusiasmado.

—Por supuesto, ¿qué necesitas?

—Podría ser muy bueno —dijo—. Puede que haya que escarbar un poco, pero estamos buscando una pieza para conmemorar el quincuagésimo aniversario de la muerte de Adolf Hitler dentro de un par de semanas, y he encontrado estos recortes antiguos que parecen muy interesantes. Existe la posibilidad de que algún pariente perdido hace mucho tiempo esté escondido en algún lugar de tu parcela. Se llama William Patrick Hitler y es un sobrino de Adolf nacido en Inglaterra. Tengo una fecha de nacimiento aquí, 12 de marzo de 1911, y hay algunos nombres en el archivo de la biblioteca que vale la pena buscar. Tengo una conferencia en un momento, pero puedo enviarte los recortes por fax y me dices qué te parecen. ¿Te parece bien?

—Claro, Paul, pero ¿cuánto tiempo tenemos? —respondí, esperando que me contestara que la historia tenía que estar investigada, escrita e ilustrada para ayer.

—El aniversario es dentro de dos semanas, así que tienes un poco de tiempo. Me tengo que ir. Llamaré mañana.

Solo en la oficina, esperé a que el laborioso fax, ya anticuado y con un año de antigüedad, reprodujera varias páginas entintadas antes de coger mi abrigo con la intención de leer los viejos recortes de antes de la guerra en el metro de vuelta a casa.

Ahora, más de una semana después, no estaba más cerca de localizar al escurridizo William Patrick Hitler.

Conduciendo de vuelta a Queens en el atasco que los neoyorquinos llaman Long Island Expressway, me dirigí por el túnel de Midtown hacia Les Halles, el bistró de Park Avenue del difunto Anthony Bourdain, ahora cerrado, que, tras el cierre de Costello's —un ruidoso y animado bar irlandés del East Side—, se había convertido en un lugar de encuentro habitual para los periodistas británicos y australianos que trabajaban en Manhattan.

Era un buen momento para ser *freelance* en Nueva York, pensé, mientras buscaba a mi compañero, Tim Miles. Dejé mi abrigo con el *maître* frente a las filas de cadáveres de carne que colgaban sobre la barra y me abrí paso a empujones por el abarrotado bar para presentar mis disculpas y aceptar de buen grado mi primera copa del día.

Tim me pidió una actualización de la historia de Hitler.

—Realmente pensé que teníamos la correcta esta mañana, pero fue otro auténtico chasco. La esposa del tipo pensaba que estaba loco.

Me senté en el restaurante, que seguía lleno, y le conté a mi amigo el último contratiempo de la saga Hitler. Durante los años que habíamos trabajado juntos en Manhattan nos habíamos hecho muy amigos. Mi enfoque más cauto encajaba perfectamente con su tenacidad, cansada del mundo.

Ambos nos habíamos arriesgado para unir nuestras fuerzas en Nueva York. Yo dejé un buen trabajo en el *Daily Mail* de Londres, donde era un reportero veterano con cierto respeto y un sueldo decente. Fui el primer periodista inglés en entrar en Bagdad al principio del conflicto del Golfo; pasé dos años como corresponsal de sucesos, cubrí grandes historias en todo el mundo y trabajé con algunas de las personas más agradables del sector, pero las dos horas diarias de viaje a Kensington, al oeste de Londres, me estaban desanimando y el atractivo de Estados Unidos fue, al final, demasiado fuerte para resistirme.

Mi mujer, Michelle, dejó su trabajo en Coutts, el banco de la difunta reina, en Londres, y desarraigamos a nuestros dos hijos pequeños, Mickey, que entonces tenía cuatro años, y Jazmin, de diez meses, de los suburbios semiaislados de Essex al cinturón de cercanías de Nueva York, en la frondosa Rutherford, Nueva Jersey, con espíritu aventurero. Nuestra tercera hija, Savannah, nació poco después de establecernos en Estados Unidos.

Cuando Tim se marchó de Londres unos años antes, era considerado en general como uno de los mejores, si no el mejor, reportero del Reino Unido. Era la mitad de una formidable pareja mediática con su esposa, Wendy, que había sido ascendida por el propietario Rupert Murdoch a la dirección del *News of the World*, haciendo historia como la primera mujer editora de la calle Fleet. Ella pasó a editar el *Sunday People*, y cuando la contrataron para un alto cargo en Florida, Tim se estableció como *freelance* en Boca Ratón, una ciudad costera sin rostro al norte de Fort Lauderdale.

Pero, aunque se había labrado un nicho rentable, nunca encajó bien con un hombre inquieto que ansiaba la emoción y el desafío de una ciudad como Nueva York, donde había trabajado unos años antes como corresponsal del *Daily Mail* en Estados Unidos. Así que, cuando un amigo común y antiguo colega, el reportero jefe del *Mail,* David Williams, le dijo a Tim que estaba considerando la posibilidad de trasladarme a Estados Unidos, se mudó con Wendy a su hogar espiritual en Midtown Manhattan y empezó a buscar una oficina adecuada.

Presenté mi dimisión a Paul Dacre, el redactor jefe del *Mail,* quien me contratara por primera vez en el periódico cuando era director de noticias, y me embarqué en una serie de fiestas de despedida. También contratamos a Steve Douglass, uno de los mejores fotógrafos del *Mail.* Varias semanas después, US News and Features estaba en marcha.

—Tenemos una fecha de nacimiento y los nombres de William Patrick y de su madre, pero hay muchas posibilidades de que el nombre haya cambiado. Tendremos que seguir comprobando todas las combinaciones posibles y esperar que surja algo.

Extendí los recortes sobre la mesa justo cuando llegaban nuestros filetes. Además de los enviados por fax por Paul Palmer, había localizado un par más del *New York Times* y el *Daily News* y uno del archivo del *Toronto Star* de Canadá. Permanecimos en silencio mientras intentábamos digerir tanto los recortes como las tiras de carne poco hechas aunque chamuscadas. Los jarretes colgados de los ganchos junto a la barra daban fe de la frescura de la carne. Pero, aparte de uno apenas legible de los años setenta, el recorte de periódico más reciente estaba fechado el 13 de mayo de 1944.

Una historia desvanecida me fascinó especialmente, ya que describía a Adolf Hitler como el «ídolo» de su sobrino y parecía contradecir los relatos posteriores de William Patrick denunciando dramáticamente a su tío. El titular de la edición del 22 de noviembre de 1937 del *Daily Express* decía: «El sobrino inglés de Hitler está aquí, visitando a su madre».

Firmado por Constance Forbes, el artículo decía:

William Patrick Hitler me confesó: «Soy el único descendiente legal de la familia Hitler —y, cruzando los brazos al estilo característico del Führer, añadió: Este gesto debo llevarlo en la sangre. Cada vez lo hago más».

El hijo de veintiséis años de Alois Hitler, el hermano hostelero del Führer, está en Inglaterra pasando unas cortas vacaciones después de casi cinco años en Alemania. Mantuvimos una breve charla en el pequeño salón trasero de la modesta casa de seis habitaciones en la que vive su madre, en Highgate.

«Volví porque sentía nostalgia de Inglaterra».

Y buscando a trompicones una palabra, confesó: «Me resulta difícil volver a hablar inglés después de tanto tiempo, aunque, por supuesto, es mi lengua materna».

De vez en cuando se observa un rastro de acento alemán. William Hitler tiene un gran parecido con su tío, su ídolo. Lleva el bigote calcado casi pelo a pelo, el mismo peinado, aunque su pelo negro es liso y no rebelde. Tiene la misma altura y complexión. «Mi tío, el Führer, dio instrucciones para que se me dieran todas las facilidades para ir a cualquier parte. He trabajado en bancos para aprender finanzas, y he pasado por la gran fábrica de automóviles Opel y otras empresas industriales. En Alemania dicen que nadie puede gestionar las finanzas como los ingleses. Tanto en Alemania como en Inglaterra soy un particular. No tengo autoridad para hacer ninguna declaración política y no diría nada que avergonzara a mi tío. Alemania es buena para los alemanes e Inglaterra para los ingleses. Los alemanes admiran a los ingleses por su estabilidad de temperamento. Mi madre es irlandesa y una buena católica y me resulta muy difícil convertirla al nacionalsocialismo. Ciertas cosas le generan una gran amargura. Perdió la nacionalidad británica cuando se casó con mi padre y se hizo austriaca. Hace poco, el consulado austriaco se negó a renovarle los papeles, así que ahora no tiene país. Nací en Liverpool. En 1914, estábamos en Londres. Mi padre tenía un negocio de maquinillas de afeitar. Dejó Inglaterra para alistarse en el ejército austriaco y a mí me enviaron a Liverpool a vivir con mis abuelos irlandeses. Desde que el Führer está en el poder, Alemania ha mejorado enormemente».

En un segundo recorte, esta vez del *New York Daily News*, fechado el 31 de marzo de 1939, aparecen garabateadas en el margen: «¿Dónde está ahora, vivo o muerto? ¿Esposa? ¿Hijos?». Esto ayudaba a entender por qué el *Mail* buscaba respuestas al misterio en Estados Unidos.

El artículo decía:

> El sobrino irlandés de Hitler, un joven alto y bien plantado, con bigote recortado, mucha dignidad y repleto de autoridad, bajó ayer del transatlántico *Normandie* y se deshizo en comentarios poco halagüeños sobre su tío Adolf.
>
> El joven anunció que era William Patrick Hitler, sobrino del Führer, que se encontraba aquí con su madre en una gira de conferencias sobre el Reich. Nació en Liverpool, hijo del hermanastro de Hitler, Alois Hitler, que ahora regenta un salón de té en Berlín.
>
> —Obviamente, no va a ser fácil, pero seguirá siendo una gran historia si podemos encontrarlo —le dije a Tim—. Tendría más de ochenta años, pero tal vez siga vivo. Merece la pena investigarlo.
>
> —Ese policía cabrón que me paró el otro día por llevar al perro en el regazo en el jeep era un pequeño Hitler. Seguramente es él —comentó Tim, sonriendo mientras daba un sorbo

a su Dewars con agua—. O ese tipo que se metió con Michelle por aparcar delante de su casa. El mundo está lleno de pequeños Hitler.

—Probablemente por eso los verdaderos se mantienen ocultos.

El teléfono de Tim sonó mientras acercaba los ojos a otro recorte envejecido en un intento de leer la minúscula letra tan mal reproducida por el fax que era casi imposible de descifrar. La luz del restaurante era tan escasa que, para ver lo que ponía, mi cara estaba casi sobre la mesa.

Era el único artículo de posguerra especialmente mal reproducido, pero contenía las únicas pistas reales que teníamos sobre el destino de William Patrick tras su llegada a Nueva York en 1939. Tim seguía hablando por teléfono, luchando por conseguir algún tipo de recepción. Acababa de comprarse un teléfono plegable con forma de ladrillo que todavía era una novedad. Ajeno a las miradas curiosas de las mesas vecinas, saqué de mi bolso una lupa que había adquirido ese mismo día en una tienda de sellos para descifrar la historia palabra por palabra.

Titulado «Las huellas del sobrino de Hitler conducen a América», publicado por *The Times* el 10 de agosto de 1972 y escrito por Peter Hopkirk, decía:

William Patrick Hitler, sobrino inglés del Führer, podría estar viviendo hoy en algún lugar de Estados Unidos bajo el nombre de Dowling.

El Dr. Werner Maser, biógrafo de Hitler, creía hasta ayer que William murió en América inmediatamente después de la Segunda Guerra Mundial. Pero ahora una familia londinense que fue vecina de los Hitler ha presentado pruebas que demuestran que William estaba vivo en 1948 y residía en el 505 de la calle 142 Oeste de Nueva York (nuestro corresponsal en Nueva York informó anoche de que ya no vive en esa dirección).

La prueba es una fotografía de William, su joven esposa, Phyllis, y su bebé. Fue enviada a sus antiguos vecinos británicos por la señora. Bridget Hitler, madre de William. En una carta les decía que habían cambiado su nombre por el de Dowling, su apellido de soltera.

Después cesó la correspondencia, posiblemente porque los Hitler querían empezar una nueva vida bajo su nuevo nombre.

La última carta informaba a la familia británica, que prefiere permanecer en el anonimato, de que William Hitler había encontrado un buen trabajo en el departamento de urología de un hospital después de tres años en el cuerpo médico de la Marina de los Estados Unidos.

Una investigación llevada a cabo en Londres demuestra que los Hitler vivieron en el número 26 de Priory Gardens, Highgate, desde 1930 hasta 1939, cuando se marcharon a América. Anteriormente, William había pasado un año en Alemania, pero había regresado a Inglaterra porque temía que le «liquidaran», o eso le dijo a un antiguo vecino, hoy hombre de negocios londinense.

Uno de los motivos de la ira de su tío fue un artículo que escribió para la revista *Look* el 4 de enero de 1939 titulado «Por qué odio a mi tío».

Lo último que se supo de la señora Hitler en Londres fue el 19 de enero de 1939, cuando fue citada por impago de tasas. Los Hitler eran buenos y amistosos vecinos, según los habitantes de Highgate que aún los recuerdan.

El Dr. Maser, que intenta localizar al sobrino de Hitler si aún vive, creía anteriormente que había nacido en Irlanda del Norte, pero sus documentos de baja de la Marina estadounidense muestran que nació en Liverpool.

Su padre, Alois, hermanastro de Hitler, se casó con la madre de William en Irlanda en 1910 y la abandonó cuatro años después. Fue detenido por bigamia cuando regresó a Alemania, donde más tarde regentó un restaurante en Berlín.

Aunque había leído el artículo muchas veces desde que me lo enviaron por fax desde Londres y había apuntado algunos datos, esta era la primera vez que podía entenderlo entero y había un par de detalles que quería comentar con Tim. Pero mi compañero se había olvidado de su filete y se afanaba en garabatear sobre un billete que utilizaba como cuaderno improvisado.

—Bueno, amigo mío, parece que estamos en el negocio —dijo después de colgar.

—¿Buenas noticias?

—Definitivamente. Parece que tenemos a nuestro hombre. Me ha llamado un contacto que me está ayudando a buscar a nuestro señor Hitler. Tiene un William Patrick Dowling, nacido el 12 de marzo de 1911 (nombre correcto, fecha de nacimiento correcta), sirvió en la Marina de Estados Unidos, tal como decía el recorte del *Times*. Está casado, tiene un hijo y vive en Connecticut. Todo encaja perfectamente. Tiene que ser él. Solo hay un problema.

—¿Cuál? —pregunté.

—Está muerto. Murió en abril de 1989, según mi amigo, que es un poco pesimista.

—Sí, pero, si tuvo un hijo, aún tenemos a un Hitler vivito y coleando en Estados Unidos —afirmé, encantado de que la historia avanzara por fin—. Ya era hora de que tuviéramos suerte. Me he pasado casi dos semanas preguntando a desconocidos si tenían un tío llamado Adolf. ¿Quieres ir ahora?

—Me ha dicho que volvería a llamarme esta tarde, así que será mejor que vayamos mañana por la mañana. Nos cobrará lo mismo, así que mejor que nos dé la dirección. En el *Mirror* no parecen desesperados por mi reportaje, así que lo aplazaré un día y me llevaré las cámaras. Podríamos incluso conseguir algún vídeo y venderlo a *Hard Copy* o *American Journal*. Esto podría ser realmente bueno. Si todos estos biógrafos e historiadores de Hitler han estado tratando de averiguar qué pasó con William Patrick durante todos estos años, entonces ciertamente nuestra historia debería tener buenas ventas después de publicarse en el *Mail*. Alemania, Francia, incluso Australia, estarán interesadas, especialmente si podemos conseguir algunas buenas fotos.

—Probablemente se pondrán paranoicos por si se trata de otro *Diario* de Hitler y pensarán que todo es una gran estafa —dije.

—No si ya ha aparecido en el *Mail*. El *Mail* confía en nosotros y, si les mostramos que es auténtico, lo publicarán. Puedes estar seguro. Es una gran historia. Una vez que haya aparecido en el *Mail*, los demás la tomarán, no hay problema.

Después de salir a empujones del abarrotado restaurante, dije:

—Estaba pensando en dirigirme a esa dirección de Harlem que se menciona en el recorte de Hitler del *Times* antes de volver a casa. Ya sabes, la del 505 de la calle 142 Oeste. ¿Quieres venir?

—No te molestes. Olvidé decirte que me pasé por allí esta mañana. Una pérdida absoluta de tiempo. No llegué a la parte de Hitler. Hablé con una agradable pareja de ancianos que vivían en la zona desde hacía tiempo, pero me dijeron que el barrio había cambiado mucho en los últimos diez o veinte años. Me contaron que ya no quedaba ninguna de las antiguas familias. No creo que tenga mucho sentido ir hasta allí de nuevo. Probablemente, los Hitler vivieron allí poco tiempo y, ahora que parece que los hemos localizado en Connecticut, siempre podemos regresar allí si la familia nos ayuda y nos ofrece más detalles sobre su historia. Tengo que ir a por mi coche a la oficina y luego recoger a Wendy. ¿Necesitas que te lleve?

—No, gracias. Voy en la otra dirección. Tengo coche. Te dejaré en la oficina e iré a casa por el túnel Holland. Si me das la dirección esta noche, podemos vernos allí mañana.

A la mañana siguiente, Tim me estaba esperando en el Dunkin' Donuts de las afueras de Middletown, Connecticut.

—He hablado con Palmer —dije—. Debería funcionar. Hitler murió el 30 de abril de 1945, así que pueden publicar nuestro artículo el domingo. Solo espero que la viuda hable con nosotros. Han mantenido todo esto en secreto durante tanto tiempo…

—Incluso si no lo hace, deberíamos ser capaces de atar cabos —repuso Tim—. No tenemos por qué dar su nuevo nombre ni contar dónde viven. De hecho, podría sonar incluso mejor si explicamos que conocemos su identidad, pero no queremos perturbar sus vidas y todas esas tonterías. Puede ser una buena forma de convencer a la viuda si no quiere cooperar. Pero, con suerte, nos dará la bienvenida y nos dirá que es un alivio desahogarse al fin.

—Sí, y los cerdos podrían volar… —contesté.

—Pronto lo veremos. Tú puedes hacer la entrevista mientras tomo algunas fotos. ¿Quieres venir en mi jeep?

Condujimos lentamente a través del pesado tráfico de primera hora de la mañana hasta encontrar la casa de los Dowling en un arbolado barrio a un par de manzanas de la calle principal.

—Parece que no le ha ido mal —dije, cuando nos detuvimos a poca distancia de la casa—. Llamemos al timbre.

—¿Por qué no? Dame un segundo para meter el equipo fotográfico en una bolsa. Nunca me acostumbraré a estas cosas. Ahora sé por qué solían llamar monos a los fotógrafos: se necesita la fuerza de un simio para llevar todo esto a todas partes.

Al subir por el camino de grava, una vecina curiosa levantó la cortina de la puerta de al lado, pero no se vislumbraban señales de vida en la casa blanca de estilo Cape Cod. Golpeamos la puerta varias veces y esperamos.

—Probablemente esté en el trabajo. Probemos por la parte de atrás. Probablemente, acabemos esperando en el porche hasta que alguien vuelva a casa, como siempre. Sería estupendo que, por una vez, nos abrieran la puerta y nos invitaran a pasar sin retrasos ni disgustos.

—Ni en tus mejores sueños… —contestó Tim.

Justo en ese momento una mujer se acercó por detrás y preguntó:

—¿Puedo ayudarle?

—¡Oh! ¡Hola! ¿Señora Dowling? Siento molestarla así, pero…

—No soy la señora Dowling —dijo secamente—. No está aquí en este momento. ¿Puedo ayudarle?

—La verdad es que no estoy seguro —continué, intentando decidir cuánto debía contarle a una desconocida—. En realidad somos de un periódico británico y estamos escribiendo un artículo sobre el marido de la señora Dowling, William.

—Pero está muerto. Murió hace algunos años —respondió la mujer.

—Sí, lo sabemos. Pero hay una razón en particular por la que queremos escribir sobre él. Todo guarda relación con la guerra. Estoy seguro de que la señora Dowling estará encantada de hablarnos de ello.

—Eso está por ver. Ella está fuera en este momento. Creo que iba a visitar a uno de sus hijos.

—¿Es usted amiga suya?

—Sí, es mi amiga. Casualmente te vi caminando hacia la puerta trasera y me pareció un tanto sospechoso.

—¿Conocía al señor Dowling? —preguntó Tim— ¿Recuerda si tenía acento inglés o hablaba de la guerra?

—¿Vietnam?

—No, la Segunda Guerra Mundial.

—Era conductor de autobús, creo, antes de jubilarse. Recuerdo que tuvo un gran funeral. Era miembro de la Antigua Orden de Hibernianos y creo que estuvo en la Marina durante la guerra. ¿Por qué quiere saber todo esto?

—¿Comentó alguna vez algo sobre Hitler?

—¿Para qué demonios quiere saber eso? ¿Es usted algún tipo de vendedor? Creo que será mejor que se vaya antes de que llame a la policía. La señora Dowling volverá más tarde y, si me da su número, me aseguraré de que lo reciba.

Regresamos a la entrada de la casa y vi a un hombre de mediana edad apuntando la matrícula del jeep.

—¿Quién es ese hombre? —dijo Tim.

—Es mi marido —contestó la vecina—. Le pedí que vigilara mientras hablaba con ustedes. A menos que quiera contarme lo que hace en realidad, creo que debería marcharse.

—No es nada siniestro —farfullé—. Es solo un asunto un poco delicado del que queremos hablar con la señora Dowling. No queremos contarle a todo el mundo sus asuntos privados.

—Muy bien, tendré que pedirle que se vaya.

—Tenemos todo el derecho a sentarnos en la vía pública si queremos. No hay ninguna ley que lo prohíba —dijo Tim, con los pelos de punta.

—Es una señora mayor. No quiere sorpresas.

—Seremos muy educados. Esperaremos fuera hasta que vuelva la señora Dowling.

La mujer frunció el ceño y caminó hasta su casa. Le susurró algo a su marido con gesto serio y desapareció en el interior de la vivienda. Cada pocos minutos, veíamos cómo descorrían ligeramente las cortinas de la habitación delantera para mirar hacia el lugar en el que Tim y yo aguardábamos sentados.

—Bueno, ha sido un poco incómodo, pero suena bien. Los Hibernianos es una organización celta, así que podría relacionarse con la herencia irlandesa, supongo. Lo de la Marina encaja y tenemos la fecha de nacimiento. Tiene que ser él. No estoy seguro de dónde encaja la parte de conductor de autobús.

—No veo por qué el sobrino de Hitler no debería conducir un autobús. Todo el mundo tiene que ganarse la vida —repuso Tim.

En ese momento, Tim miró el móvil y advirtió que tenía dos llamadas perdidas, lo cual no era una gran sorpresa con la tecnología de la época. La primera era de Paul Palmer para preguntar cómo nos iba: «Tengo un par de páginas abiertas, cruzo los dedos. Llámame en cuanto sepas algo». La otra llamada era del contacto de Tim para informarle de que había una esquela de William Patrick Dowling en la biblioteca local, pero que no podría conseguirla hasta el día siguiente.

—La vieja no va a volver en mucho tiempo —dijo Tim—. Busquemos en la biblioteca el obituario nosotros mismos. Tengo la fecha de su muerte. A lo mejor así los vecinos pueden dedicarse a hacer su vida un rato.

En la Biblioteca Russell de Middletown nos hicieron pasar a la sala de consulta, donde un investigador nos entregó una bobina de microfichas con ejemplares del periódico local de 1989. Buscando en los ejemplares de abril, el mes en que murió, vi el nombre que buscábamos.

—¡Tim, para! Ahí está. William P. Dowling.

Pero, cuando leímos la esquela, se nos paró el corazón: —Nacido en Middletown, hijo de Michael y Hannah. Residente de Middletown de toda la vida. Un hermano y una hermana. ¡Mierda! No puedo creerlo. Es el tipo equivocado —exclamó Tim.

—No puede ser —lamenté.

—Mira, incluso tiene el apellido de soltera de la madre. No es Dowling, es Fitzpatrick. Y su esposa era Helen, no Phyllis.

Eran dos reporteros muy diferentes los que volvieron a sentarse frente a la casa esa misma mañana. Hubo poca conversación y las cortinas que aún se movían calle arriba pasaron desapercibidas. Un coche patrulla de la policía pasó lentamente poco después de comer, pero seguimos leyendo nuestros periódicos y le ignoramos.

Poco después de las tres de la tarde, una anciana aparcó en la entrada y buscó en su bolso la llave de la puerta principal. Salimos corriendo del coche y la llamamos amablemente desde la calle para preguntarle si podía dedicarnos un momento. Queríamos preguntarle algo. Tim ni se molestó en coger la cámara.

—Siento mucho molestarla —dije, de pie junto al coche de la mujer—, pero trabajamos para un periódico británico y tenemos que hacerle una pregunta poco corriente.

—¿Sí? —dijo ella, con cara de preocupación.

—Sé que esto va a sonar muy extraño, pero ¿estaba usted o su difunto marido relacionados de algún modo con Adolf Hitler?

—No tengo ni la menor idea de lo que está hablando —contestó, y se apresuró a entrar.

CAPÍTULO III
INFORME DE J. EDGAR HOOVER
1 de abril de 1942. Ciudad de Nueva York

Aunque J. Edgar Hoover tenía prisa por recibir el informe de White sobre William Patrick Hitler, el caso no era tan sencillo como el sujeto de la investigación le había hecho creer en la entrevista celebrada dos días antes. Aunque William Patrick había dado toda la impresión de que se oponía vehementemente a Adolf Hitler y a todo lo que representaba su régimen, dos de sus antiguos socios sugirieron al agente White que William Patrick simplemente estaba resentido porque su tío no le había ofrecido un puesto más lucrativo en el Tercer Reich.

Un hombre, un escritor descrito por White en su informe como «Informante confidencial número 2», había pasado tres o cuatro meses con William Patrick para una posible colaboración en un libro sobre las experiencias del británico en Alemania. Según White, el informante declaró: «Era necesario que obtuviera del sujeto toda la historia de su vida y también toda la información relativa a sus contactos y relaciones con Adolf Hitler».

El agente del FBI continúa:

Hitler fue alojado en el Hotel Buckingham, en la Sexta Avenida y la calle 57 de Nueva York, donde recibió mucha publicidad y toda la atención posible. El informante declaró que, evidentemente, la agencia William Morris no consideraba a Hitler una atracción tan grande como pensaban que sería y los planes que la agencia tenía para él se interrumpieron. Continuando, el informante declaró que Hitler entonces, durante el invierno de 1939 y 1940, se afilió a la Harold R. Peat Agency Inc, situada en el número 2 de la calle 45 Oeste, de Nueva York, y, a través de esta agencia, Hitler dio bastantes conferencias sobre sus experiencias con su tío, Adolf Hitler, Himmler, Rudolph Hess y otros colaboradores de Adolf Hitler. Cabe señalar que William Patrick Hitler ahora está llevando a cabo sus conferencias a través de William B. Feakins Inc, oficina de conferencias, en el 500 de la Quinta Avenida, Nueva York.

El informante declaró que el sujeto Hitler inició sus contactos en el extranjero con Adolf Hitler en 1929, momento en el que se reunió con el Führer en numerosas ocasiones y también con Himmler, Hess, Goebbels, Goering y otros estrechos colaboradores de Hitler. Declaró que el sujeto Hitler también conoció a la bailarina de la que Adolf Hitler estaba encaprichado y que más tarde se suicidó.

El informante declaró que las impresiones que obtuvo al hablar con el sujeto Hitler fueron que él, el sujeto, había intentado utilizar una forma leve de chantaje contra Adolf Hitler para asegurarse un puesto de importancia con poco trabajo. Continuó diciendo que el sujeto Hitler le había insinuado que esta amenaza consistía en que él, el sujeto Hitler, podría revelar que su padre, Alois Hitler, había abandonado a su esposa, Brigid Elizabeth Dowling Hitler, y la había dejado para que se las arreglara sola; además, mientras tanto, Alois Hitler se había casado de nuevo sin obtener el divorcio de Brigid Hitler. El informante declaró que, evidentemente, este chantaje había tenido un éxito leve en vista de que al sujeto Hitler se le dieron algunos trabajos menores como contable. Sin embargo, consiguió un puesto en Opel Automobile Works, filial de General Motors Corporation.

El informante dijo que la Gestapo habló con Adolf Hitler sobre el hecho de que William Patrick Hitler estaba utilizando su nombre para conseguir ventas y que la Gestapo le aconsejó que abandonara estas prácticas. Declaró, además, que el sujeto Hitler estaba en condiciones de obtener puestos bastante importantes debido a su nombre y su relación con Adolf Hitler. Sin embargo, Adolf Hitler no permitía que el sujeto obtuviera un trabajo de esta manera, y también se ocupaba de que obtuviera un trabajo que se ajustara a sus cualificaciones, que eran las de contable, y, por esta razón, declaró el informante, el sujeto se oponía al Führer.

El informante dijo que el sujeto Hitler era un individuo extremadamente perezoso, no tenía iniciativa y buscaba constantemente un puesto bien remunerado con poco trabajo. En su opinión, si Adolf Hitler le hubiera conseguido un puesto importante y bien remunerado, el sujeto habría sido un ardiente partidario de Adolf Hitler. Sin embargo, por otro lado, el informante declaró que Adolf Hitler se negó a colocar a su sobrino en un puesto importante para el que consideraba que no estaba cualificado y se ocupó de que se le dieran trabajos menores acordes con su capacidad y cualificación. El informante 2 afirmó que, sin duda, esto pesaba mucho en la opinión del sujeto sobre Adolf Hitler.

A continuación, dijo que el sujeto Hitler era una persona extremadamente religiosa, lo que probablemente se debía a la influencia de su madre. El informante declaró que, cuando empezó a hablar con el sujeto para escribir un libro, este le había dicho que la razón por la que se oponía al Führer y al Gobierno nazi era que nunca había suscrito las doctrinas nazis y que, como católico devoto, había observado con horror los ataques contra su Iglesia. Sin embargo, el informante dijo que su secretaria le había contado que Hitler se había detenido junto a su mesa en numerosas ocasiones para hablar con ella y le había dicho: «Hitler podría haberme dado un buen trabajo si hubiera querido».

Hasta donde él sabe, Hitler nunca había ido a Canadá para intentar alistarse en el ejército canadiense. Afirmó que, en su opinión, el deseo de Hitler de alistarse en las fuerzas canadienses estaba probablemente motivado por el deseo de su madre de que su hijo trabajara en algo y no por el sincero patriotismo del propio Hitler de alistarse en el ejército canadiense. El informante opinaba que podría tratarse de un truco publicitario. El informante declaró que Hitler asistió a un cóctel que dio hace algún tiempo y allí conoció a una actriz de cine cuyo nombre recordó como Miss Dot May Goodisky cuya dirección actual está a cargo de Thomas Cook, en el 9462 del bulevar Wolshire [sic], en Los Ángeles, California. Dijo que el sujeto se hizo muy amigo de la señorita Goodisky, quien más tarde presentó a Hitler al señor Eugene Lyon de la revista *American Mercury Magazine*.

El informante declaró que Hitler había dado conferencias durante algún tiempo bajo la supervisión de Harold R. Peat, Inc., una agencia de conferencias situada en el número 2 de la calle 45 Oeste, de Nueva York. El informante comunicó que el sujeto Hitler y su madre residían en la dirección mencionada bajo el nombre de Patrick Dowling y que, si surgía la ocasión de ponerse en contacto con el sujeto en este número de teléfono o dirección, el sujeto prefería que se utilizara el nombre de Patrick Dowling.

En cuanto a los colaboradores del sujeto, el informante señaló que, en su opinión, el sujeto Hitler tenía muy pocos colaboradores, aparte de los que había conocido en sus diversas conferencias. Se contactó con el señor Harold R. Peat, de la oficina de conferencias Harold R. Peat Inc., número 2 de la calle 45 Oeste, de Nueva York. Este informó de que el sujeto

Hitler estaba bajo su supervisión para dar conferencias. Informó además de que la agencia teatral William Morris tenía un acuerdo de trabajo con la agencia de conferencias Harold R. Peat Inc., en el sentido de que las personas que consideraban que no valían eran cedidas a la agencia Harold R. Peat para que pudieran dedicarse a dar conferencias.

El señor Peat informó de que había reservado unas 25 conferencias para el sujeto Hitler, pero sus conferencias no tuvieron éxito y entonces fue necesario que Hitler buscara otra agencia de conferencias que pudiera establecer contactos por él. El señor Peat facilitó prácticamente la misma información sobre los antecedentes del sujeto que el informante confidencial y no pudo añadir nada sobre los antecedentes y colaboradores del sujeto. El señor Peat era de la misma opinión que el informante en cuanto a la lealtad de Hitler, es decir, el señor Peat expresó la opinión de que el sujeto con toda probabilidad sería leal al Gobierno nazi y a Adolf Hitler si el Führer hubiera conseguido un puesto bien pagado para el sujeto.

El señor Peat informó además de que la primera conferencia que había contratado para Hitler fue en un club de Nueva York conocido como el 101 Club y que Hitler tuvo una actuación muy pobre, ya que en su conferencia dijo que el motivo por el que había abandonado Alemania no era la persecución de la Iglesia católica por parte de Adolf Hitler, sino que se había marchado porque su tío no le había conseguido un puesto en Alemania. Peat informó de que entonces habló con el súbdito Hitler sobre la conveniencia de expresar tal motivo para abandonar Alemania. Sin embargo, dijo que, en su opinión, esa era la verdadera razón por la que el sujeto había abandonado Alemania y que no se debía a la persecución de la Iglesia católica ni al hecho de que el sujeto Hitler no se ajustara a los ideales y planes de Adolf Hitler.

Peat informó de que el sujeto estaba dando conferencias bajo la supervisión de la oficina de conferencias William B. Feakins

Inc., situada en el 500 de la Quinta Avenida de Nueva York. El señor Peat proporcionó una circular relativa a la publicidad de las conferencias del sujeto Hitler y esta circular forma parte del archivo de la División de Campo de Nueva York en vista de que contiene excelentes fotografías del sujeto Hitler.

El expediente del FBI también contenía carteles publicitarios de las conferencias de William Patrick.

WILLIAM PATRICK HITLER, SOBRINO DEL FÜHRER ADOLF HITLER, REVELA LA SENSACIONAL VERDAD SOBRE LOS DIRIGENTES DE LA ALEMANIA NAZI ACTUAL: ESCUCHE SU ATREVIDA REVELACIÓN SOBRE LAS INTRIGAS DE LOS ESCLAVIZADORES DE EUROPA

WILLIAM PATRICK HITLER

Nacido en Inglaterra, hijo de Alois, hermanastro de Hitler, y de madre irlandesa, fue educado en colegios ingleses y no conoció a su célebre tío hasta 1929, en el Congreso de Núremberg del Partido Nazi. En 1933 William Patrick Hitler se fue a vivir a Alemania y, durante los seis años siguientes, estuvo bajo la vigilancia constante del propio Hitler y de dignatarios como Rudolf Hess y Ernst Wilhelm Bohle, encargado de todos los alemanes residentes en el extranjero y director de las actividades de la Quinta Columna.

Encarcelado durante la «purga de sangre» de 1934, el joven Hitler fue liberado gracias a la intervención de funcionarios diplomáticos británicos.

Trabajó en la fábrica de automóviles Opel, pero un Führer que se sentía ofendido en su dignidad le impidió seguir una carrera de ingeniería y ventas. El joven Hitler era llamado con frecuencia a la alfombra del canciller y recibía advertencias inequívocas contra la revelación de la vida familiar hitleriana, y su libertad para buscar empleo se veía coartada a cada paso. Católico devoto, nunca suscribió las doctrinas nazis y observó con horror los ataques contra su Iglesia. Finalmente, en 1939, le dijeron que debía aceptar la ciudadanía alemana, pero se escabulló del Tercer Reich hasta Inglaterra, donde se reunió con su madre y partió hacia América.

Su historia del régimen nazi es única, pues aporta el testimonio del verdadero carácter de Hitler y de sus celosos rivales. Constantemente amenazado con represalias de la Gestapo por su indiscreción, William Patrick Hitler ha decidido contar la verdad sobre los antecedentes de Hitler, su extraño surtido de actrices y mujeres jóvenes, las conspiraciones que rodean al Führer, la reacción del pueblo alemán ante la barbarie de la maquinaria del Partido nazi.

CONFERENCIAS
MI TÍO ADOLF

Quién es realmente el Führer, cómo vive, qué dice realmente en privado y en público.

EL MISTERIO DE RUDOLF HESS

Su antiguo pupilo explica los motivos que llevaron a este nazi de alto rango a entregarse a los ingleses.

¿EN QUÉ ESTÁ PENSANDO EL PUEBLO ALEMÁN?

De qué manera los nazis han silenciado la oposición del pueblo alemán y cómo este prepara su venganza.

William Patrick Hitler aborda todos los temas relacionados con la Alemania nazi basándose en su profundo conocimiento sobre sus dirigentes y sus gentes.

Comentarios

«El joven Patrick Hitler estuvo mucho mejor de lo que me atrevía a esperar... Nunca hemos tenido semejante asistencia de público en una reunión sabatina. Fue ovacionado cuando terminó», presidente de la Asociación de Educación de Wisconsin.

«Me impresionó su imparcialidad al tratar un tema que podría haber sido fácilmente parcial. Se mostró sincero y agradable al dirigir el foro que siguió al discurso principal. Incluso los profesores más críticos le dieron crédito por su astucia y perspicacia al responder a numerosas preguntas», superintendente de las Escuelas Públicas del Condado de Monroe, PA.

«Había mucho público, unas 1500 personas. Hizo una presentación muy digna y tuvo un excelente turno de preguntas. En un día de tiempo tan atroz, habríamos tenido la mitad de público con cualquier otro», secretario, Coatesville (PA) Y.M.C.A.

«Ya desde la introducción a su discurso, William Patrick entusiasmó a una audiencia de seiscientas personas. No solo las entusiasmó, sino que, a petición popular, continuó charlando hasta mucho después de la hora habitual de clausura», secretario ejecutivo del Club de Publicidad de Buffalo (Nueva York).

«Su público se interesó profundamente por lo que tenía que decir. Todos quedamos muy impresionados por el número de preguntas que se le dirigieron después de su conferencia y por sus respuestas tranquilas y convincentes», Salón conmemorativo de Horace Bushnell, Hartford, Connecticut.

No todas las audiencias de William Patrick fueron tan halagadoras. Adjuntas al expediente del FBI había varias cartas en las que se solicitaba al FBI que investigara al orador, una de ellas exponía sus «exorbitantes» honorarios de 150 libras. Otra se quejaba de que William Patrick «había hablado favorablemente del pueblo alemán» en un discurso a los Kiwanis de Albany en Nueva York.

En opinión del señor Gerald Salisbury, director general del *Knickerbocker News*: «El discurso parecía estar dirigido a aliviar cualquier sentimiento contra el pueblo alemán, lo que puede ser considerado como propaganda inteligente de cara hacia un posible movimiento de paz en el futuro entre Alemania y los Aliados».

Una mujer que asistió a una mesa redonda en el Milliken Theater de la Universidad de Columbia sobre el tema «¿Qué hacemos con los alemanes?» telefoneó al FBI para quejarse de que William Patrick sugirió que no se castigara severamente a los alemanes y además afirmó que los soldados alemanes eran caballerosos. La mujer consideraba que esto era «propaganda nazi».

Pero, aunque el agente especial White encontrara algunas contradicciones en su rápido estudio del personaje, no pudo hallar pruebas de que William Patrick tuviera intención de traicionar a su país de adopción.

Firmó su informe para J. Edgar Hoover y añadió la siguiente conclusión: «La investigación no refleja que el sujeto esté implicado en actividades subversivas».

Y al sobrino se le dio la esperanza de creer que, después de todo, podría ir a la guerra contra su tío.

CAPÍTULO IV
MANUSCRITO DE BRIGID
12 de septiembre de 1995. Ciudad de Nueva York

Si alguien entra ahora en la oficina, va a pensar que somos del Frente Nacional o de la Hermandad Aria o como se llame por aquí —dijo Tim—. ¿Cuántas biografías más de Hitler necesitas?

—Tuve que sacar los libros de la biblioteca —expliqué—. Me daba demasiada vergüenza sentarme allí, rodeado de libros de Hitler. Lo intenté durante un tiempo, pero la gente me miraba como si fuera nazi. Incluso una de las profesoras de mi hijo se acercó a hablar conmigo mientras yo intentaba tapar las grandes esvásticas sangrientas de la cubierta de uno de ellos. Intenté explicarle lo que estaba haciendo, pero me di cuenta de que no me escuchaba. Ella ya piensa que vengo de otro planeta porque soy inglés, así que Dios sabe lo que pensará de mí ahora.

—¿Cuántos tienes?

—Doce.

—Esta historia te encanta, ¿verdad? ¿Ha habido suerte?

—En realidad, he encontrado algo que puede darnos una pista. Esta historia me está volviendo loco. Sabemos que está ahí fuera, en algún lugar. Hemos comprobado que William Patrick Hitler vino a Estados Unidos y por los recortes sabemos que intentó entrar en el ejército durante la guerra, y, después, todo se detiene. Es como si hubiera desaparecido de la faz de la tierra. He revisado todas las biografías de Hitler que mencionan a William Patrick, o a su madre, y todas hablan más o menos de lo mismo antes de la guerra. Todos los historiadores desconfían del personaje y, sin embargo, ninguno ha hablado con él. Todos creyeron en la palabra de Adolf Hitler y aceptaron su veredicto sobre su sobrino como un ser «repulsivo» y «repugnante». Pero Hitler no era precisamente el mejor juzgando a las personas, ¿verdad? Se podría pensar que un insulto de Adolf sería una recomendación elogiosa para el resto del mundo. Por lo que puedo deducir de este montón de libros, William Patrick intentó chantajear a Hitler amenazándolo con ir a los periódicos con unos cuantos datos sobre la familia, huyó de Alemania antes de la guerra porque no le gustaba lo que estaba pasando allí, se fue de gira de conferencias para contar a todo el que quisiera escucharle lo malo y desagradable que era su tío y luego intentó alistarse para luchar contra él en la guerra. Y todas estas cosas, según Hitler y sus biógrafos, lo convierten en la oveja negra de la familia. Su tío fue responsable de la muerte de seis millones de judíos, gobernó un imperio bárbaro construido sobre el odio y el miedo, y le declaró la guerra a medio mundo. Y, sin embargo, William Patrick, el insignificante sobrino de Liverpool, era el que estaba mal visto. ¿Explícame eso? No tiene ningún sentido, y me gustaría mucho encontrar al señor Hitler de Nantucket o Nueva Jersey o dondequiera que esté y preguntarle qué piensa al respecto. Y esta es mi perorata del día.

—Muy bueno. Hablas como un auténtico neoyorquino. Pero ¿cuál es la pista que mencionaste? —dijo Tim.

—Oh, sí. Uno de los biógrafos de Hitler, un americano llamado John Toland, parece que habló con nuestro amigo William Patrick en los años setenta. Lo menciona en una nota a pie en la página 383 de su libro sobre Hitler. Dice que William Patrick vivía en la zona de Nueva York y, escucha esto, dice que tenía un hijo llamado Adolf.

—Así que dice que podría haber un Adolf Hitler vivito y coleando, comiendo perritos calientes en Brooklyn. Si es verdad, es una historia estupenda —afirmó Tim—. ¿Toland sigue vivo?

—Sí, vive en Danbury, Connecticut. Su editor me ha dado su contacto. Si puede darnos el nombre de William Patrick o al menos la ciudad donde vivía, entonces hemos triunfado. Una vez que tengamos estos datos, lo encontraremos sin problema.

* * *

La fecha del quincuagésimo aniversario de la muerte de Hitler pasó y no teníamos ninguna pista sobre su sobrino perdido, pero yo seguía trabajando con ahínco, tenía la esperanza de encontrar algún detalle que pudiera ayudarnos a resolver el misterio. Pocas personas, aparte de los historiadores de Hitler, sabían que existió un Hitler nacido en Gran Bretaña, y los amigos a los que se lo mencioné estaban fascinados con nuestra búsqueda, por infructuosa que hubiera sido hasta el momento. Tim y yo bromeábamos sobre mi resistencia a abandonar la historia.

Había visitado un par de direcciones más después de la decepción de encontrar al William Patrick Dowling equivocado cinco meses antes y me había encontrado siempre con las mismas caras inexpresivas. Una mujer apellidada Hiller incluso me hizo pensar por un momento que cabía la posibilidad de que su marido encajara en el perfil cuando dijo que su familia procedía, en efecto, de Liverpool, y añadió que ella era alemana. Pero resultó que sus respectivos antepasados no estaban muy lejos del *Mayflower* y habían vivido en un pequeño pueblo de Pensilvania durante generaciones.

Ahora parecía que por fin teníamos a alguien que era un punto de contacto directo con William Patrick en los años setenta, el Hitler reinventado que buscábamos. Pero el señor Toland era sobre todo un hombre de palabra. El anciano historiador tenía ochenta y tres años cuando le llamé aquella mañana, esperanzado con la idea de que me proporcionara la pista que estaba buscando. Además de su libro en dos volúmenes sobre Hitler, había escrito una serie de ensayos que relataban algunos de los acontecimientos más tumultuosos del siglo, y no estaba dispuesto a ceder a las súplicas de un periodista extranjero al que ni siquiera conocía. Podía escuchar a Tim encenderse un cigarrillo en su mesa, al otro lado de la oficina, mientras mis súplicas pidiendo pistas al biógrafo ganador del Premio Pulitzer se hacían cada vez más desesperadas. Sabía que a Tim le habría encantado convencer a Toland de que nos dijera dónde estaba William Hitler, pero también sabía que el anciano no iba a revelar una confidencia que había dado su palabra solemne de guardar. Con voz paciente y educada, confirmó que había localizado a William Patrick en «el área metropolitana de Nueva York», pero, al descubrir que no quería hablar del pasado, el historiador accedió a no divulgar nunca ni su nueva identidad ni su ubicación.

—Pero ¿cómo se las arregló para encontrarlo? —le pregunté.

—Conseguí encontrar a algunos familiares en Hamburgo y uno de ellos tenía una foto de William Patrick con un bebé en brazos —me explicó Toland—. En el reverso de la fotografía había una nota que decía que el bebé se llamaba Adolf.

—¿Quiere decirme que William Patrick llamó Adolf a su hijo?

—Me gustaría ayudarle, pero le di mi palabra de que no le revelaría a nadie dónde vivía.

Toland me dio amablemente el número de teléfono y la dirección de uno de sus contactos en Hamburgo.

—Podría intentar hablar con algunas personas en Alemania. Quizá se decidan a ayudar —me aconsejó.

—¿Hay algún otro sitio donde pueda buscar o algo que pueda hacer que me ponga en el buen camino? —insistí, viendo cómo se me escapaba otra pista prometedora.

—Hay una cosa. Hay un manuscrito en la tercera planta de la Biblioteca Pública de Nueva York, en las Colecciones Especiales, que me pareció muy interesante. Parece que fue escrito por la madre de William Patrick. Quizá quiera echarle un vistazo.

Una amiga londinense se ofreció a volar a Alemania para intentar hablar con el hombre mencionado por Toland, pero, cuando llegó a Hamburgo, este se negó en redondo a ayudarla a ponerse en contacto con ninguna de las personas con las que Toland habló en su momento y dijo no tener conocimiento de la fotografía del bebé.

Había referencias a las memorias de Brigid en algunas biografías de Hitler, y la mayoría cuestionaban su autenticidad. Además yo había comprobado numerosos artículos de periódicos del Reino Unido y Estados Unidos y descubrí que Michael Unger, antiguo editor del *Liverpool Daily Post*, las había publicado bajo el título *Las memorias de Bridget Hitler* en 1979, pero el libro llevaba mucho tiempo descatalogado. Por tanto, decidí consultar el manuscrito original con la esperanza de que me diera alguna pista sobre los Hitler desaparecidos.

A la mañana siguiente le pregunté a una asistente de investigación del departamento de Colecciones Especiales de la Biblioteca Pública de Nueva York, en la Quinta Avenida, si tenía algún manuscrito escrito por una Brigid o Bridget Hitler.

Momentos después, regresó con un manuscrito encuadernado en buen estado con el título *Mi cuñado Adolf* en la cubierta. El documento mecanografiado de 225 páginas no llevaba fecha y terminaba con una frase inconclusa. Algunas palabras habían sido tachadas y sustituidas, pero, por lo demás, no había nada escrito a mano.

Al principio del libro había dos páginas con el sello: «EDMOND PAUKER, Edificio del Teatro Capitol, 1639 Broadway, Nueva York», y una fecha manuscrita: 10/6/59. Llevaba una sección introductoria, un prólogo que decía:

Este relato es la auténtica y fascinante historia de la señora Brigid Hitler, cuñada de Adolf Hitler.

La señora Hitler, que, por cortesía del Departamento de Estado, ha estado disfrutando de la hospitalidad de los Estados Unidos, ha optado hasta ahora por permanecer en la oscuridad, con la esperanza de que borrar todo rastro que pudiera servir para conectarla con el marido que la maltrató y la infame familia con la que había tenido la desgracia de unirse. Sin embargo, recientemente, durante una entrevista solicitada por la Oficina de Servicios Estratégicos de Washington, se le instó oficialmente a que dejara a un lado su reticencia y publicara sus experiencias para que el público estadounidense pudiera estar informado de los verdaderos hechos sobre el hombre que ha llegado a ser considerado por todas las personas decentes del mundo como el archienemigo de la humanidad. Sintiendo que es su deber cumplir con esa petición, la señora Hitler, esta involuntaria ocupante de un asiento en primera fila en la función en la que se ha representado el drama de la familia Hitler, revela su íntimo conocimiento de Hitler, su familia y su pasado.

Cuando Brigid Dowling, a los diecisiete años, se fugó de su casa de Dublín con un camarero austriaco llamado Alois Hitler, no soñaba con que su cuñado, Adolf, arrastraría un día al mundo a la guerra más sangrienta de la historia.

Los Alois Hitler vivieron juntos durante cuatro años y tuvieron un hijo, William Patrick Hitler.

Cuando Adolf Hitler se convirtió en canciller de Alemania, los periódicos ingleses encontraron abundante material sobre el hecho de que su cuñada y su sobrino vivían en Londres. Sin duda, esta publicidad no deseada inició la aventura que siguió. Su resultado inmediato fue que Hitler tomó medidas para atraer a madre e hijo a Alemania. El éxito del Führer en este intento, los años siguientes vividos a su sombra y cómo William Patrick consiguió escapar para vestir el uniforme azul de la Marina de los Estados Unidos forman la sustancia de este libro.

La verdadera historia que la señora Hitler cuenta en este relato se refiere principalmente a sus incansables esfuerzos por liberar a su hijo de las garras de Hitler. Es el conmovedor relato de la lucha de una madre por la vida de su hijo…, la desesperación de una mujer débil y sin amigos enfrentada al poder y a la astucia del tirano más despiadado de los tiempos modernos.

La señora Hitler presenta un retrato del dictador alemán tal y como ella lo conoció, como solo una mujer que odia puede percibir la amenaza que se cierne sobre la vida de su hijo. También revela detalles íntimos sobre su familia, considera una maldición que su miembro más poderoso, el cabeza de familia en funciones, sea un hombre como Adolf Hitler, que se ha comportado con cada uno de sus miembros de la misma forma brutal y despiadada que con los pueblos bajo su cruel dominio.

El manuscrito se acompañaba de una serie de documentos que parecían dar cierta credibilidad a la veracidad del libro. El primero era un artículo del *New York Times*, fechado el 25 de junio de 1941, bajo el titular: «Pariente de Hitler aquí. Ayudante voluntario británico». La historia continuaba:

La cuñada de Adolf Hitler empezó a trabajar ayer como voluntaria en la sede de la Sociedad Británica de Socorro de Guerra, en el 730 de la Quinta Avenida. Se trata de la señora Brigid Elizabeth Hitler, de origen irlandés, esposa del hermanastro de Hitler, Alois, de quien se dice que se ha vuelto a casar y ahora regenta un restaurante en Berlín.

Cuando ofreció sus servicios, con un rico acento dublinés, reconoció que era «un poco ridículo, pero me llamo Hitler y trabajaré tan duro como cualquiera, a pesar de todo». A continuación, se apresuró a explicar que espera obtener la anulación de su matrimonio durante su estancia en el país y que le «encantaría» convertirse en ciudadana estadounidense, pero que ahora no puede porque solo tiene un visado de visitante.

La horca, según declaró la señora Hitler, sería demasiado buena para su cuñado, Adolf.

Su hijo, William Patrick Hitler, se encuentra en Canadá en una gira de conferencias, describiendo las condiciones en Alemania. La señora Hitler tiene 49 años y vive en el número 505 de la calle 142 Oeste.

Con el recorte había una fotografía de Alois Hitler; el certificado de matrimonio de Alois y Brigid; un certificado de nacimiento británico que era ilegible pero que podía ser de William Patrick; una postal de Alois a Cissie, su apodo cariñoso para Brigid, en una dirección de Liverpool; el certificado de nacimiento de Alois que demostraba que compartía el mismo padre que Adolf; una carta del Dr. Frederick Kaltenegger de la embajada británica en Viena relativa al certificado de nacimiento de Alois; un telegrama postal a B. Hitler diciéndole que fuera a la embajada alemana en Londres; una carta de Patrick a Rudolf Hess, ilegible pero con el águila nazi; una carta en alemán a Patrick invitándolo al despacho de Wilhelm Bruckner, ayudante personal de Hitler; un giro postal alemán por valor de 100 marcos sellado por el ayudante del Reichsführer; una carta a Brigid del escritor antinazi Rudolf Olden en la que fijaba una reunión para el 15 de septiembre de 1937, y un segundo artículo de periódico sobre el trabajo voluntario de Brigid para la Sociedad Británica de Socorro en la Guerra.

Me pareció un conjunto de documentos impresionante y, sin duda, muy difícil de conseguir o falsificar para un extraño. Unos amigos de Londres me habían conseguido copias del certificado de nacimiento de William Patrick y del certificado de matrimonio de su madre, pero el resto del material era nuevo para mí. Inmediatamente me pareció extraño que los historiadores que desacreditaron el libro nunca mencionaran la existencia de estos documentos de apoyo. Si la propia Brigid no había escrito el libro, el autor debía tener un conocimiento muy íntimo de la familia. Sin duda, William Patrick entraría en contacto con el mundo editorial durante sus giras de conferencias por Estados Unidos. Seguramente habrá tenido algo que ver en la redacción de un libro como este.

Quienquiera que escribiera el libro, ya fuera Brigid, William Patrick o un colaborador, tenía un fino don de la expresión, y hay que admitir que ni Brigid ni su hijo eran escritores profesionales. Además, la carta de William Patrick al presidente Roosevelt y las cartas a su madre citadas en las memorias muestran evidentes diferencias de estilo. Pero, al menos a primera vista, se trata de las primeras y únicas memorias escritas por un pariente de Adolf Hitler.

Los certificados que llevaba en el bolsillo me permitieron conocer los primeros antecedentes de William Patrick. Su madre tenía dieciocho años cuando se casó con Alois Hitler, de veintisiete, en el Registro Civil de Marylebone el 3 de junio de 1910. Alois fue descrito en el formulario como camarero de hotel, del 37 de Blandford Square, St. Marylebone, e hijo del oficial de aduanas Alois Hitler, fallecido. Brigid Elizabeth Dowling figuraba como soltera, del número 4 de la calle Percy, en St. Pancras, hija de William Dowling, carpintero.

El certificado de nacimiento de William Patrick indicaba que había nacido en el 102 de la calle Upper Stanhope, en el distrito Toxteth Park Central de Liverpool, el 12 de marzo de 1911, de padres Bridget Elizabeth Hitler, anteriormente Dowling, y Alois Hitler.

No me permitieron sacar el manuscrito de la biblioteca, así que me instalé en la sala de lectura con un bloc y procedí a llenarlo de notas y citas de las memorias inacabadas.

A medida que avanzaba en la lectura, el libro iba dando cuerpo al fatídico matrimonio de Brigid y a las aventuras de su hijo antes de la guerra.

El primer capítulo se abre en 1909, en el Salón del Caballo de Dublín, con la joven Brigid del brazo de su padre. Resplandeciente, con un sombrero decorado con plumas de avestruz y un vestido blanco de muselina con volantes y una raya azul, se queda prendada de un desconocido que entabla conversación con su padre.

El hombre vestía un traje marrón, sombrero Homburg y polainas. Según cuentan las memorias: «Un bastón de marfil blanco con empuñadura de oro colgaba de su brazo con inimitable elegancia. En la corbata llevaba un alfiler de perlas, y dos anillos en el meñique de la mano izquierda, uno de diamantes y otro de rubíes, añadían la nota justa de suntuosidad. En su chaleco color crema, una pesada cadena de oro se alargaba de un bolsillo a otro y sus bigotes estaban afeitados y peinados hacia arriba, a la *kaiser*. Se presentó como Alois Hitler, de Austria».

Para una granjera impresionable, el elegante extranjero era irresistible, y su relación comenzó con una primera cita en un museo de Dublín. Al final de la noche, dice el libro, Brigid ya estaba perdidamente enamorada y dispuesta a hacer cualquier cosa por su caballero austriaco.

Pero su familia, ferozmente católica, no estaba tan entusiasmada con el fanfarrón desconocido que dijo dedicarse al «negocio de los hoteles» y que estaba de gira por Europa para estudiar el sector en el Reino Unido, Francia y Bélgica. Cuando su padre descubrió que Alois era, en realidad, un camarero que trabajaba en el hotel Sherbourne de Dublín, donde había sido enviado por una agencia de empleo londinense, le ordenó a su hija romper la relación.

Decidida a elegir entre su pretendiente y su familia, Brigid optó por fugarse a Londres para casarse, a pesar de las amenazas del padre de denunciar a su nuevo yerno por secuestro. Nueve meses y nueve días después de su boda en Londres nació un bebé, pero desde el principio los Hitler tuvieron sus diferencias sobre el pequeño William Patrick. Brigid eligió Patrick porque era irlandés y llamó a su hijo Pat, mientras que su marido pensaba que William sonaba alemán e insistía en llamarlo Willy.

Según el manuscrito, Alois cambió de trabajo cuatro veces en sus dos primeros años de matrimonio. Abrió un pequeño restaurante en la calle Dale, en Liverpool, antes de comprar una pensión en la calle Parliament y luego un hotel en Mount Pleasant... Después quebró. El matrimonio era muy diferente de lo que Brigid esperaba. Cuenta que a veces tenían tan poco dinero que no podía permitirse comprar leche para el bebé.

A continuación se cuenta uno de los hechos más sorprendentes y discutidos de la vida de Adolf Hitler. En sus memorias, Brigid afirma que, de noviembre de 1912 a abril de 1913, Adolf Hitler fue un huésped no deseado en el piso de Liverpool donde vivía con su marido y su hijo pequeño.

En sus escritos y registros, Adolf Hitler nunca lo mencionó, pero Brigid explica que esto se debe a que Adolf viajó a Inglaterra para evitar ser reclutado por el ejército austriaco.

Independientemente de que los historiadores decidan creer o no la supuesta versión de los hechos de Brigid, a mí me pareció convincente, como todo lo que cuenta en el libro.

Según las memorias, Alois enviaba a veces dinero a sus dos hermanas, Angela y Paula, que vivían en Viena, y, como buen soñador que era, después de probar suerte como vendedor en el incipiente negocio de las maquinillas de afeitar, quiso convencer al marido de Angela, Leo Raubal padre, de que se uniera a él y se introdujera en Europa. Con este fin, supuestamente, envió dinero a Viena para que Angela y Leo pudieran visitarlo en Inglaterra. Pero, cuando Brigid y Alois fueron a recoger a sus invitados, se encontraron con que su hermanastro, Adolf, se había presentado en su lugar.

Los hermanos tuvieron una relación difícil y Brigid afirma que arrastraron sus rencores hasta la edad adulta. Por ese motivo, a Alois no le gustaba ver al «bueno para nada» Adolf.

Su padre, Alois Hitler, era un hombre arrogante que se casó tres veces. Alois hijo y Angela pertenecían al segundo esposa, y Adolf y Paula eran hijos del tercer matrimonio.

Las memorias citan a Alois diciendo que su madrastra (la madre de Adolf) le hizo la vida imposible:

> Cuando tan solo tenía trece años, mi madrastra me echó de casa. Convenció a mi padre para que me enviara a Linz sin un céntimo. Fui aprendiz de un tabernero, Herr Spressler. Era un bruto. Tres meses después, cuando por fin mi familia se acercó a ver cómo me iba, había perdido cinco kilos y tenía el cuerpo marcado por los numerosos golpes que recibía. Me arrodillé y les supliqué que me llevaran. Mi padre siempre fue severo conmigo, pero creo que hubiera cedido si no llega a ser por mi madrastra. Yo siempre quise ser ingeniero, pero eso costaba dinero. Mi madrastra necesitaba todo el dinero para su favorito, Adolf, a quien mantenía en la escuela. Se escondía detrás de sus faldas, sin trabajar ni ganar un centavo. Una vez me metí en un serio lío en Viena. Me amenazaron con meterme en la cárcel por no poder dar cuenta de unas cuantas coronas que había reunido para mi amo. Desesperado, pedí ayuda, rogando que me enviaran las coronas que me faltaban. Recuerdo exactamente las palabras que recibí como respuesta como si las tuviera grabadas en el alma: «Robar y que te pillen significa que ni siquiera eres un buen ladrón. En este caso mi consejo es que te ahorques». La carta estaba escrita por Adolf. Nunca podré olvidarla, y no puedo perdonarlo, aunque se la dictara su madre.

En el libro, Alois afirma que Adolf utilizó el nombre de su hermano menor, Edmund, que murió a los dos años, para eludir el servicio militar obligatorio y huyó a Inglaterra cuando la policía vienesa descubrió la treta.

La historia relatada en el manuscrito era absorbente y seguí apuntando fechas y lugares, con la esperanza de que se relacionaran con alguna investigación posterior. Estaba tan atrapado por el relato de la supuesta visita de Hitler a Liverpool que me encontré copiando todo el episodio. ¿Era cierto? Hitler nunca le contó a nadie su visita al Reino Unido ni la incluyó en *Mein Kampf*, pero tampoco mencionó que tuviera un sobrino nacido en Inglaterra y se esforzó mucho por repudiar a toda su familia. Una vez más, me pregunté por qué debería creer a uno de los hombres más malvados de la historia y no a una mujer corriente con una historia extraordinaria que contar.

Antes de que Hitler partiera hacia Alemania y se produjera su improbable ascenso al poder, Brigid llegó a afirmar que ella era la responsable de su característico bigote. En aquella época, dice en el manuscrito, Adolf lucía un bigote similar al de su marido, Alois, y ella le sugirió que se recortara las puntas. Años más tarde, cuando vio su foto en un periódico en una pose familiar, se dio cuenta de que había seguido su consejo: «Pero Adolf había ido demasiado lejos».

Las memorias describían el viaje de su cuñado a Liverpool:

> Antes de pasar a describir la estancia de mi cuñado, debo interrumpirme con las siguientes observaciones. Recientemente, durante una entrevista en Washington, fui interrogada oficialmente sobre Adolf Hitler, y cuando mencioné que había estado en Inglaterra el funcionario expresó inmediatamente su sorpresa.
>
> —¿En qué año tuvo lugar esta visita?
>
> —Fue en 1912 —respondí—. Aunque de eso hace mucho tiempo, puedo darte la fecha exacta porque se produjo tan solo unos días después de que cogiéramos el piso en el que permanecimos varios años.
>
> —Esto es muy interesante, porque estás dando respuesta a una pregunta muy intrigante —me comentó.
>
> Me comentó que los historiadores contemporáneos habían especulado mucho sobre un «año perdido» en la carrera de

Hitler. El año comienza en la segunda mitad de 1912 y continúa durante los primeros meses de 1913. El propio Hitler, en su autobiografía, *Mein Kampf,* afirma que abandonó Viena en mayo de 1912 para dirigirse a Múnich. A pesar de que se suponía que era una declaración oficial, era falsa; todas las pruebas demuestran que llegó a Múnich un año más tarde de lo que afirma. Conrad Haydn, en su biografía de Hitler, *Dear Sir,* sitúa el año 1913 como la fecha de la llegada de Hitler a Múnich. Al igual que Rudolf Olden, el famoso escritor alemán antinazi cuyo libro, *Hitler the Pawn,* se publicó en Londres en 1936. [La mención de Conrad Haydn y de una biografía de Hitler supuestamente titulada *Dear Sir* parece ser una referencia mal escrita al autor germano-estadounidense Konrad Heiden, que escribió en 1944 una exitosa biografía de Hitler titulada *Der Führer: Hitler's Rise to Power* (Houghton Mifflin)].

Por supuesto, es más que comprensible por qué Adolf dio unas explicaciones tan imprecisas sobre este periodo. Desde luego, su deseo era que se pasara por alto. Cuando escribió *Mein Kampf*, reorganizó los hechos de sus primeros años en una versión más presentable. Mencionar un viaje a Inglaterra sin ofrecer una razón resultaba incómodo, y los verdaderos motivos no habrían sido una buena publicidad para el profeta alemán. En cuanto a sentirse agradecido por el refugio que se le concedió, simplemente no estaba en su naturaleza. Mi cuñado Adolf permaneció con nosotros desde noviembre de 1912 hasta abril de 1913, y no puedo imaginar un huésped menos interesante y atractivo. Al principio permaneció en su habitación, durmiendo o tumbado en el sofá que utilizaba como cama la mayor parte del tiempo. Parecía enfermo, su color era pésimo y sus ojos tenían un aspecto muy peculiar. A pesar de lo que me contó Alois, me daba bastante pena. Cuando lavé su camisa (no llevaba equipaje), el cuello estaba tan deshilachado y desgastado que ni siquiera valía la pena darle la vuelta. Convencí a Alois para que le diera algunas cosas, y la verdad es que no se mostró en absoluto reacio a hacerlo. De hecho, creo que habría estado más que dispuesto a ayudar a Adolf si este no hubiera sido tan desagradecido y difícil. Adolf daba por sentado todo lo que hacíamos y estoy segura de que se habría quedado indefinidamente si hubiera encontrado el menor estímulo.

Pensándolo bien, me parecía un hombre débil y falto de carácter, pero curiosamente creo que prefería mi compañía a la de mi marido. Después de las primeras semanas, a menudo se sentaba en la acogedora cocina para jugar con el bebé de dos años mientras yo preparaba la comida. Creo que en esos momentos se sentía como en casa. No solía hablar mucho, se limitaba a permanecer sentado, aunque, de vez en cuando, me hablaba de los platos que le preparaba su madre.

A veces conversaba sobre el futuro. Para él fue una gran decepción que no le admitieran en la Academia de Bellas Artes, a la que se había presentado varias veces.

—La razón que dieron para rechazarme fue que no sabía pintar, pero, si supiera pintar, ¿para qué iba a ir a la Academia? Y ese estúpido profesor dijo que yo tenía talento para la arquitectura, pero no para la pintura. Sé que no era más que era una excusa —se quejó.

Pero ¿por qué no aprendes un oficio, te conviertes en aprendiz? No quiero decir que debas ser camarero como Alois, pero podrías dedicarte a algo para lo que tu interés por el arte fuera útil: la fotografía, por ejemplo. ¿O de verdad crees que tienes que ser pintor?

—Oh, no lo sé —respondió inseguro—. Hasta ahora siempre he pensado que tenía talento para convertirme en un buen pintor. Quizá sea demasiado tarde, como me dice siempre Alois —suspiró—. Quizá tenga razón. Claro que, si tuviera otro tipo de hermano, uno que no fuera tan egoísta como Alois, me dejaría dinero para vivir unos años mientras me formo.

En esta conversación se muestra uno de sus estados de ánimo más habitual. Luego había otro. En este aspecto se parecía a mi marido, aunque siempre fueron muy parecidos, como dos gotas de agua. Alois tenía mapas de todos los países y siempre estaba estudiándolos. Cuando Adolf estaba con nosotros, tenía que repasarlos una y otra vez. Los extendía sobre las mesas, o incluso en el suelo, y los estudiaba durante horas. Nunca dudaba en interrumpir mis tareas domésticas para explicarme cómo Alemania ocuparía el lugar que le correspondía en el mundo. Primero caería Francia, luego Inglaterra. Naturalmente, yo no encontraba muy interesante este tipo de charla, pero, cada vez que intentaba alejarme, él empezaba a gritar, aunque rara vez me molestaba en contradecirle. Se ponía furioso y continuaba hasta que la ronquera o alguna interrupción lo detenían. Yo lo atribuía, por una parte, al placer que le producía escuchar su propia voz —otro aspecto en común con mi marido—, y, por otra, al deseo de dominarme.

De hecho, yo no prestaba mucha atención a sus desvaríos. Supongo que di por hecho que alzar la voz era una costumbre familiar. Además todos los amigos decididos de Alois hablaban de la misma manera. Me atrevo a decir que esta actitud era una muestra del sentir general de aquella época.

Tan solo de vez en cuando yo contraatacaba. Un día no pude soportar a Adolf ni un minuto más y estallé:

—Tienes mucho valor para venir aquí y decir esas cosas. Nunca vivirás para ver el día en que Inglaterra sea destruida por Alemania. Si alguna vez ambos países llegan a combatir, es igual de probable que ocurra lo contrario. De todos modos, ¿por qué te interesa tanto? Nosotros somos austriacos, no alemanes.

Me miró como si le hubiera golpeado en la cara. Durante un rato no supo qué decir, pero su perplejidad dejo paso a lo que solo puedo describir como el retorcido placer de haber hecho perder los estribos a una británica.

Cuando Alois tuvo tiempo, viajaron a Londres. Adolf quedó encantado con el Tower Bridge, y, fascinados, entraron en la sala de máquinas para ver el inmenso mecanismo en funcionamiento. Alois era un apasionado de la maquinaria y estaba encantado de tener un compañero de viaje. Le enseñó a Adolf centrales eléctricas, dinamos, grúas fluviales y el interior de los barcos. Cuando regresaron a casa, no dejaban de hablar de lo que habían visto.

Ambos tenían un gran interés por todo lo inglés y siempre estaban de turismo. Aunque no quiero decir que estuvieran almacenando información para utilizarla más tarde, sin duda, al menos inconscientemente, fueron los precursores de los turistas que más tarde salieron en tropel de la Alemania nazi y trajeron a casa las extrañas piezas de información que, unidas, formaron un patrón completo.

Creo que es más que posible que la visita de Adolf a Inglaterra le diera la idea. En cuanto Adolf supo moverse, empezó a desaparecer solo y no regresaba hasta bien entrada la noche. Decía que buscaba trabajo, pero, como solo sabía unas pocas palabras en inglés y nunca salía por la mañana temprano, siempre he pensado que se limitaba a vagabundear por Liverpool o a contemplar el río Mersey, o quizá pasaba los días en las tabernas frecuentadas por alemanes.

Un día volvió muy excitado.

—Escucha, Alois —exclamó—. Estaban tocando el himno nacional bávaro en el río. Todos los hombres se quitaron el sombrero y se pusieron firmes.

—Eso es ridículo —comentó Alois.

—No, no, había mucha gente allí, y todos mostraron su respeto.

Entonces Adolf empezó a cantar: «¡Heil unserm Konig! Heil». En cuanto Alois oyó la melodía, se echó a reír:

—Estás loco, Adolf. Es el himno nacional inglés. La música es la misma. Solo la letra es diferente.

Hay algo más que me gustaría mencionar. Creo que fue en mi casa donde Adolf entró en contacto por primera vez con la astrología. Este tema siempre me había interesado. Recuerdo que de niña mi madre me hablaba de los planetas. Me decía que cuando naces hay ciertos planetas que pasan sobre tu cabeza. Algunos son buenos, y otros, malos; influyen en toda tu vida. Yo no entendía nada pero siempre quería que me contara más. Como ella no sabía más, tuvieron que pasar años hasta que pude satisfacer mi curiosidad.

Poco antes había conocido a una tal señora Prentice, que hacía horóscopos. Mi marido despreciaba la idea, pero, en cuanto Adolf escuchó hablar de ella, no dejó de perseguirme para que le diera más detalles, aunque nunca en presencia de Alois... Le pidió una y otra vez a la señora Prentice que le hiciera el horóscopo. Años más tarde, cuando mi cuñado se hizo famoso, se comentaba mucho su trato con un astrólogo; se decía que nunca hacía nada sin antes comprobar los aspectos astrológicos. Pensé entonces que mis despreocupadas palabras sobre este tema habían servido de introducción a este absorbente interés. Un día, la señora Prentice le hizo un horóscopo a Pat. Predijo que iría a Alemania y que aprendería alemán. No presté demasiada atención en aquel momento, pero resulta curioso que sus predicciones se cumplieran.

Cansado de la presencia de Adolf, Alois le sugirió que se fuera a América e incluso se ofreció a pagarle el billete de barco. Al principio, Adolf se mostró entusiasmado, pero, a las pocas semanas, su interés languideció. Adolf argumentó que primero debía aprender inglés, pues sin este idioma no podría ganarse la vida en un país de habla inglesa.

Alois replicó que si miles y miles de alemanes iban allí sin conocer el idioma, Adolf también podría. Adolf aceptó marcharse si Alois le adelantaba el dinero suficiente para vivir hasta que pudiera mantenerse. Era más de lo que Alois hubiera podido hacer, aunque quisiera, así que el proyecto fracasó. A medida que la visita se alargaba, las relaciones entre los dos hermanos se volvían cada vez más tensas. Naturalmente, nuestra vida familiar se resintió. El espacio era tan reducido que la convivencia resultaba muy difícil, y además tenía que cuidar a mi bebé.

Parecía fácil, pero, por absurdo que resulte, no había forma de deshacerse de Adolf. Se había instalado como un huésped permanente.

Una y otra vez he reflexionado sobre cuáles eran las cualidades del joven que conocí en aquel momento y le permitieron hacer su carrera posterior. En realidad, el único atributo personal llamativo que me viene a la mente es su increíble persistencia. Sabía que queríamos que se marchara —mi marido incluso se ofreció a pagarle una habitación de hotel— y, aun así, se las arregló para quedarse.

«Primero debo aprender inglés», argumentó, pero no aprendió nada, aunque siempre estaba leyendo… No leía libros, sino pequeños panfletos impresos en alemán. Eran los libros de Adolf. Yo no sabía qué contenían ni de dónde venían exactamente, así que supongo que debió de conseguirlos de los alemanes que encontraba por la ciudad.

Alois se impacientaba cada vez más con él, pero ¿cómo podía afrontar la situación? De hecho, no había mucho que pudiera hacer, salvo ser desagradable, y cuando perdía los estribos, Adolf le repetía: «No esperes que me vaya hasta que pueda abrirme camino por mí mismo. No es mucho pedir a un hermano».

Después de soportar esta situación durante meses, Alois tuvo una idea. Le diría a nuestro invitado no deseado que dejábamos nuestro apartamento porque nos íbamos de Liverpool.

—Pero ¿qué puedo hacer yo entonces? —preguntó Adolf.

Alois descargó su furia acumulada durante los últimos meses en su réplica:

—¿Qué puedes hacer? ¿Un joven de casi veinticuatro años pregunta eso? Cuando yo tenía tu edad dirigía a más de veinte personas en el Ritz de París, ocupaba el tercer puesto después del director del hotel, ¿y me preguntas qué puedes hacer? Pues me da igual. Por lo que a mí respecta, puedes hacer lo que quieras. ¿Por qué no te ahorcas, como me dijiste cuando te pedí ayuda?

Sus palabras terminaron en un grito casi histérico, pero, como era un hombre impulsivo, diez minutos después sacó su cartera. Este gesto entre los dos hermanos equivalía a la firma de un tratado de paz.

Alois le compró a Adolf un billete para Alemania. No había alternativa. Durante su estancia en Liverpool, Adolf no había aprendido inglés ni para preguntar cómo llegar a la estación. Tenía que ir a un país donde la gente utilizara el idioma que se hablaba en Austria. No podía volver a su país, pues lo habrían detenido. Alemania parecía el lugar más seguro, ya que mi marido fue a preguntar al consulado y le dijeron que Adolf no corría el riesgo de ser extraditado del imperio del káiser. Le informaron de que Alemania no extraditaba a refugiados políticos o militares de Austria, aunque este país lo pidiera.

Al día siguiente, los hermanos se dedicaron a elegir la ciudad alemana en la que Adolf intentaría establecerse. Adolf no conocía Alemania, pero Alois sí, pues había trabajado de camarero en varias ciudades. Mi marido le aconsejó que fuera a Múnich, porque era en todos los sentidos —paisaje, comida, forma de vestir, costumbres y, sobre todo, idioma— la ciudad más parecida a su Austria natal.

En este punto hago una pausa para hacerme una pregunta. ¿Debería haber simpatizado más con Adolf? Si su estancia en Liverpool hubiera sido diferente, ¿habría cambiado el curso de los acontecimientos? Yo era joven e irreflexiva. Ciertamente, su fututo no me preocupaba. Si hubiera ejercido mi influencia sobre él, es muy posible que se hubiera quedado en Inglaterra. En ese momento, el país estaba lleno de alemanes. Barberos, peluqueros, carpinteros, toda clase de obreros cualificados venían en busca de trabajo. Muchos de estos visitantes se establecieron cómodamente en Inglaterra para no volver jamás al continente. Si hubiera insistido en que Adolf aprendiera inglés, en lugar de practicar con él mi alemán a trompicones, podría haber compartido sus secretos. Al recordar su partida, vuelvo a ver la palidez de su rostro y el cansancio de los ojos de mi joven cuñado cuando nos besó apresuradamente a Alois y a mí antes de subir al tren. Asomado a la ventanilla, cuando el tren empezaba a avanzar lentamente, gritó algo que terminaba en «zukunft wirst du Erstatten von mir erhalten» (en el futuro recibirás una recompensa de mi parte).

Miré a mi marido asombrada, pues no entendía por qué de pronto, con el rostro enrojecido, había echado a correr por el andén como si quisiera seguir al tren en marcha.

—¿Qué ocurre? —le pregunté—. Solo ha dicho que te recompensaría.

—Sí, eso es lo que ha dicho, pero tiene un doble sentido. Ha querido amenazarme diciendo que recibiría lo que merecía. Pero ¿qué importan las amenazas de parte de un holgazán como él?

¿Quién iba a predecir que un día ese «holgazán» tendría en sus manos la vida de mi marido, la mía, la de mi hijo y, de hecho, la de toda Europa?

Dejé el bolígrafo e intenté volver a leer mis notas, esforzándome por comprender la mezcla de taquigrafía y garabatos que se iba deteriorando a medida que copiaba los pasajes que describían la supuesta estancia de Adolf Hitler en Liverpool. Llamé a Tim desde el móvil para avisarle de que me quedaría un rato más en la biblioteca.

—Acabo de hablar por teléfono con Michael Unger y me ha dicho que le has dejado un mensaje sobre la historia de William Patrick Hitler. Dirigió el *Daily Post* de Liverpool e hizo que se publicaran las memorias de Hitler que estás viendo en los años setenta. Un buen tipo, la verdad.

—No tendrá una copia de su libro, ¿verdad? —le pregunté—. Se me están atrofiando los dedos intentando copiar todo esto.

—No lo sé. Está en Inglaterra y el libro lleva años descatalogado. Dijo que pensaba que el libro se vendería muy bien y le haría ganar unas cuantas libras, pero, al final, lo único que consiguió fue una nevera nueva.

—¿Llegó a alguna parte en la búsqueda de William Patrick?

—Realmente no. Dijo que lo intentó, pero no lo consiguió. Mencionó al tipo ese, Toland, con el que has hablado, pero eso fue todo. Otro callejón sin salida, me temo. ¿Qué hay del manuscrito? ¿Alguna pista?

—No parece. Es una lectura fascinante y contiene muchos datos, pero todos de antes de la guerra. Termina a mitad de una frase y no dice nada de que vinieran a América. Voy a quedarme para tomar algunas notas más. Puede ser útil más adelante.

—¿Crees que es auténtico? —preguntó Tim.

—Sí, lo creo. Hay tantos detalles que, sin duda, lo ha escrito Brigid o alguien muy cercano a la familia. Además, lleva una serie de documentos con él.

—Michael Unger me ha contado que había ciertas cuestiones por resolver, pero está convencido de que lo escribió la madre.

—Lo que no entiendo es que William Patrick estuviera por todas partes antes de la guerra. Parece que le encantaba ser el centro de atención. Aparece hablando con el *Daily Express*, vendiendo historias a otros periódicos, de gira de conferencias por América… Parece querer contarle a todo el mundo lo que supone vivir con el apellido de Hitler. Y de pronto desaparece literalmente de la faz de la tierra.

—Quizá muriera poco después de la guerra —dijo Tim.

—Es posible. Eso al menos explicaría por qué se perdió su rastro. Y, sin embargo, John Toland dice que William Patrick estaba vivo y sano en los años setenta. Ahora podría estar sentado en algún lugar viendo episodios de *Cheers* en la tele. Simplemente no tiene sentido para mí que alguien con un perfil tan alto decida desaparecer.

—Se me ocurren múltiples razones por las que el último descendiente de Hitler desee pasar desapercibido. Puede que se sienta perseguido por grupos de judíos, por nazis, historiadores o por la prensa. Además, nadie quiere estrechar su mano. Puede que simplemente quiera mantenerse alejado de ese nombre —argumentó Tim.

—Bueno, pues está haciendo un maldito buen trabajo —repliqué.

CAPÍTULO V
EL INFORME OSS

10 de septiembre de 1943. Ciudad de Nueva York

E l apartado 32 del formulario de antecedentes personales y declaración de extranjería había resultado ser el principal escollo cuando William Patrick Hitler quiso alistarse en las fuerzas armadas estadounidenses para luchar contra su tío.

La investigación del FBI, instigada por la carta de William Patrick al presidente en la que suplicaba ser reclutado por el ejército de Estados Unidos, no había encontrado ninguna buena razón para que no sirviera a su país de adopción. Pero los altos mandos del ejército no pudieron aceptar la respuesta al apartado 32 del formulario que William Patrick rellenó y entregó a su junta de reclutamiento local en Queens, Nueva York, el 21 de agosto de 1942.

El apartado decía:

«Tengo los siguientes familiares vivos que están o han estado en las fuerzas armadas de los países mencionados:

1. Thomas Dowling. Tío. Inglaterra. 1923-1926. Royal Air Force.
2. Adolf Hitler. Tío. Alemania. 1914-1918. Cabo».

William Patrick había escrito la verdad.

Comprensiblemente, los militares decidieron que esta respuesta era un problema y bloquearon sus intentos de alistarse, lo que llevó a William Patrick a declarar al *Herald Tribune*: «Mi apellido dificulta un poco las cosas. La junta me dijo hace cuatro semanas que había sido reclasificado como 1-A y que estaría en el ejército en un mes. Yo quería entrar en el Ejército del Aire. Después de todo, conozco Alemania y creo que sería un bombardero muy eficaz. Voy a intentar convencer a la Real Fuerza Aérea Canadiense ahora que me han rechazado aquí».

Dijo que cambiaría de nombre si lo aceptaban en el ejército en Canadá. «Solo cuesta 50 céntimos y Hitler es un apellido bastante incómodo, ¿sabe?».

William Patrick y su madre abandonaron Inglaterra precisamente porque su apellido les hacía la vida demasiado difícil en un país ensombrecido por la guerra. Después de que el ataque japonés a Pearl Harbor obligara a Estados Unidos a entrar en el conflicto, también se había vuelto cada vez más incómodo ser un Hitler en Nueva York.

Aunque no pudo aportar su granito de arena a Estados Unidos en combate, William Patrick pronto descubrió que había otra forma de ayudar.

La Oficina de Servicios Estratégicos de Estados Unidos (OSS), precursora de la Agencia Central de Inteligencia (CIA), se creó en 1942 bajo la dirección del general Wild Bill Donovan. Este general tuvo la idea de recurrir al psicoanalista de Harvard Walter Langer para que elaborara un perfil psicológico de Adolf Hitler que permitiera a los dirigentes aliados hacerse una idea del hombre al que se enfrentaban.

A Langer, antiguo alumno de Sigmund Freud que acompañó a su mentor en su viaje al exilio en 1938, se le encomendó la tarea de rastrear Estados Unidos y Canadá en busca de cualquier persona que hubiera tenido algo más que un contacto pasajero con Adolf Hitler y combinar esas entrevistas con cualquier material de referencia disponible, además de utilizar su propia capacidad analítica, para elaborar una valoración detallada del líder alemán.

Dado que William Patrick seguía recorriendo el país dando conferencias sobre la maldad de su tío, a Langer no le resultó demasiado difícil llegar a la conclusión de que el sobrino descontento era un tema que merecía la pena incluir en su lista. Debido a la famosa reticencia de Adolf Hitler a hablar sobre sus antecedentes familiares, Langer buscaba más información sobre la infancia del dictador y sus raíces en Austria. Se puso en contacto con William Patrick y concertó una entrevista en Nueva York el 10 de septiembre de 1943.

Langer intentaba que sus entrevistas fueran lo más informales posible y, sin duda, William Patrick creía que su cooperación lo ayudaría a demostrar su lealtad y a aumentar sus posibilidades tanto de incorporarse al servicio militar como de, en última instancia, permanecer en Estados Unidos, pues aún tenía un visado de visitante.

Sin embargo, a Langer, el sobrino de Hitler no le causó buena impresión. El psicoanalista trabajaba bajo presión para terminar el informe a finales de verano y William Patrick fue uno de sus últimos entrevistados. Como resumen del encuentro, Langer escribió:

> El hijo de Alois Jr. es un joven de treinta y dos años que no ha llegado a mucho… Cuando su tío alcanzó el poder, obviamente esperaba que hiciera algo por su familia. Dejó su trabajo en Londres y se instaló en Alemania, donde tuvo algún contacto con Adolf Hitler. Este, sin embargo, estaba interesado sobre

todo en mantenerlo en el anonimato y le proporcionó un trabajo menor...

Tengo la impresión de que William Patrick estaba dispuesto a chantajear tanto a su padre como a su tío, pero las cosas no le salieron como había previsto. Regresó a Inglaterra y viajó a Estados Unidos como súbdito británico. Ahora mismo se dedica a dar conferencias. Además está escribiendo un libro sobre sus relaciones y experiencias en la Alemania de Hitler.

Con independencia de sus impresiones personales sobre William Patrick, Langer estaba convencido de que era una fuente fiable en lo que respecta a los oscuros antecedentes de Hitler. Cuando William Patrick se marchó, Langer utilizó parte de la grabación de la entrevista para redactar su informe final:

La familia no era feliz y su madre abandonó a su padre varias veces antes de que él naciera. Cuando tenía tres años, su padre abandonó a su madre y a él mismo, y el contacto no se restableció hasta 1914.

La causa inmediata de la separación fue que el padre tenía obsesión por pegar al niño y lo hizo varias veces cuando la madre no estaba en casa. Cuando ella estaba en casa, lo protegía del padre, pero el matrimonio peleaba constantemente porque el padre sostenía que el niño tenía que ser disciplinado a una edad temprana y aprender a respetar y temer a su padre. Desde el momento del abandono hasta la actualidad, su padre nunca ha contribuido a su manutención ni a la de su madre. De hecho, en varias ocasiones, cuando Adolf dio un dinero que debería haber sido enviado a la madre, el padre se lo apropió para sus propios fines.

Antes del abandono definitivo, hubo una separación por un periodo de tiempo durante el cual el padre se fue a Viena. El niño no sabe en qué año ocurrió esto, pero su madre le ha contado que estando allí conoció a Adolf, que estaba completamente desamparado y le pidió dinero. El padre le dio una pequeña cantidad pero le dijo que no buscara más y que ya era hora de que se valiera por sí mismo y consiguiera un empleo y se pusiera a trabajar, que no podía esperar que su familia lo mantuviera para siempre. Según lo que su padre le contó a su madre durante los años de su vida matrimonial, y le contó al niño más tarde, cuando estaba en Alemania, su relación con Adolf cuando eran niños no era feliz. Alois padre le pegaba a menudo sin piedad con un látigo. Exigía la máxima obediencia y esperaba que el niño, Alois, cumpliera todos los requisitos. Cada transgresión era una excusa más para azotarle.

Cuando se le preguntó por incidentes concretos que el padre pudiera haber contado, recordó que una vez, cuando su padre era pequeño, había hecho novillos en el colegio. Su padre, según estos relatos, tenía inclinación por los objetos mecánicos y le gustaba construir todo tipo de cosas. A Alois padre le gustaba esta afición y trataba de fomentarla. De hecho, le prometía al niño que cuando fuera mayor lo enviaría a una escuela de ingeniería si su trabajo era bueno. En esta ocasión en concreto, el chico se interesó por la construcción de un pequeño barco. Se enfrascó tanto en el proyecto que hizo novillos durante tres días para terminarlo antes. Cuando el padre se enteró, se enfureció, azotó al chico y lo sujetó contra un árbol por la nuca hasta que perdió el conocimiento. Entonces se marchó y dejó al niño tumbado al pie del árbol hasta que la naturaleza lo reanimó.

Las cosas fueron de mal en peor cuando nació Adolf. Desde el principio se convirtió en el niño de los ojos de su madre y no mostraba ningún interés por Alois hijo o por Angela, su hermana. Es la típica historia del hijo de la madrastra que recibe todos los favores y los hijastros se quedan con las sobras. A medida que Adolf se hacía mayor, se le seguía eximiendo de hacer cualquier tarea desagradable. Siempre decía estar enfermo y su madre lo mantenía en cama buena parte del tiempo e incluso le llevaba allí la comida. Le mimaba desde primera hora de la mañana hasta bien entrada la noche y los hijastros tenían que escuchar interminables historias sobre lo maravilloso que era Adolf y el gran pintor que sería algún día. Llegó incluso a convencer al padre de que no enviara al mayor a la escuela de ingeniería; decía que era un mocoso incorregible y un inútil y que toda educación sería un desperdicio para él. El resultado fue que el padre puso a Alois hijo de aprendiz de camarero, pues estaría lejos de casa y no le costaría mucho dinero. De niño, Adolf era perezoso y desagradable. No estudiaba nada y se pasaba el tiempo vagando por el campo o sentado junto al río. Siempre estaba soñando despierto o haciendo tonterías y de vez en cuando se metía en líos. Cuando esto ocurría, corría a casa y le contaba a su madre que era culpa de Alois. Ella, a su vez, informaba al padre, que azotaba a Alois por las acciones de Adolf. Alois hijo solía decir que tuvo que soportar muchos azotes que correspondían a Adolf. Cuando le preguntaron si había oído alguna vez que el padre azotara a Adolf, respondió afirmativamente. Dijo que el padre pegaba tanto a Adolf como a Alois, pero no con tanta frecuencia. Cuando se le preguntó si había oído hablar de algún incidente en particular, dijo que recordaba que su padre le había contado una vez con bastante regocijo que, cuando Adolf tenía unos once años, se negó a seguir soportando los malos tratos de su padre y resolvió escaparse de casa con otros dos chicos. El plan consistía en construir una balsa y flotar río abajo. Los preparativos ya estaban en marcha cuando el padre se enteró y bajó al río, donde encontró a los chicos construyendo la balsa. Se puso furioso y golpeó a Adolf con tanta violencia que, cuando volvió a casa, temió haberlo matado, pero Adolf revivió.

Las cosas en casa de los Hitler no mejoraron mucho cuando llegó Paula, la hermana de Adolf. Su madre también la mimaba, pero no tanto como a Adolf. A medida que crecía, Alois hijo desarrolló un afecto considerable por Paula, mientras que Angela desarrolló cierto afecto por Adolf. Angela llegó al punto de apoyar a Adolf contra Alois y Alois apoyó a Paula contra Angela. Esta relación cruzada ha continuado en la edad adulta, aunque no es fuerte en ninguna dirección. Sin embargo, era lo suficientemente intensa en el momento de la muerte de Clara Hitler como para que Alois persuadiera a Adolf de que, puesto que las dos chicas estaban en la indigencia, correspondía a los chicos ceder su parte de la herencia a las chicas. Según el informe, Adolf dijo inmediatamente que en ese caso daría su parte a Angela, cosa que hizo, mientras que Alois dio la suya a Paula. Paula siguió viviendo en Linz algún tiempo después de la muerte de su madre, aunque no sabe por cuánto tiempo. Cuando se le pregunta por otros hijos de la familia Hitler, dice que nacieron dos antes que Adolf. Se llamaban Gustaf y Edmund y ambos murieron en la infancia por causas desconocidas. También tiene la impresión, por lo que ha dicho su padre, de que otros dos hijos nacieron de Clara Hitler antes de que Alois padre se casara con ella. Eran hijos de Alois pero nacieron en vida de su segunda esposa. Por lo que él sabe, también murieron siendo niños, aunque admite que nunca ha sido muy claro al respecto.

Alois hijo parece una reproducción de su padre en muchos aspectos. No solo monta en cólera y quiere pegar a sus hijos, sino que, después de dejar a su mujer, volvió a Alemania y se casó con otra mujer sin divorciarse de la primera. El primer matrimonio se celebró en la iglesia católica y no era posible el divorcio. En cualquier caso vivió con su segunda mujer en Alemania y de esta unión nació un hijo llamado Heinz. Cuando volvió a tener contacto con el padre, hacia 1913 o principios de 1914, este era un hombre de negocios muy próspero en Alemania y poseía una cadena de tiendas de maquinillas de afeitar y equipamiento para barberos. Al parecer, este negocio se fue a pique durante la Guerra Mundial y la inflación que la siguió. En cualquier caso, la madre del niño demandó a Alois por bigamia ante los tribunales alemanes antes de la guerra. Antes de que el caso llegara a los tribunales, Alois hijo escribió cartas suplicantes a la madre rogándole que se apiadara de él y que, si no presentaba la demanda, le enviaría regularmente dinero para su manutención, y la amenazó con suicidarse si presentaba la demanda. Ella accedió a no hacerlo a condición de que él le enviara dinero mensualmente. El caso llegó a los tribunales y, como ella no presentó la demanda, el padre fue declarado culpable y condenado a un año de prisión que posteriormente fue suspendido. Nunca cumplió la promesa de enviar el dinero.

Perdieron el contacto con Alois hijo durante la guerra y no lo restablecieron hasta finales de los años veinte, cuando Adolf empezó a aumentar su popularidad lo suficiente como para aparecer en los periódicos ingleses. Escribieron a Adolf y, a través de él, volvieron a ponerse en contacto con Alois. Este volvió a prometerles apoyo, pero no hizo nada. En 1930, cuando Hitler se hizo famoso de repente con más de cien escaños en el Reichstag, pensaron que conceder una entrevista a la prensa de Hearst era una oportunidad de ganar algo de dinero. Las negociaciones estaban en marcha, pero sintieron la necesidad de información adicional y escribieron a Alois pidiéndole más detalles sobre la juventud de Adolf. La respuesta llegó en forma de exigencia de que Adolf acudiera inmediatamente à Múnich para una conferencia. Se adjuntaban los billetes para el pasaje. A su llegada a Múnich, encontraron a Adolf completamente furioso. Convocó un consejo familiar en el que estuvieron presentes Adolf, Angela, Alois, William Patrick y su madre. Lo esencial de lo que dijo Adolf fue que, ahora que estaba adquiriendo cierta importancia, la familia no tenía por qué pensar que podían subirse a su espalda y conseguir un viaje gratis a la fama. Afirmó que cualquier comunicado a los periódicos de Hearst que involucrara a su familia destruiría sus posibilidades de éxito en vista del historial de Alois y que las negociaciones con el sindicato de Hearst tenían que detenerse inmediatamente, aunque el gran problema era cómo hacerlo sin levantar sospechas. Finalmente se sugirió que

William Patrick y su madre regresaran a Londres y le dijeran a la gente de Hearst que se trataba de un error de identidad y que habían descubierto que el Adolf Hitler que era el líder del Partido Nazi no era el tío que habían supuesto sino un Adolf Hitler que no era pariente suyo en absoluto. Hitler se mostró satisfecho con esta solución y les instó a regresar a Londres lo antes posible y a renunciar a toda relación en el presente y en el futuro. Entregó a Alois dos mil dólares para cubrir sus gastos mientras estuvieran en Múnich y les proporcionó un pasaje de vuelta a casa e instrucciones para que entregaran a la señora Hitler lo que sobrara una vez pagados los gastos. Alois, según la historia, hizo todo menos entregar lo que quedaba de esta suma y prometió enviarlo por correo, que sería mucho más seguro, pero nunca llegó.

[Brigid afirmó que eran dos mil libras, pero tanto en dólares como en libras era una suma considerable en aquella época. El salario medio en el Reino Unido era de doscientas libras al año, por lo que habría valido unas doscientas cincuenta mil libras al cambio actual].

A medida que Adolf ganaba renombre y finalmente llegó al poder, la señora Hitler sufría cada vez más por su pobreza.

Decidió de nuevo intentar conseguir algún tipo de apoyo y se dirigió de nuevo a Adolf para tratar el asunto, ya que estaba cansada de las promesas incumplidas de Alois y pensó que Adolf podría estar dispuesto a pagar algo para mantenerla callada. Después de algún tiempo, Hitler respondió e invitó a William Patrick a Berchtesgaden para pasar unas vacaciones de verano. Cuando llegó allí, fue recibido por Angela, que en aquel momento se ocupaba de la casa, y esta le echó en cara que pidiera ayuda a Hitler, quien, según ella, ni siquiera era su tío. Él no entendía lo que ella quería decir con todo esto, pero pronto se enteró. Cuando Hitler convocó otra conferencia, en la que Angela, Alois y él estaban presentes, Adolf fue muy dulce y le dijo a William Patrick que realmente le rompía el corazón decirle esto, pero, ya que insistía en hacer demandas a Hitler, no veía otra salida que decirle la verdad. La verdad, según él, era que su padre, Alois hijo, no era realmente el hijo del padre de Hitler, sino un niño que había quedado huérfano de bebé y al que Alois padre había acogido en su casa y criado como si fuera su propio hijo. Se dirigió a Alois hijo, quien le confirmó la historia. Le dijo, sin embargo, que no querían ser demasiado duros con él y que lo mejor para todos sería que no se dijera nada fuera de la familia. Solo quería dejarle claro a William Patrick que no tenía ninguna obligación con él como tío y que, de hecho, no tenían ningún parentesco.

Tras su regreso a Londres, William Patrick y su madre comprobaron este informe a través del cónsul general británico en Viena, quien, después de algún tiempo, dijo que la historia era imposible porque no constaba ningún documento de adopción y los certificados de bautismo eran claros. De ellos se desprende que Alois hijo nació como hijo ilegítimo de Alois padre y su segunda esposa, Fransiska Metselsterger [propiamente, Franziska Matzelsberger], y que más tarde fue legitimado por su matrimonio en 1883. De esta unión nació también Angela. La partida de bautismo de Alois padre es interesante en la medida en que el apellido de su padre es Hitler y no Hiedler, como indican todos los biógrafos. Al cambiar su apellido de Schicklgruber a Hitler, parecería que estaba tomando el nombre de su padre y no el de su suegra en su tercer matrimonio. William Patrick tiene también una copia del certificado de bautismo de Adolf que demuestra que nació en Braunau el 20 de abril de 1889 y no en otro lugar en alguna otra fecha como intentara demostrar el nuevo libro de Otto Strasser. También muestra que el padrino y la madrina de Hitler probablemente no son judíos, como Heiden y muchos otros han afirmado, sino una familia llamada Pinx que vivía en Loewengasse 28, Viena III. Además, William Patrick dice que su padre hablaba a menudo del antisemitismo de su propio padre y parece ser que, cuando era joven, pidió prestado algo de dinero a un judío de Viena para poder examinarse en el servicio de aduanas y que sintió que esta persona lo había traicionado de algún modo. Se desconocen los detalles. En cualquier caso, William Patrick deja fuera de toda duda que Alois padre eligiera a un judío como padrino de alguno de sus hijos.

A Langer le resultaba irónico que Hitler, con todo lo que decía sobre la patria y la importancia de Alemania por encima de todo, procediera de un hogar muy austriaco, con un padre que despreciaba a los alemanes. Es una pista más de por qué Hitler estaba tan decidido a pasar por alto sus antecedentes familiares. Como ilustra el siguiente extracto del informe de Langer, el padre de Hitler consideraba a los alemanes inferiores.

Alois padre también era muy antialemán, al igual que Alois hijo. Dice que su madre solía contar, en un tono divertido, cómo le sacaba de sus diatribas diciéndole: «¡Cállate, sucio alemán!». Esto desviaba su atención de lo que fuera por lo que estaba furioso y concentraba su ira en los alemanes. Consideraba un grave insulto que lo calificaran de alemán y sostenía con firmeza que él era austriaco y que eso era algo totalmente distinto. Por eso resultaba divertido para la familia que Adolf elogiara a Alemania hasta los cielos y renegara de su origen austriaco.

Otro dato interesante es que, además de Geli, Angela tenía un hijo llamado Leo. Después de 1930, este hijo no volvería a hablar con Hitler y, aunque iba con frecuencia a Berchtesgaden para visitar a su madre, siempre lo hacía cuando Hitler estaba en Berlín. En cuanto se enteraba de que Hitler regresaba a Berchtesgaden, hacía las maletas y se marchaba. La razón de su comportamiento, según Angela, era que consideraba a su tío Adolf responsable de la muerte de Geli y juró no volver a dirigirle la palabra. Al estallar la guerra, se marchó a los Balcanes y, al parecer, fue asesinado allí.

William Patrick también se reunió varias veces con Geli y dice que era bastante atractiva en un sentido mundano; afirma que tenía buen carácter y que su compañía era bastante agradable. Cuando se le preguntó si alguna vez había mencionado o hablado de su tío, dijo que ella le había contado que su vida era muy dura, que Hitler insistía en que lo acompañara dondequiera que fuera y que eso era muy embarazoso para ella, sobre todo porque sabía que Gregor Strasser [político nazi destacado que fue asesinado en Berlín por partidarios de Hitler durante la Noche de los Cuchillos Largos, en junio de 1934] se oponía a que Hitler se viera con ella y, además, porque eso le impedía conocer a otros jóvenes. Según ella, a menudo insistía en que lo acompañara en sus viajes a Berlín, pero, nada más llegar allí, la metía en un coche y la enviaba al aeropuerto para que volara a Berchtesgaden, donde debía esperar hasta que él regresara. Según este informe, Angela siempre se quejaba de que su vida en Berchtesgaden era extremadamente difícil porque Hitler siempre se quejaba del dinero y no le daba una cantidad adecuada para llevar la casa o hacer cualquier otra cosa. Las relaciones entre Angela y Adolf se volvieron muy tensas cuando este último descubrió que Angela conspiraba contra él. Al parecer, el granjero que poseía las tierras colindantes a las de Hitler en Berchtesgaden había muerto, y Angela estaba ejerciendo todo tipo de presiones sobre la esposa de este antiguo miembro del Partido para que le vendiera las tierras. Hitler se indignó cuando se enteró y la investigación demostró que Angela actuaba como agente de Goering, que quería obtener ese terreno para construirse una casa. Por mucho que a Hitler le gustara Goering, parece que no le agradaba lo suficiente como para tenerlo de vecino. Cuando Adolf descubrió todo esto, se enfureció y ordenó a Angela que recogiera sus pertenencias y abandonara la casa lo antes posible para no volver jamás. Solo gracias a la intervención de otras personas, que señalaron la publicidad desfavorable que podría tener una marcha tan repentina, consiguió que le permitieran permanecer en la casa un tiempo más. Goering se puso entonces manos a la obra y la casó con el profesor Hamitsch, de Dresde, millonario y miembro incondicional del Partido. Desde entonces, Hitler no ha vuelto a relacionarse con Angela y solo la ve en contadas ocasiones para mantener alejadas las sospechas.

Poco después de romper con Angela, se interesó por su hermana Paula, que vivía en Viena y trabajaba en una oficina. Hasta ese momento no había tenido contacto con Paula durante varios años. Al parecer, cuando comenzó su carrera política, Paula pensó que estaba loco y le dijo que, si seguía así, acabaría en la horca. Hitler se sintió ofendido por este comentario y no volvió a hablarle ni a escribirle durante años. Ahora se puso en contacto con ella e incluso la hizo venir de visita. Durante la visita accedió a enviarle una pequeña asignación mensual con la condición de que se mantuviera alejada de los focos y, en particular, de los periódicos. Además, no debía mencionar de ningún modo su parentesco con él. William Patrick conoció a Paula durante esta visita y pensó que era algo estúpida, en ningún caso, una persona brillante. Dice que es la viva imagen de Hitler.

Más tarde, debido al creciente sentimiento contra Hitler en Inglaterra, William Patrick no pudo conseguir trabajo. Fue a Alemania y trabajó en varios empleos antes de que Hitler le consiguiera un trabajo en la Opel Auto Co., con un pequeño salario. No le dio permiso para enviar parte del dinero a Inglaterra, donde vivía su madre. Una y otra vez, Hitler le advirtió que no intentara sacar provecho de su relación y le amenazó con desenmascarar a su padre si intentaba hacerlo. Dijo que entonces puso a Hitler al corriente de que tenía documentos del cónsul británico que demostraban que su historia sobre su padre no era cierta y que había copias de esos documentos depositadas en el Gobierno inglés, así como en casa de su madre, en Londres. A partir de ese momento, Hitler se volvió más tolerante con él y, cada vez que montaba en cólera por las actividades de William Patrick, solo tenía que mencionar los documentos para que se calmara. Le asombraba que incluso los colaboradores más cercanos de Hitler no supieran nada del Führer, y mucho menos de la existencia de un sobrino. Al principio, le desacreditaron alegando que el Führer solo tenía un pariente cercano, su hermana Angela. Únicamente Schaub y Hoffmann conocían la existencia del hermano o algunos detalles sobre la familia Hitler. Tenía la impresión de que era este conocimiento lo que hacía que Hitler temiera a ambos, porque estaba absolutamente decidido a mantener tanto su familia actual como sus antecedentes en un profundo y oscuro secreto.

* * *

En su casa de Nueva Inglaterra, Langer trabajó duro para redactar el informe final a tiempo y tecleó las últimas palabras solo una hora antes de que el mensajero de la Federal Express partiera de Boston hacia Washington la noche anterior a la fecha límite.

El informe contenía muchos de los secretos familiares que Adolf Hitler se había empeñado tanto en ocultar y, de haberse difundido ampliamente entre el público, sin duda habría provocado la ira del Führer hacia el sobrino que creía haber visto por última vez. Pero el informe estaba destinado únicamente a los dirigentes aliados y no se desclasificaría hasta mucho después de la guerra.

En la parte superior de la portada aparecía la advertencia: «CLASIFICACIÓN: SECRETA». Debajo se leía: «ANÁLISIS PSICOLÓGICO DE ADOLF HITLER. SU VIDA Y SU LEYENDA, por Walter C. Langer, M. O. Branch, Oficina de Estudios Estratégicos, Washington D. C.».

A continuación, se muestra la información que Langer recopiló con la ayuda de William Patrick:

Existe una gran confusión al estudiar el árbol genealógico de Hitler. Esto se debe en gran parte a que el apellido se ha escrito de diversas formas: Hitler, Hidler, Hiedler y Huettler.

Parece razonable suponer, sin embargo, que se trata fundamentalmente del mismo apellido deletreado de distintas maneras por diferentes miembros de lo que era básicamente una familia de campesinos analfabetos. El propio Adolf Hitler firmó con su apellido, Hitler, en los primeros formularios de afiliación al Partido, y su hermana en la actualidad deletrea su apellido como Hiedler. El hecho de que la madre de Adolf también se apellidara Hitler introduce otro elemento de confusión, ya que más tarde se convertiría en el apellido de su padre. Sin embargo, parte de esta confusión se disipa cuando se advierte que los padres de Adolf tenían un antepasado común (el abuelo paterno y el bisabuelo materno), un habitante del culturalmente atrasado distrito austriaco de Waldviertel. El padre de Adolf, Alois Hitler, era hijo ilegítimo de Maria Anna Schicklgruber. Generalmente se supone que el padre de Alois Hitler era Johann Georg Hiedler, ayudante de molinero. Alois, sin embargo, no estaba legitimado y llevó el apellido de su madre hasta los cuarenta años, cuando lo cambió por el de Hitler. No se sabe a ciencia cierta por qué lo hizo, pero se dice que fue necesario para obtener un legado. Se desconoce de dónde procedía el legado. Se podría suponer que Johann Georg Hiedler cedió en su lecho de muerte una herencia a su hijo ilegítimo junto con su nombre. Sin embargo, no está claro por qué no legitimó al hijo cuando finalmente se casó con la madre treinta y cinco años antes. Por qué el hijo eligió adoptar el apellido Hitler en lugar de Hiedler, si este es el caso, es un misterio que sigue sin resolverse.

Por desgracia, no se ha establecido la fecha de la muerte de Hiedler y, en consecuencia, no podemos relacionar estos dos

acontecimientos en el tiempo. Una peculiar serie de acontecimientos previos al nacimiento de Hitler deja mucho espacio
a la especulación. Hay quien duda seriamente de que Johann
Georg Hiedler fuera el padre de Alois. Thyssen y Koehler, por
ejemplo, afirman que el canciller Dollfuss había ordenado a la
policía austriaca que llevara a cabo una investigación exhaus-
tiva sobre la familia Hitler. Como resultado de esta investigación se preparó un documento secreto que probaba que Maria
Anna Schicklgruber vivía en Viena en el momento de concebir.
En aquella época trabajaba como sirvienta en casa del barón
Rothschild. En cuanto la familia descubrió su embarazo, fue
enviada de vuelta a su casa de Spital, donde nació Alois. Si
fuera cierto que uno de los Rothschild es el verdadero padre
de Alois Hitler, esto supondría que Adolf tenía sangre judía.
Según estas fuentes, Adolf Hitler conocía la existencia de este
documento y las pruebas incriminatorias que contenía. Para
obtenerlo precipitó los acontecimientos en Austria e inició el
asesinato de Dollfuss. Según esta historia, no consiguió obtener
el documento en ese momento, ya que Dollfuss lo había ocultado y había informado a Schuschnigg de su paradero para
que, en caso de muerte, la independencia de Austria quedara
asegurada. Circulan varias historias sobre este asunto.

El magnate alemán del acero Fritz Thyssen, mencionado anteriormente en el informe de Langer, era socio del magnate
estadounidense Averell Harriman, asociado con los nazis a principios de la década de los veinte, y presentado por primera vez a
Adolf Hitler en 1923. Más tarde admitió haber proporcionado
al régimen de Hitler más de un millón de marcos durante trece
años, principalmente con cargo a sus fondos privados. Se enemistó con Hitler en 1936 y huyó a Francia en 1939. Escribió un
libro, *I Paid Hitler*, publicado en 1941, en el que detalla el apoyo
financiero que ofreció al Partido Nazi. El libro también incluía
la afirmación de que Hitler descendía de un hijo ilegítimo de la

familia Rothschild. Thyssen fue uno de los primeros en revelar públicamente la rumoreada conexión familiar judía de Hitler. Thyssen fue extraditado a Alemania por el Gobierno de Vichy en 1941 y sobrevivió a varios campos de concentración. Tras la guerra emigró a Argentina, donde murió en 1951.

Hansjürgen Koehler, también mencionado en el informe de Langer, era un oficial de alto nivel de la Gestapo que escribió sobre las investigaciones de los antecedentes de Hitler llevadas a cabo por el canciller austriaco Dollfuss en su libro de 1940 *Inside the Gestapo*. En el libro, Koehler, que afirmó haber trabajado para la Gestapo durante cinco años y que una vez formó parte de la guardia de Hitler en Berchtesgaden, escribió: «Una criadita de la Alta Austria llamada Matild Schueckelgruber llegó a Viena y se convirtió en empleada doméstica, trabajando sobre todo para familias bastante ricas. Pero tuvo mala suerte: habiendo sido seducida… volvió a casa para ser recluida. Su pequeño hijo, siendo ilegítimo, recibió el nombre de su madre, Alois Schueckelgruber (en algunos documentos, Schicklgruber) [...]. Repito que no tengo ninguna prueba de su autenticidad [...]. La pequeña e inocente criada había sido sirvienta en la mansión Rothschild y el desconocido abuelo de Hitler debe ser probablemente buscado en esta magnífica casa. Pero al margen del protocolo había una nota con la letra característica del canciller [Dollfuss]: "Estos datos deberían alegrar a los historiadores que quieran publicar en el futuro la verdadera historia de la vida de Hitler. He aquí la explicación psicológica del odio fanático de Hitler hacia los judíos. Hitler, nacido en la pacífica Alta Austria, donde apenas había antisemitismo, estaba lleno, ya en su infancia, de un odio ardiente hacia los judíos. ¿Por qué? Esta puede ser la respuesta…"».

Langer analizó detenidamente el rumor en su informe:

Quienes dan crédito a esta historia señalan varios factores que parecen favorecer su verosimilitud:

a) Que es poco probable que el ayudante del molinero de un pequeño pueblo de este distrito tenga mucho que dejar en forma de legado.

b) Que es extraño que Johann Hiedler no reclamara al niño hasta treinta y cinco años después de haberse casado con la madre y de que esta hubiera muerto.

c) Que si el legado lo hubiera dejado Hiedler con la condición de que Alois llevara su nombre, no le habría sido posible cambiarlo por el de Hitler.

d) Que la inteligencia y el comportamiento de Alois, así como el de sus dos hijos, desentonan por completo con los habituales en las familias campesinas austriacas. Señalan que su ambición y su extraordinaria intuición política están mucho más en armonía con la tradición Rothschild.

e) Alois Schicklgruber abandonó su pueblo natal a una edad temprana para buscar fortuna en Viena, donde había trabajado su madre.

f) Que sería peculiar que Alois Hitler, mientras trabajaba como funcionario de aduanas en Braunau, eligiera a un judío llamado Prinz, de Viena, para actuar como padrino de Adolf, a menos que él mismo sintiera algún parentesco con los judíos.

Se trata sin duda de una hipótesis muy interesante que podría explicar en gran medida el posterior comportamiento de Adolf. Sin embargo, no es absolutamente necesario suponer que corría sangre judía por sus venas para hacerse una imagen completa de su carácter, con sus múltiples rasgos y sentimientos. Por lo tanto, desde un punto de vista puramente científico, es más sensato no basar nuestra reconstrucción en pruebas tan escasas, sino buscar fundamentos más firmes.

No obstante, podemos dejarla como una posibilidad que precisa ser verificada.

En cualquier caso, Maria Ann Schicklgruber murió cuando él tenía cinco años. A los trece años abandonó Waldviertel y se trasladó a Viena, donde aprendió el oficio de zapatero. Los siguientes veintitrés años de su vida son en gran parte desconocidos. Es probable que durante ese tiempo se alistara en el ejército y que alcanzara el rango de suboficial. Es posible que su servicio en el ejército lo ayudara a ingresar más tarde en la Administración Pública como funcionario.

Su vida matrimonial fue tormentosa. Su primera esposa (Glasl-Hoerer) era unos trece años mayor que él. Al parecer, era hija de uno de sus superiores y no gozaba de buena salud. En cualquier caso, el matrimonio salió mal y finalmente se separaron, ya que, como católicos, no era posible un divorcio completo. Su primera esposa falleció en 1883.

En enero de 1882, Franziska Matzelsberger dio a luz a un hijo ilegítimo al que llamaron Alois. Tras la muerte de su primera esposa el 6 de abril de 1883, Alois Hitler se casó con Franziska Matzelsberger el 22 de mayo de 1888 y legitimó a su hijo. El 28 de julio de 1883, su segunda esposa le dio otra hija, Angela, y un año después, el 10 de agosto de 1884, también murió. Durante su primer matrimonio, la pareja tuvo como hija adoptiva a Klara Pölzl, prima segunda de Alois Hitler. Él la había criado hasta el momento de la separación de su primera esposa, cuando se fue a Viena como sirvienta. Durante los últimos meses de vida de su segunda esposa, Klara Pölzl regresó a su casa para cuidar de la esposa convaleciente y de los dos niños. Permaneció en su casa como ama de llaves tras la muerte de su segunda esposa y, el 7 de enero de 1885, se casó con ella.

El 17 de mayo de 1885 dio a luz a un hijo que murió en la infancia. William Patrick Hitler afirma que anteriormente había nacido un hijo ilegítimo, pero no tenemos constancia de ello. En cualquier caso, al menos un hijo fue concebido fuera del matrimonio. De esta unión nacieron cuatro hijos más. Se trata, sin duda, de una vida conyugal tempestuosa para un funcionario de aduanas: tres esposas; siete o, posiblemente, ocho hijos; un divorcio; al menos un hijo y posiblemente dos antes del matrimonio; dos directamente después de la boda; una esposa, trece años mayor que él, y otra, veintitrés años más joven; la primera, hija de un superior, la segunda, camarera, y la tercera, sirvienta e hija adoptiva suya. Todo esto, por supuesto, nunca ha sido mencionado por Hitler. En *Mein Kampf* ofrece una imagen muy sencilla de la vida en la casa de su padre.

Se sabe muy poco sobre el carácter de Alois Hitler. Parece que estaba muy orgulloso de sus logros en la Administración Pública y, sin embargo, se jubiló a la asombrosa edad de cincuenta y seis años, cuatro años después del nacimiento de Adolf. La familia se trasladó rápidamente a varios pueblos y el padre se dedicó a la agricultura. Se dice, sin embargo, que siempre vestía su uniforme de funcionario de aduanas e insistía en que se dirigieran a él como Herr Oberoffizial Hitler. Según los informes, le gustaba mostrarse superior con sus vecinos, a los que tal vez consideraba «meros» campesinos. En cualquier caso, parece bastante seguro que disfrutaba sentándose en la taberna y relatando sus aventuras como funcionario de aduanas y también discutiendo sobre temas políticos.

Murió de camino a la taberna de Leonding de un ataque de apoplejía en 1903. Generalmente se le describe como un individuo muy dominante, un auténtico tirano en casa. William Patrick Hitler afirma haber oído decir a su padre, el hermanastro mayor de Adolf, que pegaba a los niños sin piedad.

También se dice que bebía mucho y que los niños tenían que llevarlo a casa desde la taberna. Cuando llegaba a casa, solía golpear a su mujer, a sus hijos y al perro de forma bastante indiscriminada. Esta historia es generalmente aceptada y, sin embargo, hay pocas pruebas reales a su favor, excepto lo que el propio Hitler cuenta en *Mein Kampf.*

Heiden [el primer biógrafo de Hitler] entrevistó a varios aldeanos en los lugares donde vivía la familia y no le contaron nada de esto. Encontraban al anciano bastante divertido y afirmaban que su vida hogareña era muy feliz y tranquila, excepto cuando la hermana de su esposa venía a visitar a la familia. Se desconoce por qué estas visitas podían ser un factor perturbador. Heiden sospecha que el legado era la manzana de la discordia.

Existen algunas dudas sobre la naturaleza de las ideas políticas de Alois Hitler. Hanisch informa: «Hitler solo oía de su padre alabanzas a Alemania y críticas a Austria». Según Heiden, informantes más fiables afirman que el padre, aunque lleno de quejas y críticas al Gobierno al que servía, no era en absoluto un nacionalista alemán. Dicen que favorecía a Austria frente a Alemania, y esto coincide con la información de William Patrick Hitler de que su abuelo era definitivamente antialemán como lo era su propio padre.

Reinhold Hanisch (1884-1937) era un buscavidas de poca monta que conoció y entabló amistad con Hitler en Viena cuando el futuro líder alemán estaba en su momento más bajo, alojándose en un albergue para hombres con vagabundos, borrachos y otros maleantes. Hanisch convenció a Hitler para que escribiera a su tía Johanna pidiéndole dinero y, con las cincuenta coronas que recibieron, Hitler compró un abrigo y algunas pinturas. Se dedicó a dibujar postales de Viena que Hanisch vendía a los turistas. Hanisch concedió una entrevista a la revista *New Republic*, publicada póstumamente en 1939, con el titular «I Was Hitler's Buddy».

Klara Pölzl, como ya se ha dicho, era hija adoptiva de su marido y veintitrés años menor que él. Procedía de una antigua familia de campesinos, era trabajadora, enérgica y concienzuda. Tanto si se debía a sus años de servicio doméstico como a su educación, su casa estaba siempre impecablemente limpia, todo estaba en su sitio y no había ni una mota de polvo en los muebles. Era muy devota de sus hijos y, según William Patrick Hitler, la típica madrastra de sus hijastros. Según el doctor

Bloch, que la trató, era una mujer muy dulce y cariñosa, cuya vida giraba en torno a sus hijos y, en particular, a Adolf, que era su favorito. Hablaba muy bien de su marido, de su carácter y de su feliz vida en común. Consideraba una verdadera carencia para los niños el hecho de haber perdido a su padre siendo tan jóvenes.

Se podría cuestionar su origen. Su hermana está casada y tiene dos hijos, uno de los cuales es jorobado y tiene un defecto en el habla. Si tenemos en cuenta que Klara Pölzl pudo haber perdido un hijo antes de casarse con Alois Hitler, tuvo un hijo nacido en 1885 que murió en 1887, otro hijo nacido en 1894 que murió en 1900, y una niña que nació en 1886 y murió en 1888, uno tiene motivos para cuestionar la pureza de su sangre. Las sospechas son aún mayores cuando el doctor Bloch nos dice que está seguro de que había una hija, algo mayor que Adolf, que era retrasada. Está absolutamente seguro de ello porque se dio cuenta en su momento de que la familia siempre intentaba ocultar a la niña y mantenerla apartada cuando él acudía a atender a la madre. Es posible que se trate de Ida, nacida en 1886 y supuestamente fallecida en 1888, pero el doctor Bloch cree que esta niña se llamaba Klara. Sin embargo, es posible que se equivoque, ya que ambos nombres terminan en V y él nunca tuvo ningún contacto estrecho con ella. No hay ninguna referencia a una Klara en ningún otro lugar de los registros.

También se dice que la hermana menor, Paula, era un poco retrasada, tal vez tuviera problemas mentales importantes. Se trata sin duda de un historial deficiente que justifica las sospechas sobre alguna debilidad genética. La contaminación sifilítica entra dentro de las posibilidades. La madre murió tras una operación de cáncer de mama el 21 de diciembre de 1907. Todos los biógrafos han dado como fecha de su muerte el 21 de diciembre de 1906, pero los registros del doctor Bloch muestran claramente que murió en 1907 y el registro de John Gunther de la inscripción en su lápida lo corrobora. Pasó sus últimos seis meses de vida con dolores extremos y durante la última semana fue necesario administrarle inyecciones diarias de morfina.

A menudo se afirma que era de origen checo y que solo hablaba un alemán entrecortado, por lo que Adolf pudo avergonzarse de ella entre sus compañeros de juego. Es casi seguro que esto no es cierto. El doctor Bloch afirma que no tenía acento de ningún tipo ni mostraba rasgos checos. La primera esposa de Alois Hitler era de origen checo y es posible que escritores posteriores la confundieran con la madre de Adolf.

Hermanos: Alois Jr.

Alois Hitler Jr. nació el 13 de enero de 1882, hijo ilegítimo de la segunda esposa del padre, nacido en vida de la primera. Es el padre de William Patrick Hitler, uno de nuestros informantes. Parece que se parecía mucho a su padre en algunos aspectos. Abandonó el hogar paterno antes de la muerte de su padre porque, según su hijo, no podía tolerarlo más. Su madrastra, según la historia, le hizo la vida muy difícil y continuamente enemistó a su marido con él.

Hasta su tercer matrimonio, el padre estaba muy encariñado con su hijo mayor y todas sus ambiciones se centraban en él. Pero la madrastra socavó sistemáticamente esta relación y finalmente convenció al padre de que Alois hijo era indigno y que debía ahorrar su dinero para la educación de su hijo Adolf. Finalmente tuvo éxito y Alois hijo fue enviado fuera de casa como aprendiz de camarero.

Evidentemente, la profesión de camarero no le interesaba, pues en 1900 fue condenado a cinco meses de prisión por robo y en 1902 fue condenado a ocho meses de cárcel por el mismo motivo.

Después se fue a Londres, donde consiguió un puesto de camarero y, en 1909, se casó con Bridget Dowling, una irlandesa.

En 1911 nació William Patrick Hitler y en 1915 su padre abandonó a la familia y regresó a Alemania.

Durante esos cuatro años en que su madre y su padre estuvieron separados durante un tiempo, su padre estuvo en Viena. Esto coincidiría con la convicción de Hanfstaengl de que Alois hijo estuvo en Viena al mismo tiempo que Adolf.

Ernst *Tutzi* Hanfstaengl, graduado en Harvard y medio jefe de prensa extranjera del Partido Nazi, fue puesto bajo el control de la OSS por su ayuda experta en la guerra de propaganda contra Alemania.

El informe de Langer continúa:

Alois Jr. no es mencionado en *Mein Kampf* y solo unas pocas personas en Alemania conocen su relación con Hitler.

Angela.

Hermanastra mayor de Adolf. Parece la más normal de la familia y, según todos los informes, es una persona decente y trabajadora. Durante su infancia se encariñó mucho con Adolf, a pesar de que tenía la sensación de que su madre lo malcriaba. Es la única de la familia con la que Adolf ha tenido algún contacto en los últimos años y el único pariente vivo que Hitler ha mencionado. Cuando su madre murió en 1907 había una pequeña herencia que debía repartirse entre los hijos. Como las dos niñas no tenían medios inmediatos para ganarse la vida, los hermanos entregaron su parte para ayudarlas. Adolph entregó su parte a Angela, y Alois, a Paula, su hermana menor. Angela se casó en Linz con un funcionario llamado Raubal, que murió poco después. Después se fue a Viena, donde, tras la guerra, dirigió la Mensa Academia Judaica. Algunos de nuestros informantes la conocieron en esa época y cuentan que, en los disturbios estudiantiles, Angela defendió a los estudiantes judíos de los ataques, y en varias ocasiones golpeó a los estudiantes arios con una porra desde las escaleras del comedor. Es una persona bastante corpulenta y fuerte, de tipo campesino, capaz de tomar parte activa.

Después de que Adolf fuera licenciado del ejército al final de la última guerra, se dice que fue a Viena y visitó a Angela, con la que no había tenido contacto desde hacía diez años. Mientras él estaba confinado en Landsberg, ella viajó desde Viena para visitarlo. En 1924 se trasladó a Múnich con su hija Geli y se ocupó de la casa de Adolf. Más tarde se hizo cargo de la dirección de Berchtesgaden. En 1936 surgieron fricciones entre Adolf y Angela, y ella abandonó Berchtesgaden y se trasladó a Dresde, donde se casó con el profesor Hamitsch... Adolf no asistió a su segunda boda.

Geli Raubal

La relación de Hitler con Geli, la hija de Angela, ya se ha descrito en la sección anterior. Murió en 1930.

Leo Raubal

Generalmente se ha dado por sentado que Geli era la única hija de Angela. William Patrick Hitler, sin embargo, informa de que también hay un hijo llamado Leo.

Paula Hitler

Paula Hitler, o Hiedler, es la verdadera hermana de Adolfo y es siete años menor que él. Lo que le ocurrió tras la muerte de su madre es un misterio hasta que fue descubierta viviendo humildemente en un ático en Viena, donde trabaja gestionando el correo para una compañía de seguros. Ahora vive bajo el nombre de Frau Wolf (el apodo de Hitler es Wolf)... El doctor Bloch fue a visitarla con la esperanza de que pudiera interceder ante su hermano y obtener permiso para sacar algo de dinero del país cuando fuera exiliado. Llamó a su puerta varias veces, pero no obtuvo respuesta. Finalmente, la vecina del mismo rellano se acercó a la puerta y le preguntó quién era y qué quería. La vecina le explicó que Frau Wolf nunca recibía a nadie e insinuó que era muy extraña (otros escritores también han informado de esto). No obstante, prometió entregarle cualquier mensaje que le diera. El doctor Bloch le explicó detalladamente su situación. Al día siguiente, cuando regresó, con la esperanza de tener la oportunidad de hablar personalmente con Paula Hitler, la vecina le informó de que Paula se alegraba mucho de tener noticias suyas y que haría todo lo posible por ayudarlo. Nada más.

Durante su infancia, según William Patrick Hitler, ella y Adolf no se llevaban muy bien.

Parece ser que entre ellos hubo muchos roces y celos, sobre todo porque Alois hijo siempre se ponía de su parte. Por lo que se sabe, Hitler no tuvo ningún contacto con ella desde la muerte de su madre hasta 1933, cuando se convirtió en canciller. Nunca la ha mencionado en ningún sitio, que se sepa. Se afirma que ahora le envía una pequeña asignación cada mes para aliviar su pobreza y mantenerla alejada de los focos. Según William Patrick Hitler, su tío se interesó más por ella a medida que aumentaban los roces con Angela. Se dice que la hizo visitarle en Berchtesgaden y William Patrick la conoció en el Festival de Bayreuth en 1939, donde acudió con el nombre de Frau Wolf, pero Hitler no le dijo a nadie que se trataba de su hermana. Dijo que es un poco estúpida y que no es muy interesante hablar con ella, ya que rara vez abre la boca.

Esta es la familia de Adolfo Hitler, pasada y presente. Es posible que exista otra hermana, Ida, una tarada, y que aún esté viva, pero, si es así, no tenemos conocimiento de su paradero. En general, no parece una persona de la que enorgullecerse y Hitler actúa sabiamente al mantenerla bien oculta.

Si permitimos que nuestra imaginación nos lleve hasta principios de siglo, podemos imaginar cómo era la vida de Adolf durante sus primeros años. Probablemente, su padre no hacía mucha compañía a su madre. No solo era veintitrés años mayor, sino que, al parecer, pasaba la mayor parte de su tiempo libre en las tabernas o cotilleando con los vecinos. Además, su madre conocía demasiado bien el pasado de su marido, que también era su padre adoptivo, y cabe imaginar que para una mujer de veinticinco años no era lo que podría llamarse un matrimonio romántico. Además, Klara Hitler había perdido a sus dos primeros hijos, y posiblemente a un tercero, en el transcurso de tres o cuatro años. Entonces llegó Adolf. En estas circunstancias, es casi inevitable que se convirtiera en el centro de su vida y que no escatimara esfuerzos para mantenerlo vivo. Todo el afecto que normalmente habría dedicado a su marido y a sus otros hijos se volcó ahora en este hijo recién nacido.

Cabe suponer que durante cinco años el pequeño Adolf fue el centro de atención de este hogar. Pero entonces ocurrió algo terrible en la vida de Adolf: nació otro hijo. Ya no era el centro de atención, ya no era el rey del gallinero. El recién llegado le usurpó el trono, y el pequeño Adolph, que estaba a punto de hacerse mayor, se vio abandonado a su suerte, al menos, así se lo pareció a él. Compartir era algo que no había aprendido hasta entonces, y probablemente fue una experiencia amarga para él, como lo es para la mayoría de los niños que tienen un hermano cuando ellos están en esa franja de edad. De hecho, a la vista de las experiencias anteriores de sus padres, es razonable suponer que en su caso fue probablemente una crisis más profunda que para un niño normal.

Durante dos años tuvo que soportar esta situación. Luego las cosas fueron de mal en peor: nació una hermanita. Más competencia y aún menos atención, pues la hermanita y el hermano enfermo consumían todo el tiempo de su madre, mientras él era enviado a la escuela y obligado a cuidar de sí mismo. Cuatro años más tarde, la tragedia volvió a visitar el hogar de los Hitler. Cuando Adolf tenía once años (en 1900) murió su hermano pequeño, Edmund. De nuevo, podemos imaginar que Adolf recogió una cosecha adicional de afecto y volvió a convertirse en el niño de los ojos de su madre.

Se trata, sin duda, de una serie de acontecimientos extraordinarios que debieron de dejar huella en la inmadura personalidad de Adolf. Lo que probablemente pasó por su mente durante esos años lo veremos más adelante. Por el momento, basta con señalar la extraordinaria sucesión de acontecimientos y los probables efectos que tuvieron en los miembros de la familia y en las relaciones entre ellos...

CAPÍTULO VI
LA HISTORIA COBRA VIDA
12 de septiembre de 1995. Ciudad de Nueva York

Hasta ahora, todo lo que sabía sobre William Patrick procedía de viejos recortes de periódico o de párrafos extraños y notas a pie de página en las biografías de Hitler. Pero al estudiar las memorias de Brigid Hitler sentí que el pasado había cobrado vida. La tendencia de los historiadores a abordar la vida de personajes extraordinarios y de sus papeles destinados a cambiar el gran diseño del mundo a menudo difiere del punto de vista de un periodista que ve cómo los acontecimientos alcanzan y desbordan las vidas de gente muy corriente. El manuscrito de Brigid, en gran medida ignorado en las décadas transcurridas desde que fue escrito, al menos dio a la vida de William Patrick un contexto, incluso aunque no pareciera ofrecer ninguna pista sobre su destino final.

En lugar de desanimarme ante otra investigación sin salida, cuanto más aprendía sobre su vida, más necesitaba saber qué fue de él. El hombre que había sido una espina clavada en el costado de Adolf Hitler no debía ser abandonado en el basurero de la historia.

Así que seguí leyendo…

Poco después de la supuesta visita de Adolf a Liverpool, el frágil matrimonio de Brigid se vino abajo. Su marido soñaba con hacer fortuna en la floreciente industria de las maquinillas de afeitar, pero tuvo que dejar su trabajo en Inglaterra tras una investigación por dinero desaparecido. En mayo de 1914, Alois anunció que se marchaba a Alemania, donde esperaba resucitar su carrera en el sector de las maquinillas de afeitar. Su hijo, que entonces tenía tres años, no volvería a ver a su padre en más de una década.

La Primera Guerra Mundial estalló solo tres meses después y a Brigid le resultó imposible ponerse en contacto con su marido. No supo nada de él hasta 1920, cuando recibió el mensaje de que había muerto en Ucrania mientras luchaba por Alemania.

No fue hasta 1923 cuando supo la verdad: Alois estaba vivo y se había casado con una alemana, Fledwig Heidemann. Sin que su madre lo supiera, William Patrick, que ahora estaba en un internado, leyó una noticia en el periódico sobre el fallido golpe de Estado organizado por Adolf Hitler en Múnich y decidió escribir al alcalde de la ciudad para pedirle a su tío los detalles de la muerte de su padre.

Para sorpresa del niño, una investigación de las autoridades de Múnich instigada por la carta descubrió que el padre de William Patrick se había vuelto a casar y vivía con su nueva esposa y su hijo, Heinz. Ya fuera por compasión hacia la esposa y el hijo abandonados o, más probablemente, para avergonzar al advenedizo Adolf Hitler, los alemanes acusaron a Alois de bigamia.

Según las memorias, Brigid no tardó en recibir la primera comunicación de su marido en casi diez años. Le escribió una carta en la que le suplicaba que lo ayudara a salir del atolladero. Un extracto, citado en el libro, decía:

Mi abogado me ha dicho que ahora la única posibilidad de exculparme es disolver legalmente nuestro matrimonio antes de que llegue el juicio por bigamia. Es la única manera de salvarme de lo peor, haciéndome tú este favor. Si me lo niegas, el futuro te demostrará que has hecho mal. No es solo por mi bien, sino también por el tuyo y el de Willy. También quiero recordarte un hecho. No pienses que ahora soy un hombre rico, porque a decir verdad no lo soy. Pero tengo la oportunidad de hacerme rico gracias a la reputación de mi hermano. Esta oportunidad se perderá para siempre si me declaran culpable y me condenan.

Debes ayudarme o me meterán en la cárcel. Esta acusación de bigamia es sobre todo embarazosa, porque si los periódicos se enteran van a usarla contra mi hermano, que, como debes haber oído, es el líder del partido político alemán que no ha llegado a la cima por un pelo. Aunque ahora está en dificultades, no se ha rendido en absoluto. Cuando tenga éxito, estaré en condiciones de compensarte por todo y podré compensarte por todos los gastos que has tenido en criar y educar a nuestro hijo. Hasta ahora no he podido compartir estos gastos con usted, ya que he estado viviendo en circunstancias muy pobres. Desde luego, siempre defenderé a mi querido hijito, que una vez estuvo en posesión exclusiva de todo mi afecto. Y es como usted dice. Este pobre muchacho, con sus encantadores ojos azules y su pelo rubio, del que aún conservo algunos mechones, es víctima de circunstancias desafortunadas.

Brigid tuvo que ceder. Aunque como católica no pedía la anulación de su matrimonio, escribió al tribunal de Hamburgo, donde se iba a celebrar el juicio, y pidió que no se castigara a su marido porque creía que su familia inglesa había muerto en un ataque aéreo durante la guerra. Alois se libró de la cárcel y fue puesto en libertad con una sentencia suspendida y la multa mínima de 800 marcos del Reich.

En las agradecidas cartas que siguieron, Alois empezó a hacer planes para que William Patrick le visitara en Alemania.

Para entonces, Adolf Hitler se estaba haciendo un nombre como agitador político y se estaba convirtiendo rápidamente en una figura poderosa. A medida que su nombre se hacía más y más prominente, Brigid y William Patrick hicieron la conexión de que su relación con él podría ser beneficiosa. Abandonaron Liverpool, donde Brigid había luchado por salir adelante desde la desaparición de Alois. Se instaló en Hornsey, al norte de Londres, y contrató inquilinos para llegar a fin de mes.

En una carta a Brigid, Alois dejó claro que él también creía que el futuro de William Patrick podría prosperar con el patrocinio de su tío. Refiriéndose a su hijo, Alois escribió:

> En Inglaterra siempre será un joven como millones de otros, pero en Alemania será uno de los únicos descendientes representativos del hombre que lleva el nombre más prominente de la actual generación de Alemania.
>
> Es mi intención poner a Willy en una posición que le permita hacer provisiones para usted en los días venideros. Willy, con su excelente carácter, es muy consciente de que en nuestro complicado caso es su deber hacerlo. Yo, por lo tanto, le propongo venir aquí en el transcurso del próximo verano. Mientras tanto, debe aprender tanto alemán como sea posible, ya que es importante que sea capaz de hablar al menos un poco.

A medida que la fama de Adolf Hitler se extendía, los periódicos de Londres sentían cada vez más curiosidad por su cuñada y su sobrino ingleses y empezaron a pedir comentarios y a hacer preguntas sobre los antecedentes del Führer. En aquel momento, dice el manuscrito, William Patrick estaba muy impresionado de que su tío hubiera alcanzado una posición tan alta en el mundo.

En agosto de 1929, William Patrick, de dieciocho años, obtuvo dos semanas de vacaciones de su trabajo en una empresa de ingeniería en Wigmore Street, Londres, para visitar a su padre en Berlín. Copié cuatro cartas que figuran íntegramente en las memorias y que describen las primeras experiencias de William Patrick con sus parientes alemanes.

Querida madre:

El viaje me pareció terriblemente largo. Estaba tan ansioso por llegar, aunque debo confesar que, después de que el tren cruzara la frontera alemana, no estaba tan seguro de que fuera una buena idea. Solo podía pensar en esas historias sobre el káiser que nos contaban cuando éramos niños.

Cuando vi los carteles Estación de Berlín Weinbergstrasse casi se me sale el corazón del pecho. Iba a encontrarme con papá. Bajé y esperé en el andén. Oí que alguien me llamaba «Willy, Willy», y, al minuto siguiente, padre se abalanzó sobre mí y me abrazó. «No me conocías —se reía—, pero yo te he reconocido enseguida».

Cogió mi equipaje y me llevó corriendo a un tranvía, sin dejar de hablar. Tenía mucha prisa por llevarme a casa para que conociera a su mujer y a mi hermanastro. Viven en la calle Luckenwalder, en un tercer piso. No te gustaría: demasiados muebles y demasiados cuadros. En el lugar más destacado del salón hay un cuadro de tamaño natural del tío Adolf con uniforme de soldado de asalto.

Mi padre me presentó a su mujer, a la que llama Maimee. Me dijo que era mejor que yo también la llamara así. Fue muy amable conmigo y parece muy devota de papá, pero es fácil ver que él es el jefe de la casa. Apenas dice una palabra cuando él está cerca. Heinz tiene ocho años y es muy rubio. No puedo creer que él y yo tengamos el mismo padre. No creo que se parezca en nada a mí, y es muy extraño oír una voz que solo habla alemán, pero papá está intentando enseñarle inglés. Papá siempre me habla en inglés cuando estamos solos. Me siento muy raro aquí, sobre todo con papá, aunque actúa como si hubiera estado conmigo todos los días de mi vida. No tenía ni idea de que sería tan extraño estar en un país extranjero. Te echo mucho de menos.

Después de una copiosa cena, papá sacó una botella de vino y sirvió un vaso para él y otro para mí. Luego se sentó a hablar de ti. «No puedo quitarme a tu madre de la cabeza. Siempre seguirá siendo el gran amor de mi vida», me contó, pero yo no le di muchas esperanzas. Entonces sacó su viejo reloj de oro, lo abrió por detrás y me enseñó un mechón de pelo. «Es de tu madre», me dijo, y volvió a guardarlo rápidamente. Esto no me gustó mucho, pero supongo que querrás saberlo, así que estoy tratando de transcribir exactamente sus palabras: «Querido muchacho, voy a decirte que nuestras vidas transcurren en círculos. Si hacemos una buena acción o una mala acción, esta nos sigue, o damos la vuelta y nos encontramos con ella. Dios me ha impuesto un castigo terrible por la forma en que traté a tu madre. Es una mujer maravillosa y nadie se da cuenta de ello mejor que yo». Eso es lo que dijo papá de ti y también a mí me elogió mucho. Bueno, adiós por ahora, y cuídate mucho mientras no estoy.

Tu querido hijo, Pat.

La segunda carta describía la primera vez que William Patrick vio a su tío.

Querida madre:
Te escribo desde Nuremberg, donde llegamos ayer. A primera hora de la mañana, mi padre me saludó diciendo: «Nos vamos a Nuremberg». No quise ser descortés, pero no entendí por qué estaba tan emocionado hasta que Maimee me lo explicó: «¿No lo entiendes? Vamos al Congreso del Partido Nacional Socialista, vamos a ver a Adolf». De verdad, mamá, creo que estaba más emocionada que papá.

Papá, Maimee, Heinz y yo estuvimos todo el día en el tren. Hacía un calor espantoso. Viajamos en el compartimento de tercera clase, y para cenar solo tomamos los bocadillos y el café que había preparado Maimee.

Había oído hablar mucho de Núremberg y tenía tantas ganas de visitarla como el tío Adolf, pero en realidad no vi más que banderas. Estaban colgadas por todas partes, cubriéndolo todo. Ni siquiera se veían las casas. Era como una gigantesca feria campestre.

No nos alojamos en un hotel. Las habitaciones eran escasas, ya que la mayoría se habían reservado con meses de antelación. Nos hacinamos todos en un piso de tres habitaciones de un amigo de papá. Oí al tío Adolf pronunciar un discurso en el Luitpoldhain, un gran parque a las afueras de la ciudad. Debía de haber unos treinta mil hombres allí, todos con uniformes de las SS o las SA, como soldados. Le pregunté a mi padre cómo era posible, y me contestó que el tío Adolf era muy listo. En la Constitución republicana alemana, según dijo, no se puede encontrar un solo artículo que prohíba a los hombres vestir uniforme para asistir a un espectáculo como este. Padre dice que el tío Adolf es un genio porque lo hace todo legalmente, y los republicanos le dejan salirse con la suya. Según dijo, la culpa la tienen ellos porque son muy débiles y estúpidos.

Papá fue a hablar con el tío Adolf y nos dijo que nos quedáramos donde estábamos. Esperábamos poder hablar con él, pero papá volvió y afirmó que era imposible, pues el tío Adolf no quería mezclar familia y trabajo.

La tercera carta recordaba el primer encuentro de William Patrick con su tío Adolf en su segunda visita a Alemania en 1930.

Querida madre:
Anoche, cuando terminamos de cenar y papá estaba a punto de abrir el periódico de la tarde, sonó el timbre. Heinz corrió a abrir la puerta. Era el tío Adolf. Llevaba una gabardina con

el cuello subido y un sombrero Homburg calado por delante. Debajo llevaba un traje de negocios azul normal y corriente.

Tiene mucho mejor aspecto que de uniforme.

Papá estaba muy sorprendido porque el periódico decía que esa misma noche había una gran reunión del Partido. «¿Qué ha pasado? —le preguntó al tío Adolf—. ¿Por qué estás solo?». El tío Adolf sonrió y dijo en broma que se había aburrido de la reunión y de sus guardaespaldas y que quería un poco del buen café de Maimee. «De todos modos —añadió, mirándome con un brillo en los ojos—. Quería conocer a este inglés».

Maimee me presentó rápidamente y luego se fue a por café y nata montada.

Papá estaba bastante excitado ante el honor de recibir la visita del tío Adolf y empezó a pasearse arriba y abajo por la habitación, como es su costumbre. El tío Adolf se sentó en el sofá, bajo el óleo que lo retrataba. Cuando Maimee volvió con un gran plato de tarta casera, el tío Adolf se recostó y se comió un buen pedazo. Parecía estar de buen humor y le preguntó a papá si había oído sus últimos discursos. Sé que papá estaba familiarizado con ellos porque me los había estado leyendo de los periódicos, traduciendo las palabras que yo no conocía, pero escuchó con mucha atención mientras el tío Adolf le contaba lo que había dicho.

No tenía ni idea de que papá supiera escuchar tan bien.

Al tío Adolf no pareció molestarle en absoluto mi presencia y nos contó todas las novedades sobre su hermana Angela y su sobrina Geli. ¿Recuerdas que te conté que las conocí el año pasado?

Geli es la más simpática de toda la familia, y además sabe hablar inglés.

El tío Adolf se quejó a papá de sus problemas con los empresarios, en particular con Herr Thyssen, a quien había estado visitando. «Tengo que mantener buenas relaciones con él. Después de todo, el partido necesita sus millones». Dijo que «cierta prensa» le estaba atacando de nuevo, y todos los demás asintieron con la cabeza, pues sabían lo que eso significaba.

El tío Adolf me miraba de vez en cuando como si sintiera curiosidad por mí. En ese momento, se volvió hacia mí y me dijo: «Y tú, muchacho inglés, ¿qué opinas de la cuestión judía? ¿Qué están haciendo al respecto en Inglaterra?». Me sentí muy avergonzado, pero traté de decirle lo mejor que pude en mi pobre alemán que en Inglaterra no teníamos ninguna cuestión judía y que no hacíamos distinciones religiosas. Le dije que teníamos muchos amigos cuya religión ni siquiera conocíamos.

«En Alemania es diferente. Alemania es demasiado pequeña para la religión y el Partido. El Partido necesita al hombre entero, no a una parte de él. El Partido debe serlo todo para él. Incluso su familia debe estar subordinada. Así construiremos una nación fuerte. No habrá lugar para la religión en el futuro. Primero debemos deshacernos de todos los judíos. Son los más débiles. Y luego debemos descartar el catolicismo. Los católicos están demasiado bien organizados. Dentro de unas generaciones, nadie sabrá que existió un judío llamado Jesús, y ningún alemán será gobernado por un hombre con túnica. Alemania será nuestra religión», exclamó. Y terminó diciendo: «Alemania está encadenada gracias a los judíos y los católicos».

«Soy católico», le contesté.

«Lo sé. Y yo también. Pero es cierto igualmente. Los católicos clavaron una daga en la espalda de Bismarck, y no importa en qué país vivan, todos permanecen unidos. Pero Alemania debe ser primero alemana. Debemos asegurarnos de ello». Me entraron ganas de decirle que él era austriaco, pero me lo pensé mejor y me contenté con preguntarle: «¿Y los protestantes?».

Supongo que entonces pensó que había sido un poco duro con los católicos, porque de repente me dio una palmada en la espalda y se rio a carcajadas, diciendo: «Los protestantes no están organizados». Luego me preguntó bromeando si iba a la iglesia todos los domingos.

Cuando le dije que sí, él y mi padre se rieron. Entonces mi padre dijo: «Nunca he visto que ir a la iglesia me pague el alquiler».

Se estaba haciendo tarde, así que el tío Adolf tuvo que irse.

La cuarta carta estaba dedicada a la prima de William Patrick, Geli, y su extraña relación con Hitler.

Querida madre:

Ayer vinieron de visita la tía Angela y Geli. Es la primera vez que veo a Geli este año, y me alegré de que viniera, porque siempre nos llevamos bien.

Sabes, madre, Geli parece más una niña que una chica, aunque en realidad es mayor que yo. No se puede decir que sea guapa, pero tiene un gran encanto natural. Es de buena estatura, ni muy baja ni muy alta. Tiene los ojos de un azul intenso y el pelo rubio ondulado. Suele ir sin sombrero y lleva ropa muy sencilla, faldas plisadas y blusas blancas. No lleva joyas, salvo una esvástica de oro que le regaló el tío Adolf, al que llama tío Alf. Me dijo que en realidad se llama Angélica, pero el tío Adolf la apodó Geli y poco a poco todo el mundo lo ha ido adoptando.

Hemos quedado para hoy. A Geli le encanta pasear y se ofreció a enseñarme sus rincones favoritos de Berlín.

Fui a buscarla al Gasthof Ascanischer [propiamente, Askanischer], el hotel donde ella y la tía Angela se hospedan siempre que vienen a Berlín. Normalmente viven en Múnich. El hotel está bastante deteriorado y destartalado. Cualquiera pensaría que podrían elegir uno mejor. Cuando le dije algo al respecto a Geli, se limitó a sonreír: «¡No conoces al tío Alf, Willie!». Como toda la familia, me llama Willie. «Quiere que demos ejemplo de humildad a la gente. Nunca nos permite gastar más de lo necesario».

Mientras paseábamos por la ciudad, Geli volvía una y otra vez al tema del tío Adolf. Parece que lo tiene muy presente. Era muy pequeña cuando ella y su madre se fueron a vivir con el tío Adolf. El padre de Geli murió en la guerra, así que el tío Adolf ejerció de padre para ella y los otros dos niños.

«Era muy estricto, aunque más con los demás que conmigo. Conmigo siempre fue diferente. Soy su preferida. Nunca se iba a dormir sin darme las buenas noches, aunque no llegara a casa hasta mucho después de que yo estuviera en la cama. Muchas veces me despertaba en mitad de la noche solo para decirme unas palabras».

Supongo que Geli es la única con la que el tío Adolf es cariñoso. Me dijo que, incluso cuando está de un humor terrible, furioso y rompiendo cosas, si ella empieza a llorar, él se repone y la consuela. Hubo largos periodos en los que apenas lo veía. No tenía tiempo para nadie cuando luchaba por la vida de su partido.

Fue entonces cuando Geli empezó a estudiar música en serio. Tiene una voz de soprano natural y sus profesores dicen que podría triunfar en la ópera si le dedicara todo su tiempo.

Pero el tío Adolf no quiere que Geli haga carrera. Cree que primero debería aprender a ser una buena ama de casa. De hecho, no creo que apruebe que las mujeres tengan una carrera en absoluto. Geli me contó que tan solo una vez perdió los estribos con ella.

Una noche, después de un concierto, un chico la llevó a casa. El tío Adolf se puso furioso y le prohibió salir con chicos. Pasó una semana antes de que volviera a ser amable con ella, y entonces empezó a llevarla con él a todas partes. Iban a pasear en coche. Cuando estaba en Múnich, Geli se quedaba en su apartamento de la calle Prinzregent. Incluso la llevaba a Berlín y Núremberg por motivos de trabajo. Eran inseparables.

Supongo que, si no fuera por la música, Geli probablemente se dejaría esclavizar completamente por él, porque eso es lo que en realidad significa su interés. Quiere apoderarse absolutamente de ella. No soporta que ella muestre el más mínimo interés por nada ni por nadie que no sea él. En cualquier momento debe estar dispuesta a ir donde él quiera, a dejar lo que esté haciendo para seguir su más mínimo capricho. A veces la obliga a pasar todo el día en el cine con él, y no vuelve hasta la noche. Geli se aburre, pero tiene que acompañarlo. Nunca discute con él, pero, si expresa su deseo de querer salir, él se enfada. Nunca tiene tiempo para sus clases de canto. «Creo que está celoso de mi música», me dijo.

Después de hablar durante un rato, descubrí que no era tanto la música lo que le molestaba al tío Adolf como el profesor de Geli, que viene especialmente desde Viena para darle clase. Es medio judío, y el tío Adolf no quiere que Geli tenga nada que ver con él por ese motivo.

A mí me parece una tontería. Como dijo Geli: «¿Qué diferencia puede haber en que sea judío? Es un buen profesor». El tío Adolf está muy preocupado por ese tema. Geli dice que ni siquiera puede hablar con él sobre el asunto.

Es un gran problema para ella, porque se siente en deuda con el tío Adolf por haberla criado y por cuidar de su madre. Además, afirma que le tiene mucho cariño, pero no le gusta que la vigile todo el tiempo y no la deje hacer nada.

Cuando le pregunté qué quería hacer, me dijo: «Ir a Viena a estudiar canto». Me contó que muchas veces tiene ganas de huir. Cualquier cosa parece mejor que ser un esclavo como ella. Esta tarde apenas podía dejar de llorar, estaba muy disgustada por todo el asunto.

Yo no sabía qué decirle. Tiene una voz muy bonita, pero, si el tío Adolf está en contra, poco puede hacer con ese talento. Por supuesto no tiene más dinero que el que él le da. En cualquier caso, me parece una lástima.

Bueno, esta carta es mucho más larga de lo que pretendía y se ha hecho tarde, así que me voy a acostar.

Con amor, Pat.

Mientras leía el manuscrito, un episodio relatado por Brigid me recordó dos recortes de periódico que había descubierto en las bibliotecas de publicaciones estadounidenses. El primero era un artículo de la revista *Time*, fechado el 10 de abril de 1939, que se titulaba «Hitler contra Hitler»:

> Con un discurso airado, Adolf Hitler botó la semana pasada un barco en Wilhelmshaven... El día anterior, otro Hitler bajó de un barco en Manhattan, y también pronunció un discurso airado... contra su tío Adolf. William Patrick Hitler, de veintitrés años, que llegaba a Estados Unidos para ofrecer una serie de conferencias contra Hitler, explicó que odia a su tío, en primer lugar, por sus políticas, y, en segundo lugar, por su actitud hacia su propia familia.
>
> [...] William creció como un muchacho apuesto con un ligero acento y no demasiada suerte. Su peor suerte, según contó la semana pasada, ha sido su nombre.

De todo el artículo, esta parte fue la que me llamó la atención:

> Arrestado durante la purga de sangre de 1934, pronto fue puesto en libertad. Este año recibió insinuaciones de que sería mejor que abandonara Alemania. El Führer, dice William Hitler, es singularmente vulnerable en la cuestión de sus relaciones familiares.

Una cosa era conseguir trabajo en la Alemania de Hitler y otra muy distinta ir a la cárcel en un país donde las muertes inexplicables y las atrocidades eran algo aterradoramente habitual. El otro artículo era del 31 de marzo de 1939 y procedía del *New York Daily News*. Aquí William Patrick decía: «Una vez fui detenido durante la purga de sangre de 1934, cuando mataron al capitán Ernst Röhm. Estuve detenido 24 horas. En aquella época arrestaban a casi todo el mundo y tal vez pensaron que yo tenía alguna relación con el complot del capitán Röhm para derrocar a Hitler».

Esta detención se describe con gran detalle en las memorias, lo que me convenció aún más de que el manuscrito, si no fue escrito por la propia Brigid, sin duda lo fue por alguien muy cercano a ella. En el libro, William Patrick describe con detalle cómo se vio envuelto en la sangrienta represalia ejercida por Hitler contra el capitán Ernst Röhm, hasta el momento uno de sus hombres de confianza, y sus seguidores, sospechosos de conspirar contra Hitler en junio de 1934.

En el punto álgido de la «acción de limpieza» de Hitler, que se cree que supuso hasta doscientos asesinatos, Brigid cuenta que su hijo estaba tomando una copa después de un día de trabajo en el Reichsbank de Berlín. Las memorias relatan:

> A las diez de aquella noche, como todas las noches, Pat estaba sentado en la terraza del café Kranzler, un lugar popular en la esquina de Unter den Linden y la calle Friedrich. El corazón de Berlín latía con un ritmo apagado, como drogado por la fatiga tras la resaca del día. Pocas personas se habían aventurado a visitar sus lugares habituales. Nuevos rumores se extendían por el café, prácticamente vacío, como las ondas que forma el agua cuando se deja caer una piedra. Algunos procedían de los altavoces de la radio, otros eran inventados.
>
> Cada pocos minutos pasaban patrullas de las SS. Una de ellas, formada por cuatro hombres, dirigida por un oficial de las SA, alto y con una cicatriz en la mejilla (un tipo fornido que obviamente había bebido más de la cuenta), entró en el café. Los hombres se pusieron a dar vueltas, exigiendo la documentación de todos los clientes. A medida que despejaban cada mesa, pasaban a la siguiente. Por lo visto, buscaban a alguien, no hacían un control rutinario. Pero no se detuvieron a leer ningún documento con atención hasta que llegaron a Pat.

Pat ya había sacado su cartera, que contenía sus papeles de trabajo, unas cuantas cartas y su tarjeta de visita, lo único que llevaba consigo. El oficial, mirando fijamente la tarjeta sanitaria nacional de Pat, que sostenía en la mano, habló sin levantar la vista: «¿Su nombre?».

Como el nombre de Pat estaba impreso en la tarjeta con letras grandes, era imposible que no lo hubiera visto. Sin embargo, Pat se lo dijo.

La respuesta no vino de él, sino de su compañero más bajo, que cantó con voz de rana: «El nombre del Führer no debe utilizarse para bromas estúpidas».

«¿Cómo te llamas?», repitió el oficial, enfatizando cada palabra como si su paciencia se hubiera agotado ya.

Pat lo repitió. Un tercero fue burlonamente cortés: «Supongo que afirmas ser pariente del Führer».

Cuando Pat dijo que era sobrino de Adolf Hitler, el oficial se acercó: «Es un buen chiste, lo contaré». Luego, con un cambio de voz, dijo: «Levántate. Estás arrestado».

Brigid cuenta que metieron a su hijo en un Mercedes y lo llevaron al Ministerio del Reichswehr, donde lo pusieron bajo vigilancia armada y lo interrogaron. Después, los hombres de las SA que lo detuvieron lo metieron en otro coche y lo llevaron a Lichterfeld, «una especie de campo de concentración» en las afueras de Berlín.

William Patrick rogó a sus captores que llamaran a su tío para explicarle que todo había sido un terrible error. «Por favor, llamen a la Cancillería —decía Pat en tono autoritario—. Rudolph Hess o mi tío confirmarán mi identidad, o sus ayudantes, Schaub y Bruckner. Ellos me conocen».

Aunque hacía tiempo que Pat no veía a Adolf, tenía plena confianza en que este lo ayudaría.

Pero los ayudantes de Hitler le dijeron a la guardia: «Hitler no tiene sobrino», y William Patrick temió que su destino estuviera sentenciado. Pero le dijo a su madre que tuvo un destello de inspiración y exigió que le permitieran llamar por teléfono al Consulado británico, ya que era súbdito británico. Para su sorpresa, le permitieron llamar y un diplomático se acercó a la prisión para ayudarlo.

«Estaba libre, pero ni siquiera ahora sé exactamente cómo. La Gestapo es muy eficiente. Estoy seguro de que estaba en una lista. De lo contrario, no me habrían detenido, sobre todo en un café al que solía ir todas las noches».

Por desagradable que pareciera el incidente, obviamente no intimidó demasiado a William Patrick, que permaneció en Alemania unos cuatro años más.

El siguiente capítulo del manuscrito trataba sobre los supuestos intentos de William Patrick de chantajear a su tío. Yo estaba terminando de escribir mis notas cuando sonó mi teléfono.

—Siento sacarte de tus libros de historia, pero tengo que escribir un reportaje sobre una historia que tiene menos de cuarenta años. En realidad, solo es de hace dos meses, pero el *Express* quiere que vaya a Montreal a echarle un vistazo —me dijo Tim.

—Bueno, diviértete. ¿Cuánto tiempo estarás fuera?

—Un par de días, espero. Estoy de camino al aeropuerto de La Guardia ahora. No olvides que estamos cubriendo para *The Sun* mientras Neil Syson está fuera. Creo que vuelve de Inglaterra el próximo miércoles.

—De acuerdo. Volveré a la oficina mañana. Esto no va a ninguna parte por el momento. Es un relato fascinante, pero lo dejaré aparcado de momento. Empiezo a pensar que esta historia está gafada. No recuerdo haber tardado tanto en conseguir tan poco.

—No te preocupes. Confío plenamente en que algún día lo conseguirás. Sigue practicando tu paso de ganso. ¡Ah, casi lo olvido! Te he llamado porque, al parecer, ha habido un par de respuestas al anuncio que pusiste en el periódico de Liverpool. Hay un par de viejos que dicen que son parientes de William Patrick o que lo conocieron. Tu hermano llamó desde Essex y quiere que le devuelvas la llamada. ¿Pusiste su número en el periódico o algo así?

—No, puse un apartado de correos y lo ha estado comprobando por mí. Puse ese anuncio en el periódico hace meses. Me había dado por vencido, a decir verdad.

—Bien, bueno, házmelo saber. Voy a colgar. Este taxista conduce como un loco, y no para de hablar con alguien a su lado que no existe. Me está dando un miedo tremendo.

Mientras Tim volaba a Canadá para ganar algo de dinero, yo me pasé el resto del día en la biblioteca leyendo las memorias de Brigid. De vuelta a casa en Nueva Jersey en el autobús 190 con un cuaderno lleno de pasajes cribados del manuscrito, llamé inmediatamente a mi hermano Richard, en Shenfield, Essex, donde había que adelantar el reloj cinco horas y, por tanto, eran más de las once de la noche.

—Rich, siento llamar tan tarde. Tim dijo que tenías algo sobre Hitler para mí. ¿Es bueno?

—Podría ser. Había dos cartas para ti. Una parece una completa locura. Es bastante difícil de entender, pero un tipo dice que Hitler vivía al lado de él en Liverpool y solían ir juntos a ver al Everton en Goodison Park. Continúa contando cómo consiguió que a Adolf dejara de gustarle el Liverpool cuando llegó por primera vez al Reino Unido. Así que creo que podemos descartarla. La otra suena un poco más prometedora. Es de un tal señor Evans que dice que su madre vivía al lado de Hitler y hay un número de teléfono. Te las enviaré por fax esta noche si quieres.

—Muchas gracias. Nunca se sabe, puede darnos alguna pista. Te haré saber si funciona.

De vuelta a la oficina a primera hora de la mañana siguiente, me dediqué a leer todos los periódicos de Nueva York (el *Post*, el *Daily News*, el *Newsday*, el *Times* y el *Wall Street Journal*) para asegurarme de que no hubiera ninguna noticia que *The Sun* debiera conocer. Cuando su corresponsal en Nueva York estaba fuera de la ciudad por una noticia o de vacaciones, a la redacción le gustaba tener un sustituto fiable para asegurarse de que no se les escapaba nada. Con los periódicos leídos, llamé al número que había dejado el misterioso señor Evans.

El teléfono sonó un rato largo antes de que contestara un hombre con fuerte acento de Liverpool.

—Siento molestarle, pero estoy intentando contactar con el señor Evans.

—Soy yo —respondió con voz lenta y pausada—. ¿Qué desea?

—Usted amablemente respondió a mi anuncio en el *Post* pidiendo información sobre alguien que conociera a un caballero llamado William Patrick Hitler. Mi nombre es David Gardner y me pregunto si podría decirme algo sobre él. Estoy intentando encontrar al señor Hitler.

—Está muerto —afirmó el señor Evans.

—¿William Patrick está muerto? ¿Puede decirme desde cuándo?

—No, no William Patrick. Hitler. Hitler está muerto.

—Sí, lo sé. Estoy preguntando por el William Patrick Hitler que creció en Liverpool. ¿Está muerto?

—No lo sé —respondió el señor Evans.

—Según su carta, su madre vivía cerca. ¿Es eso cierto?

—Así es, así es. Era bien sabido por allí que los Hitler vivían allí. Había muchas historias sobre los nazis bombardeando la casa de Hitler en Princes Park en la guerra. La bombardearon hasta hacerla pedazos.

—¿Ha estado en contacto con la familia?

—No, la verdad es que no.

—¿Y su madre? ¿Conocía bien a la familia?

—No mucho. De hecho, está muerta. Hace veinte años que se fue.

—¿Realmente conoció a William Patrick?

—Oh, sí. Iba al mismo colegio que yo y jugábamos juntos en el patio. Mi madre solía decir que era un chico simpático y educado, pero yo no recuerdo mucho.

—¿Puedo preguntarle, señor Evans, por qué respondió a mi anuncio?

—Pensé que podría ser de alguna utilidad. Ya sabe, siempre solíamos hablar de ello en la guerra. Era gracioso que viviéramos al lado de los Hitler en Liverpool.

—Bueno, muchas gracias por su ayuda, señor. ¿Cuándo cree que fue la última vez que vio a William Patrick?

—Probablemente hace unos setenta años. Tal vez, setenta y dos o setenta y tres años. No lo recuerdo con exactitud.

—Gracias de nuevo. Ha sido usted de gran ayuda, señor Evans. —Colgué el teléfono.

CAPÍTULO VII
DIARIO DE HITLER
1 de enero de 1935. Berlín, Alemania

Adolf Hitler llevaba casi dos años en el poder y ya empezaba a apretar las tuercas. Uno de sus principales objetivos eran las potencias aliadas, que habían mantenido un estricto control sobre Alemania con el Tratado de Versalles, redactado tras la Primera Guerra Mundial, que obligaba al país perdedor a desarmarse y a admitir su culpabilidad por haber provocado el conflicto. El otro objetivo era su propio pueblo.

A finales de 1935, Hitler y sus secuaces nazis habían anunciado el rearme a pesar del tratado. Crearon la Luftwaffe (la Fuerza Aérea alemana), la Wehrmacht (el Ejército alemán), compraron doce submarinos y decretaron que solo los arios podían servir en las fuerzas armadas. Aún más inquietante fue el anuncio de Hitler en el mitin del Partido Nazi celebrado en Núremberg en septiembre de 1935 de la Ley de Ciudadanía del Reich y la Ley para la Protección de la Sangre y el Honor Alemanes, que convertía a los alemanes judíos en ciudadanos de segunda clase y prohibía el matrimonio (y cualquier relación sexual) entre judíos y alemanes no judíos.

Mientras Adolf Hitler imponía las leyes y las políticas que asolarían a Europa durante una década de pesadilla, su sobrino deambulaba por Berlín en busca de un trabajo digno para un pariente del Führer.

Un diario escrito por William Patrick durante su estancia en Alemania en los años treinta muestra claramente su desilusión con el Tercer Reich y su incapacidad para conseguir un trabajo decente en el único país donde su nombre significaba algo.

En la primera página del ajado diario que me entregaron más tarde, cuando proseguí mi investigación, aparecen escritas en alemán las palabras: «Nacional Socialista» y «este libro pertenece a Willy Hitler», lo que sugiere que, al menos durante un tiempo, fue simpatizante del Partido Nacionalsocialista de Hitler.

El diario es un relato íntimo de su vida en el Berlín gobernado por los nazis, en el que describe sus problemas para conseguir trabajo a pesar de que su tío dirigía el país con mano de hierro.

«Intentaba ser independiente y su tío no hacía nada por él», me contó un familiar.

Según puede deducirse de las palabras escritas en su diario el 1 de enero de 1935, Willy estaba claramente pensativo: «Me pregunto cuál será realmente el final de todo esto».

El 15 de enero de 1935 escribió: «Hoy he recibido una carta de mi madre. Estoy totalmente desesperado. No veo ninguna salida».

Estaba igualmente descontento con su apartamento en Berlín a pesar de sus elevadas conexiones. El 2 de enero escribió: «¡Decidido a superar esta terrible serie de dificultades de una vez por todas! Me he mudado a un nuevo alojamiento. Es un poco duro para mí, pero no es inevitable».

Está claro que no le fue bien. El 5 de febrero de 1935 escribió: «Le dije unas cuantas cosas a la casera. A la vieja estafadora me gustaría darle una patada... Pagué el alquiler a la vieja estafadora».

Aunque el diario, encontrado con la ayuda de la investigadora Jennifer Weiss, arroja poca luz sobre su relación con el Führer, aparte del hecho de que era partidario, ofrece una interesante instantánea de su vida en la capital alemana en un momento de gran agitación.

Escribió sobre la búsqueda de trabajo en el estudio cinematográfico Paramount de Berlín y la obtención de un puesto en la empresa automovilística Opel.

Tras reunirse con el director de los estudios cinematográficos Paramount para Alemania, escribe el 4 de enero: «Me siento eufórico ante las perspectivas que se me presentan de tener suerte. *Nil desperandum*».

Cuenta que le ofrecieron un puesto en la Europa Film Company con un sueldo de quinientos marcos al mes. El 5 de enero escribió: «Ahora estoy en un dilema. ¿Me voy a Múnich a cobrar un buen sueldo o me quedo en Berlín? Hay muchas cosas que considerar y no sé qué es mejor».

«No será culpa mía si tengo que seguir en este horrible atolladero en el que me encuentro actualmente», escribió ese mismo día, presumiblemente culpando a Hitler de su situación.

El 6 de enero escribió: «Me reuní con Rolf y le informé de mi intención de irme a Múnich si no consigo un puesto similar en Berlín».

«Hoy no he ido a trabajar. Estoy tan harto de todo que desearía tumbarme y morir», añadió tres días después.

Al parecer, el 18 de enero, Willy se fue de copas con un amigo que «me retó a un duelo». También escribió que perdió su cartera en el proceso.

Al día siguiente, escribió que le habían ofrecido un nuevo trabajo en la empresa automovilística Opel con un salario equivalente. Se deducía que Hitler le quería en un puesto cercano donde pudiera vigilarle. Salió de una reunión con su jefe, Herr Berlitz: «me siento muy agradecido, aunque desesperado por mi situación. Como siempre, tan pronto como tengo que abandonar una ciudad, me encuentro con un sinfín de razones para no hacerlo».

«Una débil esperanza persiste en mi mente, pero las probabilidades son muy escasas. Puedo prever claramente el resultado de todas estas esperanzas. Me dirán que es imposible y así sucesivamente», añadió diez días después.

Pero no todo fue malo. «Me quedé en casa y me acosté algo aturdido después de los cócteles de anoche», escribió el 25 de enero. Está claro que, a pesar del atractivo de los cócteles, ya era hora de marcharse.

En realidad, Willy se engañaba a sí mismo si pensaba que Hitler le echaría una mano. El Führer habló de sus ideas sobre la familia durante sus infames «conversaciones de sobremesa», cuando Martin Bormann, su lugarteniente de confianza, le convenció para que permitiera que sus conversaciones privadas fueran grabadas por taquígrafos como material de partida para un libro que planeaba escribir sobre el «Reich de los mil años».

En concreto, criticaba a Napoleón por encumbrar a sus parientes tras coronarse emperador de Francia en 1804: «Al velar por los intereses de sus parientes como lo hizo, Napoleón demostró una increíble debilidad en el aspecto puramente humano». Según *Hitler's Table Talk* 1941-1944: *His Private Conversations*:

Cuando un hombre ocupa un puesto así, debe eliminar todo sentimiento familiar. Napoleón, por el contrario, colocó a sus hermanos y hermanas en puestos de mando, y los mantuvo en ellos incluso después de que hubieran dado pruebas de su incapacidad. Bastaba con echar a todos esos parientes manifiestamente incompetentes.

En lugar de eso, se agotaba enviando a sus hermanos y hermanas, regularmente cada mes, cartas que contenían reprimendas y advertencias, instándoles a hacer esto y a no hacer

142

aquello, pensando que podía remediar su incompetencia prometiéndoles dinero o amenazándoles con no darles más.

Un comportamiento tan ilógico solo puede explicarse por el sentimiento que los corsos tienen por sus familias, un sentimiento en el que se parecen a los escoceses. Al dar así expresión a su sentimiento familiar, Napoleón introdujo en su vida un principio perturbador. El nepotismo, de hecho, es la protección más formidable que pueda imaginarse: la protección del ego.

Pero dondequiera que ha aparecido en la vida de un Estado —las monarquías son la mejor prueba— ha resultado en debilitamiento y decadencia. Razón: acaba con el principio del esfuerzo. En este sentido, Federico el Grande se mostró superior a Napoleón. Federico, en los momentos más difíciles de su vida, y cuando tuvo que tomar las decisiones más duras, nunca olvidó que las cosas están llamadas a perdurar. En casos similares, Napoleón capituló. Por lo tanto, es obvio que, para llevar a buen término la obra de su vida, Federico el Grande siempre pudo contar con colaboradores más sólidos que Napoleón. Cuando Napoleón puso por encima de todo los intereses de su camarilla familiar, Federico el Grande buscó hombres a su alrededor y, en caso necesario, los entrenó él mismo.

Hitler hizo todo lo posible por presentarse como una figura paternal, siempre y cuando los niños no fueran de su propia sangre.

«Está en la naturaleza del hombre actuar a través de sus descendientes. Algunas personas solo piensan en su familia y en su casa. Otros son más previsores. Por mi parte, debo decir que, cuando me encuentro con niños, pienso en ellos como si fueran míos. Todos me pertenecen».

Continúa sugiriendo que toda familia alemana debería tener cuatro hijos, casualmente el mismo número que William Patrick y Phyllis criaron en América.

«Lo esencial para el futuro es tener muchos hijos. Todo el mundo debería estar persuadido de que la vida de una familia solo está asegurada cuando tiene cuatro o más hijos. Es un principio que nunca debería olvidarse. Cuando me entero de que una familia ha perdido dos hijos en el frente, intervengo inmediatamente», comentó Hitler.

¿Tenía en mente a William Patrick cuando hablaba de la «oveja negra de la familia» y se refería al sistema de honor en Japón, su eventual socio en la guerra?

«Las familias que ejercen una influencia política considerable tienen también una responsabilidad política familiar colectiva. Si un miembro abusa de la influencia familiar, es bastante razonable que el conjunto cargue con las consecuencias. Después de todo, siempre tienen la libertad de desvincularse de la oveja negra de la familia», afirmó.

Y continúa: «En Japón, el principio de la responsabilidad familiar colectiva está tan profundamente arraigado que toda familia que ejerza influencia, ya sea en el ejército o en el ámbito político, considera un deber, como algo natural, impedir que cualquier miembro haga algo contrario al interés nacional. Si sus esfuerzos no tienen éxito y consideran que la reputación nacional de la familia ha sido mancillada por el hijo descarriado, entonces todos los miembros varones se hacen el harakiri, para limpiar el honor de la familia».

En esta traducción de las conversaciones de sobremesa, Hitler insiste en que no tuvo conocimiento de algunos de sus parientes hasta que se convirtió en canciller alemán. De nuevo, es muy posible que se refiera a William Patrick, su sobrino inglés:

Por mi parte, no sé nada de historias familiares. Hubo parientes míos cuya existencia desconocía por completo hasta que me convertí en canciller del Reich. Soy un hombre completamente ajeno a la familia, sin ningún sentido del espíritu de clan; pertenezco únicamente a la comunidad de mi nación… Tengo que pensármelo dos veces antes de acordarme de mis primos o mis tíos; para mí, todo eso carece de interés y es inútil.

Uno de los miembros de nuestro Partido estaba ansioso por mostrarme los resultados de las laboriosas investigaciones que había realizado sobre la historia de su propia familia. Le corté en seco: «Pfeffer, no me interesa. Todo ese tipo de cosas son pura casualidad; algunas familias guardan registros familiares, otras no». A Pfeffer le chocó esta falta de aprecio; y hay gente que dedica tres cuartas partes de su vida a investigaciones de este tipo. Sin embargo, Pfeffer insistió mucho en su deseo de demostrarme que su mujer, al menos, era descendiente de Carlomagno. «¡Eso debe de haber sido el resultado de un desliz! Un *faux-pas* que pudiera remontarse hasta Napoleón sería espléndido; pero de cualquier otra cosa, cuanto menos se diga, ¡mejor! En realidad, solo las mujeres que transgreden merecen algún elogio, pues muchas grandes y antiguas familias deben su supervivencia al tierno pecadillo de una mujer», repliqué.

En Berlín, William Patrick no tardó en darse cuenta de que, si quería utilizar su famoso nombre, tendría que hacerlo fuera de Alemania.

CAPÍTULO VIII
«SE PARECE A HITLER, PERO NO SE LE PUEDE CULPAR POR ESO»
29 de julio de 1939. Hollis, Queens, Nueva York

Mientras que yo me esforcé durante años por averiguar qué había sido de William Patrick Hitler, un periodista de la columna «Talk of the Town» del *New Yorker* lo tuvo mucho más fácil en 1939. Simplemente se acercó a conversar.

William Patrick, mal visto por su tío y algo fuera de lugar en la Inglaterra de preguerra, decidió probar suerte con su madre en el país de la libertad y se instaló en Queens, un suburbio de Nueva York, donde, al parecer, se sintió como en casa.

Bajo el título «Willy Hitler», el *New Yorker* ofrecía una interesante visión de la vida del autor de aquella época, aunque el comentario más esclarecedor de Willy sobre su tío fuera que nada le gustaba más que sentarse por la noche con un libro del escritor británico de novelas policíacas Edgar Wallace, también conocido, por cierto, por ser el creador de *King Kong*.

El artículo decía:

> William Patrick Hitler, que no simpatiza con su tío Adolf, está viviendo en Hollis, Queens, mientras trabaja en un libro so-

bre Alemania y tiene la agenda repleta de conferencias hasta la otoño.

No habíamos oído hablar de él desde que fue entrevistado por los reporteros del barco, así que nos dirigimos a Hollis para charlar.

Nos pareció un joven agradable y relajado, con ropa vistosa y buenos modales. Se parece a Hitler, pero no se le puede culpar por ello.

Vive en una pequeña casa de dos plantas con su madre, la señora Brigid Elizabeth Dowling, una mujer alegre y expresiva que habla con acento.

Willy nos contó que «había estado ocupado escribiendo, viendo películas y yendo a clubes nocturnos». Willy es tan aficionado al cine como Adolf, y eso es mucho decir. En cuanto a los clubes nocturnos, Willy está convencido de que ofrecen la oportunidad de conocer a gente agradable. Sin embargo, aún no se ha reconciliado con las orquestas de los clubes nocturnos. «Tocan demasiado y no te dejan descansar», opina.

La señora Dowling nos contó que, antes de la Guerra Mundial solía preguntar a su marido, Alois, por qué nunca escribía a su hermanastro Adolf. Alois siempre respondía que Adolf era un inútil. «Decía que Adolf se sentaba junto al río a ver pasar las horas». Willy añadió algunos comentarios despectivos sobre su padre: «Sería peor dictador que su hermanastro». Alois Hitler abandonó a su mujer y a su hijo en Inglaterra y se casó con una alemana sin la formalidad del divorcio. Willy y la señora Dowling ahora no le dan importancia ahora, ni en un sentido ni en otro; ni siquiera les interesa el rumor de que está peleado con su hermano.

Al parecer, en aquel momento circulaba la noticia de que Adolf había muerto. William Patrick estaba feliz por aclarar las cosas:

Willy se siente obligado a despejar los rumores sobre la muerte de Hitler.

«¿Y cuál sería la diferencia? De todos modos, las cosas están mal».

Nos contó que a Hitler le molestan las habladurías actuales que lo tachan de diablo con las damas. El Führer disfruta llevando un látigo. «Le da una sensación de poder. Su padre solía llevar uno».

El famoso mechón de pelo de la frente simplemente cae así, sin ayuda de Adolf. En realidad no bebe ni fuma, dice su sobrino, pero le gusta sentarse hasta tarde con un libro de Edgar Wallace.

Willy cree que ha salido de Alemania justo a tiempo, ya que la relación con su tío se ha ido enfriando cada vez más. Está convencido de que Alemania se encamina a la guerra y no está en condiciones de soportar una guerra larga. No se pueden conseguir huevos ni carne, dice, y hay mucho descontento entre las clases altas. Está preocupado por la tolerancia hacia las ideas nazis que encontró aquí, y dice que no le sorprendería que Hitler lo viera como una señal de aprobación.

Él y su madre han reaccionado de forma bastante sorprendente ante Queens County. «Se parece mucho a Inglaterra», nos han dicho.

William Patrick viaja a Estados Unidos invitado por el magnate editorial estadounidense William Randolph Hearst, interesado por todo lo relacionado con Hitler antes de la guerra. El sobrino del Führer fue contratado durante su gira de conferencias para detallar su singular relación con su tío y sus temores sobre el ascenso del Tercer Reich.

Pero Hearst fue uno de varios magnates de la prensa de ambos lados del Atlántico que tuvieron escarceos con Hitler que preferirían haber olvidado más tarde, cuando se hicieron patentes los horrores perpetrados por su régimen. A principios de la década de los treinta, Hearst pagó a Adolf Hitler, Hermann Goering, Alfred Rosenberg, así como al dictador italiano Benito Mussolini, para que escribieran artículos en sus periódicos. También presionó a través de su imperio mediático para mantener a Estados Unidos fuera del conflicto el mayor tiempo posible y siguió desconfiando del Reino Unido incluso cuando los soldados estadounidenses morían junto a los soldados aliados en la zona de batalla después de que el ataque de Japón a Pearl Harbor el 7 de diciembre de 1941 metiera a Estados Unidos en la guerra.

Según el *Washington Post*, Hearst llegó a un acuerdo con Hitler tras reunirse con él en 1934 para mostrar diarios alemanes sin censura al público estadounidense y le elogió por devolver «el carácter y el valor a Alemania». Debo añadir, por razones de transparencia, que el primer vizconde Rothermere, propietario en 1930 de mi antiguo diario, el *Daily Mail*, era un ardiente partidario de Hitler y de los nazis.

Como recién llegado a Estados Unidos, William Patrick se alegró del interés mostrado por él. En Inglaterra y Alemania se sintió rechazado. En Estados Unidos fue agasajado. Al menos durante un tiempo había encontrado su lugar en el mundo.

CAPÍTULO IX
¡MI NOMBRE ES HESS!
6 de marzo de 1944. Sunnyside, Queens, Nueva York

E l especialista en clasificaciones no levantó la vista mientras esperaba para señalar el nombre de William Patrick en una lista de destinos para formación naval.

—¿Cómo te llamas? —le preguntó al recluta alto y de pelo castaño.

—Hitler —respondió.

—Me alegro de verte, Hitler. ¡Me llamo Hess!

Así fue como Gale K. Hess, de East Chicago, Indiana, dio la bienvenida a William P. Hitler, anteriormente de Liverpool, Inglaterra, a la Marina de los Estados Unidos para luchar contra un régimen nazi que había convertido a sus homónimos entre los hombres más temidos y poderosos de la tierra. Fue el final de un día de lo más surrealista para William Patrick, encantado de confundir a sus detractores que sugerían que solo alardeaba de alistarse en el ejército como ardid publicitario para aumentar su cotización en el circuito de conferencias de Estados Unidos.

Había llegado a su Junta Local de Reclutamiento 245 en el 43-01 de la calle 46, Sunnyside, Queens, para prestar juramento como aprendiz de marinero y enseguida declaró que estaba «loco de contento por estar en la Marina de los Estados Unidos». Después de pasarse cuatro años hablando de ir a la guerra contra la otra Alemania de Hitler, insistió en que estaba «listo para partir».

Con las cámaras rodando mientras era enviado con otros quince a la estación de reclutamiento de la Marina en el 88 de la avenida Vanderbilt, Manhattan, para ser asignado a un campo de entrenamiento en Luisiana, William Patrick les contó a los periodistas que tenía «más de una cuenta pendiente con el tío Adolf».

Mis sentimientos hacia Hitler nunca han sido muy cordiales. Todo el tiempo que estuve en Alemania tuve que recurrir a Hess o a Hitler para cualquier cosa. Más tarde, la hermana de mi madre murió en un bombardeo sobre Londres en 1941. Mi madre fue una de las primeras en declarar la guerra a los Hitler cuando dejó a Alois Hitler, hermanastro de Adolf.

* * *

Elevándose hasta su metro ochenta, declaró: «Soy el único descendiente vivo de la familia Hitler que lleva ese apellido y espero ingresar en breve en la Marina de los Estados Unidos. Como miembro de las fuerzas armadas, espero tomar parte activa en la liquidación de este hombre, mi tío, que ha desatado tanta miseria sobre el mundo».

William Patrick, que aún llevaba el fino bigote que perdería en cuanto se registrara en el campo de entrenamiento, dijo que, en los cinco años que había pasado en Estados Unidos, había aprendido a valorar el país por el que se había presentado voluntario para luchar: «Es un gran testimonio de la tolerancia del pueblo estadounidense que nunca haya oído un comentario descortés o indiscreto sobre mi apellido».

El nuevo aprendiz de marinero contó que su tío le pidió una vez que se cambiara de apellido porque no quería que nadie «anduviera por Europa haciendo lo que le diera la gana con el mismo nombre que yo». Pero, para fastidiar a Hitler, afirmó que había decidido seguir adelante con su impopular apellido y no conceder nunca a su tío la cortesía de cambiárselo. De hecho, William Patrick se había beneficiado de su apellido desde su llegada a Nueva York en marzo de 1939, cinco meses antes de que Hitler invadiera Polonia.

William Patrick había sido una industria hitleriana unipersonal desde el día en que atracó en Nueva York para declarar a la agencia de noticias Reuters: «Acabo de dejar Alemania y a Adolf Hitler, mi tío, para quien personalmente no tengo tiempo. Creo que la política de Hitler en Europa no aportará beneficio alguno a la raza humana. Espero que el pueblo americano no se burle de mi bigote porque, después de todo, mi corazón está en el lugar correcto y eso es lo que importa».

El tono de su retórica había cambiado desde sus primeros contactos con la prensa británica, no muchos años antes, cuando aún daba la impresión de ser partidario del Tercer Reich. El 4 de enero de 1938, William Patrick, que entonces tenía veintiséis años, le dijo a Constance Forbes, del *Daily Express*, que estaba de vacaciones en Inglaterra durante dos meses:

Ha sido una experiencia muy agradable para mí volver a Inglaterra después de cuatro años en Alemania. La constancia, la resistencia y el convencionalismo de las costumbres inglesas son refrescantes. Supongo que aprecio estas cosas porque nací en Inglaterra, aunque es difícil convencer a mis amigos ingleses de que me consideren un inglés.

Muchos de ellos parecen pensar que soy directamente responsable de la mayoría de las cosas que en Alemania consideran malas. Tengo pasaporte británico y no me gustaría renunciar a mi nacionalidad inglesa. Quiero establecerme aquí con el tiempo, aunque quiero volver a Alemania uno o dos años.

Con la mentalidad de un inglés no puedo suscribir todo en el nacionalsocialismo, pero trato de estudiar al Führer en la mayoría de las cosas. Estoy de acuerdo con todos sus fundamentos. Mi tío Adolf entiende esto. Mi tío es un hombre pacífico. Él piensa que la guerra no vale la pena.

Al año siguiente, la relación de William Patrick con su «pacífico» tío parecía haber perdido brillo. En julio de 1939, la revista *Look* publicó un artículo de seis páginas con el titular «Why I Hate my Uncle» (Por qué odio a mi tío). Un mes más tarde, el sobrino descontento vendió un artículo al periódico francés *Paris Soir* titulado «Mon Oncle Adolf» en el que se quejaba de Inglaterra y de su ingrato tío:

> Inglaterra era un infierno para mí y no podía seguir allí por más tiempo. Perdí mi trabajo y no pude encontrar otro —dice, explicando por qué decidió buscar trabajo en Alemania. Pero sus intentos de aprovecharse de su tío no habían salido bien—. ¿Por qué el gran hombre de Alemania, que dispone de inmensas riquezas, permite que su familia viva en la miseria? Aunque un gesto de su mano bastaría para llenar los bolsillos de sus parientes más cercanos, no hizo el menor gesto.

Brigid tampoco ocultaba su desdén por su cuñado. Viviendo en un Reino Unido consumido por los rumores de guerra a finales de los años treinta, no había tardado en encontrarse con dificultades. Al casarse con Alois, adquirió la nacionalidad austriaca y, tras la anexión de Austria a Alemania, se convirtió en alemana. La desafortunada combinación de ser a la vez la señora de Hitler y una alemana no sentó bien en el Londres de preguerra, y Brigid intentó desesperadamente convertirse en súbdita británica.

En 1938 declaró al *Daily Express*:

Quiero recuperar mi nacionalidad británica. He ido al Ministerio del Interior y quieren ayudarme, pero, a menos que mi matrimonio pueda disolverse, debo seguir siendo extranjera. Me indigna pensar que yo, que era Bridget Dowling, soy ahora súbdita alemana desde que Hitler tomó Austria.

Como católica, no creo en el divorcio. Mi marido y yo estamos separados, pero eso no es suficiente para el Ministerio del Interior.

Hoy en día es un poco embarazoso ser la señora Hitler, pero a la gente que me conoce no le importa, y a los demás tampoco. En el fondo, sigo siendo Bridget Dowling, pero, ¡oh!, lo que quiero es mi nacionalidad británica.

La siguiente vez que el nombre de Brigid apareció en los periódicos fue porque había infringido la ley. Fue citada junto con otras ochocientas personas por el Ayuntamiento de Hornsey por el impago de nueve libras y diez peniques.

En su comparecencia ante el Tribunal de la Policía de Highgate North el 20 de enero de 1939, Brigid recibió un plazo de seis semanas para pagar la deuda. Dijo que «recibía huéspedes» en su casa del número 27 de Priory Gardens, Highgate, al norte de Londres, y explicó: «Esperaba dinero de Alemania (no puedo decirle quién lo enviaba), pero se retrasó. Así que no me quedó más remedio que coger el toro por los cuernos y acudir a los tribunales».

Algunos cheques llegaron más tarde y, según las habladurías locales, estaban firmados por Ribbentrop, entonces ministro de Asuntos Exteriores de Alemania.

De pie en el salón de su casa, donde había media docena de fotos de William Patrick, que entonces trabajaba en una fábrica de cerveza berlinesa, Brigid añadió: «Saben, es curioso que una irlandesa como yo se vea mezclada en todos estos asuntos internacionales».

Unos días más tarde, Brigid anunció que le habían ofrecido un trabajo como azafata en un club nocturno de Nueva York y ella respondió que estaba interesada. A finales de marzo ya estaba instalada en Manhattan con William Patrick. La rapidez con la que partieron hacia Estados Unidos puede que no fuera del todo una coincidencia, ya que, el 2 de septiembre, el *Daily Express* informaba de una extraña escena ocurrida el día anterior en un tribunal londinense. El informe decía:

A mitad de una lista de 15 personas citadas por deudas, el oficial del Tribunal de Policía de Highgate hizo ayer una pausa.

Se acababa de recibir la noticia de la invasión de Polonia por Hitler y una tensión inquietante se cernía sobre el tribunal. En voz alta, el ujier pronunció el siguiente nombre: «B. E. Hitler». Rompió la tensión como un chiste de Max Miller. El magistrado sonrió. También lo hizo la policía. Una risa disimulada recorrió la tribuna del público. Incluso la gente que esperaba para responder a las citaciones esbozó una sonrisa.

El nombre pertenecía a la señora Brigid Hitler, esposa del hermanastro de Hitler, Willy Hitler. Fue citada por no pagar una factura de luz eléctrica de una libra y diez peniques.

Pero la citación no había sido entregada. Al parecer, la señora Hitler no fue hallada en su nueva dirección en Lorrimore Gardens, Walworth, S. E.

Más tarde me enteré de que la señora Hitler se había ido a América a dar conferencias o de gira con una compañía teatral. Así que la citación ha sido aplazada. Será notificada más tarde.

La prisa de Brigid por abandonar el Reino Unido fue tal que sus alumnos de baile se quedaron tirados en el ayuntamiento de Highgate, esperando en vano sus clases semanales. Su profesora no les había dicho que se cancelaban indefinidamente.

El rumor en el barrio era que los trescientos marcos mensuales que había estado recibiendo de los nazis se habían agotado y Brigid se había quedado sin excusas para sus deudores.

Al igual que su hijo, ya a salvo en Estados Unidos, Brigid había intensificado su condena pública al «viejo Adolf», puesto que, presumiblemente, no tenía que preocuparse de esperar a que un cheque con el águila nazi la rescatara de sus deudas.

Una noticia publicada en el *New York Herald* el 25 de junio de 1941 informaba de que Brigid estaba «encantada de aportar su granito de arena para derrotar a los nazis».

El artículo continuaba:

> La señora Brigid Elizabeth Hitler, nacida Downey [sic], que ha estado librando una guerra privada contra la familia Hitler desde 1913, se unió ayer a los aliados y se presentó en la Sociedad Británica de Socorro de Guerra, en el 730 de la Quinta Avenida, para su primer día de trabajo como asistente voluntaria.
>
> La señora Hitler es la esposa de Alois Hitler, hermanastro y primo segundo del Führer alemán. Abandonó a su marido en 1913 por malos tratos, y hoy lleva su apellido solo porque las leyes de la Iglesia católica romana prohíben el divorcio.
>
> En cuanto a Adolf Hitler: «No es asunto de nadie lo que yo piense de él —dijo ayer la señora Hitler—. La horca y la silla eléctrica serían demasiado buenas para él. Tendría que morir torturado, lentamente, un poco cada día».
>
> La señora Hitler explicó la relación entre su marido y el Führer de la siguiente manera: «El viejo Adolf, padre de Adolf Hitler, se casó tres veces. Su segunda esposa era la madre de Alois, y su tercera esposa era su propia prima hermana, que también se llamaba Hitler. Adolf es hijo de la tercera esposa. Así que mi marido es su hermanastro y su primo segundo».
>
> Este relato difiere ligeramente de otros relatos disponibles sobre la filiación de Adolf Hitler, que también difieren entre sí.

La señora Hitler contó ayer su historia a los periodistas en una sala de trabajo de la Sociedad Británica de Socorro de Guerra, entre combate y combate con los fotógrafos.

Una mujer pechugona de cuarenta y nueve veranos, pelo negro como el carbón y ojos sonrientes, que parecía contenta de aportar su granito de arena.

Brigid fue igualmente mordaz con su exmarido: «No soportaba su trato. Era muy cruel, como el segundo Hitler. "Te doblegaré o te romperé", decía, y yo le contestaba: "Me romperás porque nunca me doblegaré"».

El *Herald* afirmaba que Brigid había solicitado al papa la anulación de su matrimonio con Alois Hitler y el permiso para recuperar su apellido de soltera, que el periódico indicaba incorrectamente como Brigid Downey. Es posible que Brigid supiera que estaba siguiendo el mismo camino que su suegro tomó décadas antes, cuando apeló a Roma para que le permitiera casarse con su criada y sobrina Klara Pölzl, que se convertiría en la madre de Adolf Hitler. Aunque la solicitud de dispensa especial de Alois Hitler padre fue rechazada inicialmente por el obispo de Linz (Austria), el papa accedió a su petición y la pareja se casó el 1 de julio de 1885.

La súplica hecha por los padres de Adolf Hitler, fechada el 27 de octubre de 1884, en Braunau Am Inn, Austria, decía:

Aquellos que con la más humilde devoción han adjuntado sus firmas a continuación han decidido contraer matrimonio. Pero, según el árbol genealógico adjunto, les impide el impedimento canónico de la afinidad colateral en tercer grado con respecto al segundo. Por lo tanto, solicitan humildemente al Reverendísimo Episcopado que tenga a bien concederles una dispensa por los siguientes motivos: el contrayente es viudo desde el 10 de agosto de este año, como puede observarse en el certificado de defunción adjunto, y es padre de dos menores, un niño de dos

158

años (Alois) y una niña de un año y dos meses (Angela), y ambos necesitan los servicios de una enfermera, tanto más cuanto que él es funcionario de aduanas y está fuera de casa todo el día y a menudo de noche, por lo que no está en condiciones de supervisar la educación y crianza de sus hijos. La novia ha cuidado de estos niños desde la muerte de su madre y ellos le tienen mucho cariño. Por tanto, se puede suponer con razón que serán bien educados y que el matrimonio será feliz. Además, la novia carece de medios y es poco probable que vuelva a tener otra oportunidad de contraer un buen matrimonio.

Por estas razones, los abajo firmantes reiteran su humilde petición de que se les conceda la dispensa del impedimento de afinidad.

Solo podemos especular sobre lo que habría ocurrido si no se hubiera concedido la dispensa.

Mientras su madre prefería pasar poco a poco a un segundo plano en Nueva York, la gira de conferencias de William Patrick significaba que le pagaban por cortejar a la publicidad y, al menos durante un tiempo, parecía que se regocijaba en su papel de experto en Adolf Hitler residente en Estados Unidos. En sus viajes a la Costa Oeste, sus agentes le presentaron a Marlene Dietrich, y fue invitado a fiestas de estrellas de cine en las que los famosos invitados pedían a gritos detalles y cotilleos sobre el temido Führer.

Envalentonado quizá por su lejanía de la primera línea del conflicto y espoleado por sus manipuladores, que sabían que el sensacionalismo significaba más dinero, las conferencias de William Patrick pintaron una imagen cada vez más escabrosa de su tío.

Un artículo publicado el 2 de noviembre de 1939 en el *Toronto Star* era típico de los informes sobre sus conversaciones en aquella época. También se insinuaba que, al igual que Brigid, consideraba la vida de Hitler demasiado ardua. La historia comenzaba así:

159

Patrick William Hitler, aquí para dar una conferencia, planea cambiarse el nombre. Hitler, vestido con una bata a rayas, abrió la puerta de su habitación en el hotel King Edward. Mide un metro noventa y lleva un bigote a lo Ronald Colman.

No, no era Adolf. Era William Patrick Hitler, medio sobrino de Adolf, y está en Toronto para hablar esta noche en el Massey Hall. Y mientras da conferencias sobre los deseos maníacos del tío Adolf de dominar el mundo, espera estos días una llamada de Inglaterra para alistarse en el ejército británico. William Patrick Hitler es inglés de nacimiento e inclinación, pero ha visto bastante al tío Adolf estos últimos seis años en Alemania. Para un canadiense es más americano en sus modales, apariencia y forma de hablar que inglés. No se parece en nada al sobrino de Adolf. De hecho, es un joven despreocupado y apuesto de veintiocho años que disfruta con la sensación que causa su nombre.

Sin embargo, se toma en serio su misión, que consiste en decir al mundo que los esfuerzos de los Aliados por controlar los deseos imperiales de Hitler están bien justificados, que Hitler y sus asesores son unos sádicos, y que «si por un día hubiera prensa libre en Alemania, el régimen actual sería barrido por el pueblo alemán hasta el olvido». La familia de Adolf Hitler, dijo, es la única que lleva ese apellido en Austria o Alemania, y ha solicitado al consulado británico que le cambien su propio apellido por el de su madre, Dowling, porque «se ha convertido en un anatema no solo para todos los demás, sino también para mí».

Hitler, dijo, es un degenerado mental, un «chiflado», como él dijo, y contó historias de orgías que se dice que tuvieron lugar en Berchtesgaden y en la Cancillería de Hitler.

Muchos allegados a Hitler lo acusan del asesinato de Angelica Raubal, sobrina del Führer y prima hermana de William Patrick, dijo el sobrino…

Hitler, dijo, se paseaba con un gran látigo en la mano y, si no lo llevaba él, era sostenido por un ayudante. Era, dijo, un caso patológico, se dirigía a las personas, incluso a sí mismo, también en un ambiente informal, como el de la casa de su hermanastro Alois, «como si se estuviera dirigiendo a un ejército». Estuvo de acuerdo con las revelaciones del Libro Blanco británico de que había mucha perversión entre los colegas de Hitler, y dijo que era de conocimiento general que el secretario de Hitler, Schaub, había sido condenado por vivir de las ganancias. «El esquema general de lo que ocurre es que todos van a Berchtesgaden, se emborrachan y se entregan a todo tipo de cosas», dijo.

Él mismo probó el poderío de Hitler cuando fue encarcelado durante veinticuatro horas en el momento de la purga que acompañó al arresto del capitán Ernst Röhm, y solo consiguió ser liberado gracias a la intervención del cónsul británico. Röhm fue asesinado.

Cuando solicitó a Hitler que lo ayudara a conseguir un trabajo mejor para poder mantener a su madre, el tío Adolf le dijo: «No tengo el poder. Tu madre es joven y sana y puede trabajar y trabajará». Dejó Alemania la primavera pasada, dijo, porque Hitler «me llamó y me dijo que tenía que convertirme en ciudadano alemán». No quería hacerlo, pues preveía una guerra con Alemania. «Además, si me convertía en ciudadano alemán, estaría en su poder y podría haber una pequeña purga familiar», añadió.

El mismo día, el *Toronto Globe and Mail* preguntó sobre el reciente Libro Blanco del Gobierno británico en el que se acusaba de torturas sádicas a los campos de prisioneros alemanes. William Patrick dijo que creía que las historias eran «infravaloradas más que exageradas».

«Hitler está rodeado del peor tipo de hombres. La perversión sexual está muy extendida entre sus amigos más íntimos», añadió.

El artículo concluye: «El joven Hitler dijo que creía que el régimen de Hitler acabaría en revolución y desastre. "Alemania lleva dos años librando una intensa guerra interna, con el pueblo recibiendo raciones de guerra. El descontento está creciendo, y creo que, dentro de un año, Inglaterra dominará a Hitler", declaró».

En enero de 1942, William Patrick seguía de gira por el país. Un artículo promocional en el *Sunday Star-News* de Wilmington, Carolina del Norte, informaba: «Adolf Hitler pudo haber apaleado a millones de alemanes para que aceptaran las doctrinas nazis, pero no consiguió intimidar a su sobrino William Patrick Hitler, que hablará aquí el 6 de enero en el Thalian Hall bajo el patrocinio del Foro de la Comunidad. Durante seis años, el joven Hitler vivió en el Tercer Reich bajo la vigilancia directa del Führer, pero el virus nazi no cuajó». Al mes siguiente, William Patrick dio una conferencia en el Winchester Kiwanis Club de Handley, Virginia, sobre el ya conocido tema «Mi tío Adolf».

Un reportaje en el *Northern Virginia Daily* del día siguiente decía:

El señor Hitler declaró que durante 1933 sintió al principio que podía haber alguna esperanza de que el Estado utópico prometido al pueblo alemán no fuera imposible y que los pogromos judíos eran una fase del salvajismo de las SA, y que finalmente Adolf Hitler se calmaría.

Pero, declaró, que se daba cuenta de que su tío no tenía más designios que el poder personal y le gustaba considerarse el hombre más importante del mundo. A cambio de los intentos de hacer fuerte a Alemania y asentar su industria sobre bases sólidas, el pueblo alemán dio carta blanca a su líder. Durante el foro de preguntas y respuestas que siguió a la conferencia formal, el señor Hitler dijo que creía que su tío era un caso patológico; que consideraba a Hess uno de los hombres más cuerdos y sensatos de los altos mandos que rodeaban a Hitler; que el pueblo alemán estaba aislado del mundo exterior y que se castigaba con la muerte escuchar emisiones extranjeras.

A medida que la guerra avanzaba, las opiniones de William Patrick sobre Alemania fueron perdiendo interés. Hizo algunas transmisiones propagandísticas a Alemania y Sudamérica y dio conferencias ante un público cada vez más reducido en ciudades cada vez más pequeñas, a medida que Estados Unidos conocía de primera mano la maldad de Hitler en los campos de batalla europeos.

Tras su incorporación a la Marina, William Patrick fue destinado a estaciones de entrenamiento en el norte del estado de Nueva York, el sureste de Texas y Davisville, Rhode Island, antes de ser admitido en el Cuerpo Médico de la Marina. Martin O'Donnell, de Portland (Maine), asistió al centro de formación naval de Samson (Nueva York) con el aprendiz de marinero Hitler y recuerda: «Solía encontrarme con él en la tienda de la empresa y charlábamos. Era un hombre muy agradable. Tenía un pequeño bigote. Pensé que se parecía mucho a su tío».

Dos años después, durante los cuales los periódicos no publicaron nada sobre William Patrick, fue licenciado con honores de la base naval de Newport, Rhode Island, con la Medalla de la Campaña Americana y la Medalla de la Victoria de la Segunda Guerra Mundial. Dijo a un grupo de periodistas que esperaba convertirse en ciudadano estadounidense y que pensaba cambiarse el apellido y llevar una vida tranquila y normal.

Y eso fue lo último que se supo de William Patrick Hitler.

CAPÍTULO X
UN RESQUICIO DE LUZ
12 de septiembre de 1998. Newport Beach, California

E scribí el nombre «William Patrick Hitler» y pulsé el ratón para buscar en la base de datos de prensa mundial Lexis-Nexis por enésima vez. Me sabía de memoria los resultados de la búsqueda. Había una frase en la edición del 1 de marzo de 1994 del *St. Petersburg Times*, en la que se informaba de que «hace cincuenta años, la Marina de los Estados Unidos anunció que William Patrick Hitler, sobrino de Adolf Hitler, se presenta a filas la semana que viene»; un artículo sobre el Massey Music Hall en el *Toronto Star* del 23 de octubre de 1993, en el que se recordaba que William Patrick Hitler habló allí una vez ante un público que agotó las entradas; una carta publicada en el *Irish Times*, el 12 de noviembre de 1996, que confirmaba las raíces irlandesas de un pariente de Adolf Hitler llamado William Patrick Hitler; y una entrevista con la novelista Beryl Bainbridge en el *Washington Post* del 15 de abril de 1979, en la que hablaba de su libro *Young Adolf*, un relato ficticio de la supuesta visita de Hitler a Liverpool antes de lanzarse a la conquista del mundo.

Aunque mi familia y yo nos habíamos mudado de Nueva York a Newport Beach, California, el año anterior, seguía empeñado en resolver el misterio del escurridizo sobrino británico de Adolf Hitler. Seguía trabajando, siguiendo una pista falsa tras otra, pero esta vez con una ventaja. Internet tardaba instantes en hacer comprobaciones que antes eran minuciosamente lentas, y una de las áreas de más rápido crecimiento de la nueva cultura web era la genealogía. Familias de todo el mundo pasaban nombres por la red con la esperanza de poder resolver árboles genealógicos, y las nuevas empresas puntocom buscaban cualquier herramienta de investigación disponible que pudiera atraer a este nuevo mercado hambriento de información. Siempre que tenía ocasión, seguía buscando la pieza crucial del rompecabezas que necesitaba para encontrar a William Patrick Hitler.

Me interesaba y me animaba el hecho de que una novelista de la talla de Beryl Bainbridge estuviera igualmente fascinada por Brigid y William Patrick Hitler y hubiera emprendido su propia investigación literaria sobre la historia. En una novela y en una obra de teatro que escribió para la BBC, Bainbridge llevó la historia al terreno de la ficción, una opción que no estaba a mi alcance. Pero es curioso que, aunque su libro *Young Adolf* se publicó a finales de la década de los setenta como una novela, y Bainbridge dejó claro que era en gran parte producto de su imaginación, muchos habitantes de Liverpool aceptan ahora la aventura de Hitler en Merseyside como un hecho histórico.

Al leer de nuevo la entrevista que Bainbridge concedió al *Washington Post* en 1979, me sentí aún más decidido a encontrar algunas respuestas al misterio.

Cuando el entrevistador le preguntó si alguna vez se había planteado escribir un libro de no ficción, Bainbridge respondió: «No, realmente no tengo la educación necesaria para ese tipo de cosas. Lo que yo llamo, un poco en broma, *investigación* para escribir *Young Adolf* me gustó bastante. Me sentí bastante culta buscando en las bibliotecas».

Relató entonces la misma historia que yo ya conocía y sobre la que, a pesar de mis indagaciones, no podía añadir muchos más datos. La escritora de Liverpool, en un viaje promocional a Estados Unidos, declaró:

> Los hechos son que el hermanastro de Adolf Hitler tenía un restaurante en Liverpool en 1910. Se casó con una irlandesa de Liverpool llamada Bridget Dowling. Tuvieron un hijo llamado William Patrick Hitler. Eso es un hecho. Él está aquí ahora, en los Estados Unidos. En 1941, debido a alguna ridiculez asombrosa, durante el esfuerzo bélico del Reino Unido, trabajó para la Cruz Roja en Washington. William Patrick viajó para dar conferencias en universidades americanas sobre su tío Adolf. Obviamente, pensaron que podrían sacar provecho de su relación con Hitler, así que visitaron primero Alemania, pero el tío Adolf se sintió terriblemente avergonzado. En ese momento, ya habían causado problemas en su casa, en el Reino Unido, por reclamar su relación con el Führer, por lo que no eran realmente bienvenidos en cualquier lugar. Así que se trasladaron aquí. En 1941, Bridget escribió sus memorias y las primeras cuatro páginas dicen que en 1912 ella y Alois fueron a conocer a la hermana de Alois, Angela, que llegaba de Linz, y del tren en su lugar bajó Adolf.
>
> He leído las memorias muy a fondo, porque estoy haciendo una obra de teatro en dos actos para la BBC basada en las memorias. La parte que me parece más real es la de Adolf visitando Liverpool. Es la más discreta, sea cierta o no. No hay pruebas de que viniera, pero tampoco de que no lo hiciera.

Entonces, la autora ofrece su propia opinión sobre Adolf, que, de nuevo, me pareció interesante:

> Tengo tendencia a ver normalidad en la rareza. Sin duda, si Adolf hubiera estado por aquí y se hubiera presentado a una escuela de arte en Inglaterra, habría entrado. Se trataba de un muchacho frustrado que había perdido a su madre de cáncer y que no fue admitido en la escuela de arte. Se sentía muy frus-

trado como artista. En ese sentido, uno puede ver por qué era tan extraño.

En realidad, no era más antisemita que cualquier otro alemán, porque el antisemitismo se enseñaba en las escuelas y las universidades. Y no estaba especialmente interesado en la política, pero la guerra le proporcionó por primera vez una unidad familiar (el ejército), aunque no se relacionara muy bien. Le concedieron la Cruz de Hierro, y eso le dio una sensación de seguridad. Luego terminó la guerra y volvió a ser nadie. Llegó de la nada a una reunión en Múnich y alguien pensó: «¡Por Dios! Este chico sabe hablar». Lo arrastró y… Fue el azar.

Leemos relatos sobre personajes famosos que se prepararon desde los quince años, pero Adolf nunca hizo eso. Jamás. Él iba en cualquier otra dirección que se pueda imaginar.

Seguía hablando regularmente con mi antiguo socio, Tim, entreteniéndole con la última investigación sin salida sobre Hitler, pero ahora estaba de vuelta en Inglaterra. Habíamos decidido separarnos después de cuatro años juntos llenos de éxitos y diversión. Hacia el final de nuestra estancia en Nueva York, ambos consideramos la posibilidad de volver al Reino Unido, pero, mientras que Tim y Wendy acabaron instalándose en Londres, Michelle y yo decidimos, tras soportar un fin de semana escalofriante en un hotel rural de East Anglian en las Navidades de 1996, que nos trasladaríamos a California.

En enero de 1997, nuestra familia de cinco miembros se instaló en una vieja casa de campo en la península de Newport Beach, California, a un paso de Los Ángeles y muy lejos de los helados pantanos de la costa este de Inglaterra.

En los meses siguientes, me había concentrado en establecerme como corresponsal en Los Ángeles para varios periódicos británicos donde aún conservaba viejos amigos y contactos.

Sin tiempo para dedicarme a la historia de Hitler, envié un cheque de trescientas libras esterlinas a una empresa del oeste de Londres especializada en la búsqueda de registros familiares. Debían investigar en Irlanda para tratar de rastrear las raíces de una tal Bridget Elizabeth Dowling, apellido de soltera de la madre de William Patrick, utilizando la grafía con *t* de su nombre de pila, tal como figura en sus memorias de la Biblioteca de Nueva York. Mientras tanto, cuando no estaba cubriendo historias en la Costa Oeste, en México o en Sudamérica, decidí descubrir más sobre la vida de William Patrick antes de la Segunda Guerra Mundial con la esperanza de determinar los motivos que lo llevaron a huir de la vida pública. Uno de los temas más importantes de las biografías de Hitler que mencionaban a William Patrick era su papel como chantajista de su tío. Supuestamente se había atrevido a intentar extorsionar a Adolf Hitler de dos maneras: en primer lugar, amenazando con sacar a la luz las sórdidas travesuras de su propio padre, Alois, y su procesamiento por bigamia tras abandonar a Brigid, y, en segundo lugar, insinuando que filtraría historias familiares a la prensa sobre la posibilidad de que Alois padre (el padre de Adolf y Alois) fuera hijo de un destacado judío austriaco.

Regresé a las memorias de Brigid. Aunque no decían nada sobre la supuesta conexión judía de su familia, sí que contaban con todo lujo de detalles la furibunda respuesta de Hitler cuando se enteró de que ella y William Patrick habían hablado sobre él con un periodista curioso.

Brigid y su hijo ofrecieron datos familiares sin importancia de los antecedentes de Adolf al *Evening Standard* y al *Evening News* de Londres después de que Alois les escribiera desde Alemania sugiriéndoles que dejaran las cosas claras sobre su infame pariente y, al mismo tiempo, que no regalaran esa información.

Poco después de la publicación de los artículos, William Patrick recibió un telegrama de Alemania: «Padre moribundo, detente. Ven a Berlín de inmediato, detente. Tía Angela».

Según las memorias, el mensaje no era más que una estratagema de Alois y Angela Hitler para asegurarse de que William

Patrick se apresurara a llegar a Berlín para enfrentarse a la ira de su tío. Fueron recibidos en el hotel Kurfürstenhof, en la calle Link, por Rudolf Hess, que hizo pasar a los tres miembros de la familia. Entonces vieron a Adolf Hitler de pie, de espaldas a ellos, vestido con un traje de negocios y mirando por la ventana.

La escena posterior, tal como se la contó su hijo a Brigid, se relata con detalle en el manuscrito:

Adolf se volvió, los miró y empezó a caminar nervioso por la habitación. Esto duró unos cuantos minutos. De pronto, se detuvo bruscamente y gritó:

—¡A mí, precisamente a mí, me tiene que pasar esto!

Pero, en lugar de dar explicaciones, se puso de nuevo a caminar arriba y abajo, murmurando para sí mismo, para las paredes, para el aire, para cualquier cosa menos para sus parientes.

—Estoy rodeado de idiotas. Sí, vosotros, vosotros sois idiotas. Estáis derribando todo lo que he construido con mis propias manos.

El cabello de Adolf le caía sobre la frente, pero esta vez no se molestó en echárselo hacia atrás. Sus brazos agitaban el aire con salvaje violencia. Se volvió hacia Alois:

—Criminal. Has conseguido destrozarlo todo.

—Pero Adolf… —intentó Angela razonar con él. Pero él no le prestó atención.

—¿Quién te ha dado permiso para nombrarte autoridad en mis asuntos privados?

Esto fue tan inesperado que Pat no supo qué decir, pero Alois inmediatamente trató de defenderlo, diciendo que no sabía nada, que no se lo habían dicho.

—Entonces, díselo ahora —rugió Adolf, dándole la espalda a Pat.

Alois explicó que dos días antes la oficina neoyorquina de Hearst había llamado a la Braunhaus de Múnich y exigido hablar personalmente con Adolf Hitler. Querían saber si tenía un sobrino en Londres que fuera una autoridad en la familia Hitler.

Adolf le interrumpió, furioso:

—Me hacen preguntas personales, a mí.

Pat seguía sin entender por qué Adolf estaba tan enfadado. Después de todo, Alois nos había pedido que corrigiéramos una falsa impresión creada por los periodistas ingleses. Pat pensó que le estaba haciendo un favor. ¿Por qué Alois no se lo explicaba?

Pero Adolf no había hecho más que empezar:

—Se están discutiendo mis asuntos personales. Cualquiera puede decir quién soy, dónde nací, a qué se dedica mi familia. No deben enterarse de esta estúpida bigamia. No puedo asumirla. Nadie debe arrastrar mis asuntos privados por los periódicos. Nunca he dicho una palabra que puedan usar, y ahora pasa esto.

—No entiendo nada —le dijo Pat a su padre—. No dije nada excepto la verdad, como tú...

—¡La verdad! —gritó Adolf, casi fuera de sí—. ¡La verdad! Me atacan por todos lados. Tengo que presentarme ante ellos sin la menor mancha, sin el menor defecto. La sombra de una sospecha bastaría para arruinarme. —Su voz vaciló—: ¿No puedes entenderlo? ¿Eres demasiado estúpido? Estoy rodeado de tontos. Mi propia familia me está destruyendo.

Su voz se apagó en un susurro mientras se dejaba caer en una silla, levantando las manos para ocultar su rostro:

—He sido muy cuidadoso. Estoy a un paso de alcanzar la cima. Incluso podría llegar a canciller. Y ahora hay un *sobrino* que le cuenta a todo el mundo los miserables detallitos que quieren saber. Me acosarán.

En ese momento se abrió la puerta y entró un oficial de las SA con un maletín. Adolf miró a su alrededor y le atronó con una violencia que Pat no hubiera creído posible:

—¿Cómo se atreve a entrar aquí? Dejé órdenes de que no me molestaran. ¡Fuera, fuera!

171

Desaparecido el asombrado intruso, Adolf volvió a dejarse caer en la silla. Agarrado al borde del escritorio, empezó a sollozar. Los ojos se le llenaron de lágrimas y gritó ahogado:

—¡Idiotas, idiotas! Lo destruiréis todo. Me arruinaréis vosotros.

Como si hubiera sido torturado más allá de la capacidad humana de soportar, se levantó dolorosamente y jadeó roncamente:

—Me suicidaré. Me pondré una pistola en la cabeza. —Y salió tambaleándose de la habitación por otra puerta.

Aturdido por lo ocurrido, desconcertado por la situación, Pat se volvió hacia Angela:

—Pero ¿qué daño he hecho diciendo la verdad?

—¿Cuál era el título del artículo? —preguntó ella.

—¡Mi tío Adolf!

—No es verdad —le cortó Angela, mirando con dureza a Alois—. Aunque tu padre lo dijera en sus cartas, será mejor que entiendas de una vez por todas que no es cierto. Tu padre no es pariente de Adolf, así que, naturalmente, tú tampoco lo eres. Tu padre tenía un padre diferente y una madre diferente. Simplemente vivió en nuestra familia como hijo adoptivo. Por derecho, no es ningún Hitler y no tiene ninguna justificación para usar ese nombre.

—¿Es eso cierto, padre? —le preguntó Pat a Alois.

—Sí, es cierto.

Unos minutos más tarde, Adolf regresó. Estaba en completo control de sí mismo y se dirigió directamente a Pat:

—Sé que nada de esto es culpa tuya, pero debes ayudarme a arreglar las cosas.

Angela aprovechó este nuevo estado de ánimo para suplicar:

—Tienes razón, Adolf. Después de todo, el chico es inocente. No comprendía que estaba haciendo algo malo cuando le contó a los periodistas que era pariente tuyo. Ahora que ve las cosas con claridad, estoy segura de que estará dispuesto a volver y arreglar las cosas diciendo que estaba mal informado y que se equivocó al afirmar que tenía parentesco contigo.

—Sí —asintió Adolf—. Esa es la única manera de proceder.

Le ofreció la mano a Pat y le habló en un tono muy sincero y serio:

—¿Volverás a Londres y enmendarás esto, aunque en realidad no fue culpa tuya sino de tu padre? Debería haberte dicho la verdad hace mucho tiempo.

Adolf se sentó encima de su escritorio y todos miraron a Pat.

—Cuando vuelvas a Inglaterra, supongo que los periodistas se pondrán en contacto contigo. Todo lo que tienes que hacer es decirles que cometiste un error.

El manuscrito de Brigid se corresponde con un artículo de una revista estadounidense escrito por el propio William Patrick. En el número del 4 de julio de 1939 de *Look*, escribió: «Publiqué algunos artículos sobre mi tío cuando regresé a Inglaterra e inmediatamente me llamaron a Berlín y me llevaron con mi padre y mi tía al hotel de Hitler. Estaba furioso. Caminando de un lado a otro, con los ojos desorbitados y empañados de lágrimas, me hizo prometer que me retractaría de mis artículos y amenazó con suicidarse si se escribía algo más sobre su vida privada».

Brigid afirmó que Hitler le dio dos mil libras a su hermanastro para que se las diera a William Patrick como incentivo para que cumpliera sus órdenes. Pero, en lugar de seguir las instrucciones de su tío y negar su ascendencia, William Patrick se dedicó a intentar demostrar que, de hecho, estaba emparentado con el nuevo canciller alemán.

En el artículo de *Look* explicó: «Cuando vio que Hitler me repudiaba, mi padre también se volvió contra mí y me envió de vuelta a Inglaterra. Entonces me di cuenta de que, si Hitler decidía denunciarme por impostor, mi padre se pondría sin duda de su parte, y que lo que yo necesitaba era una prueba irrefutable de que era sobrino de Adolf Hitler. Como no podía conseguir trabajo en Inglaterra sin cambiar el nombre que no había deshonrado en absoluto y que, por lo tanto, estaba decidido a conservar, pasé el año siguiente reuniendo las pruebas».

William Patrick se puso en contacto con el doctor Frederick Kaltenegger, abogado de la embajada británica en Viena, que localizó certificados de nacimiento tanto de Alois como de Adolf Hitler que mostraban claramente que compartían el mismo padre. William Patrick también localizó actas matrimoniales y de bautismo, que copió, y guardó los originales en un banco londinense.

Tal vez William Patrick fuera temerario, pero regresó a Alemania en 1933 armado con los documentos de su familia y decidido a beneficiarse del encumbramiento de su tío. Si su nombre le perjudicaba tanto en Londres, razonó, debería tener el efecto contrario en Alemania.

Esta vez, tras ser informado de los deberes extracurriculares de historia familiar de William Patrick, Hitler se mostró de un humor cordial y más complaciente, ofreciendo a su sobrino quinientos marcos para instalarse en Berlín y prometiéndole un trabajo. Al parecer, Rudolf Hess recibió instrucciones de ayudar de nuevo al joven Hitler a encontrar trabajo, pero las cosas no salieron como William Patrick esperaba.

En el manuscrito, Brigid afirmaba que su hijo estaba cada vez más desilusionado con su escasa paga y la falta de atención de su tío: «Me hicieron creer que podría ganar un sueldo decente, no solo sobrevivir a duras penas. Si no podía hacer más que pagarme la comida, todo el proyecto era un fracaso», le dijo William Patrick a su madre.

En *Look*, acompañado de una copia de una citación de su tío emitida por el ayudante de Hitler, Wilhelm Bruckner, escribió: «Encontré trabajo en un banco de Berlín y durante un tiempo todo me fue bien, pero no a mi madre, que estaba en Inglaterra. Durante meses, todas mis peticiones de permiso para enviarle dinero fueron rechazadas de plano. Finalmente, en octubre de 1934, recibí la citada citación de Hitler, firmada por Bruckner, su ayudante personal. Mi tío estaba de muy mal humor cuando me recibió. Dijo que mi madre era una mujer sana, que no podía enviar dinero fuera del Reich, ni a ella ni a nadie. Luego, con un lacónico *Heil*, giró sobre sus talones y salió de la habitación».

Las memorias citan a William Patrick diciendo que Hitler tenía una cuenta bancaria personal secreta a nombre del muy inglés Birkenshaw y cuentas conjuntas con varios ayudantes, a pesar de sus afirmaciones de ser el único estadista del mundo sin cuenta bancaria. Parece, sin embargo, que las insistentes súplicas del sobrino debieron de tocar una fibra sensible.

Tras ser continuamente rechazado en sus intentos de ponerse en contacto con Hitler para que aumentara su saldo bancario o lo ayudara a encontrar otro trabajo mejor remunerado, William Patrick decidió regresar a Inglaterra y probar suerte lejos de la siniestra sombra de su tío.

Según recogían las memorias de Brigid: «Pat estaba decidido a dar por concluido todo el asunto y, con este fin, escribió una carta a Adolf, en la que no solo le decía que regresaba a Inglaterra, sino que se desprendía de toda la amargura que había almacenado durante meses. Intentaría encontrar trabajo en Inglaterra, y si no lo conseguía debido a su nombre, haría una declaración pública de que no tenía nada que ver con Adolf Hitler y que no quería tener nada que ver con él».

Más de sesenta y seis años después de que William Patrick escribiera esa «carta de chantaje», fue descubierta por casualidad entre la correspondencia de la hermana de Hitler, Angela. La carta, ahora en el Archivo de Historia Contemporánea de Obersalzbergs, sirve una vez más como confirmación independiente de la exactitud histórica de las memorias, y subraya la temeraria valentía del impetuoso sobrino que se atrevió a desafiar a Hitler.

La carta, fechada el 29 de noviembre de 1934, estaba redactada en alemán y dirigida a Julius Schaub, edecán de Hitler:

Me han dejado claro que no podré dejar el banco Reichs Kredit sin avisar con ocho semanas de antelación. Quería irme de Alemania poco antes de Navidad y le pregunto si puede hacerlo posible.

Pero, en cualquier caso, sería tan imposible para mí vivir en Inglaterra bajo el nombre de Hitler como lo sería para el Führer vivir allí. En realidad, me gustaría empezar de la misma manera que lo hizo mi tío. Quiero dejar absolutamente claro que tengo la intención de distanciarme de la influencia política que ha afectado a mi vida y a la de mi madre durante muchos años. Para aclararlo tengo la intención de hacer una declaración a la prensa inglesa en este sentido para que mi situación en Inglaterra sea más segura.

Por eso debo aceptar que habrá un conflicto entre mi tío y yo. Es inevitable porque esta es la vida que he elegido.

Como quiero pasar las Navidades con mi madre, me es imposible cumplir las condiciones de mi contrato de trabajo. Ya que no tengo ninguna intención de volver al Reich, les pido una vez más que lleven este asunto a buen puerto.

Atentamente,

W. Hitler

La recepción de la carta de William Patrick tuvo consecuencias inmediatas. El ayudante de Hitler, Bruckner, se presentó en el banco al día siguiente para acompañar a William Patrick a la Cancillería.

Bruckner arremetió contra él en cuanto subió al coche privado de Hitler, diciendo: «¡Qué arrogancia, después de todo lo que el Führer ha hecho por usted, escribir semejante carta! ¿No siente vergüenza de haberse atrevido a chantajear al Führer? No le será posible abandonar el país hasta que sepamos lo que se propone contar a la prensa inglesa».

Según las memorias, William Patrick entró a ver a su tío.

—Me escribiste una carta poco cortés —comenzó Adolf—. Debes admitirlo.

—Reconozco que no fue muy cortés —le interrumpió Pat—, pero, después de todo, cuando vine a Alemania me prometieron que podría ganarme la vida y enviar algo extra a mi madre. Si no, nunca habría venido. Sé que podría conseguir un trabajo mejor si usted consintiera. Ahora parece bastante claro que cometí un error. Puedo aceptar una indirecta. Creo que lo mejor sería volver a Inglaterra.

Obviamente molesto, Adolf empezó a hablar en tono conciliador:

—Tienes un trabajo y puedes mantenerte con lo que ganas. ¿Qué más puedes esperar? No me convertí en canciller para beneficiar a mi familia. Debes comprender que un canciller se encuentra en una situación especial. No puedo permitir que digan que favorezco a mi familia. Nadie va a subirse a mi espalda.

La reunión terminó con Hitler advirtiendo a su advenedizo sobrino que estaba recibiendo informes periódicos sobre él y que había sido informado de que William Patrick estaba cayendo en malas compañías. Y añadió: «Por cierto, sobre tu viaje a Inglaterra, estoy seguro de que, cuando lo pienses, cambiarás de opinión. No creo que sea deseable que vayas ahora mismo».

Cuando William Patrick volvió a su trabajo en el banco, descubrió que su salario había sido duplicado por orden del Führer. Junto con el manuscrito de la Biblioteca Pública de Nueva York hay una copia de un giro alemán de cien marcos sellado por el ayudante del Führer, descrito por Brigid como el «primer y último regalo del Führer» para su hijo.

Este primer episodio de chantaje de William Patrick se detalla en varias biografías de Hitler. Ron Rosenbaum, en *Explaining Hitler*, publicado en 1998, encontró particularmente reveladora la comparación entre el tío y el sobrino.

Escribió sobre la «extraña habilidad de William Patrick para hacerse eco de la característica fusión de cobardía y jactancia de su tío Adolf» cuando se describe a sí mismo «como el tipo de persona que podría entrar en la Cancillería del Reich de Hitler y hacer que el furioso Führer del pueblo alemán se acobardara y se sometiera en silencio».

Rosenbaum continúa: «Uno realmente tiene que reírse de esta imagen por su peculiar autoengrandecimiento hitleriano: el pequeño chantajista engreído suponiendo que tiene al Führer conquistador del mundo en sus manos. Si hay algo adolfiano en William Patrick, también hay algo de William Patrick en Adolf; esa combinación de baja astucia y grandiosa imaginación. La mirada que William Patrick Hitler nos ofrece de la mentalidad del chantajista nos acerca al Hitler muniqués. Este es el Hitler que conocieron sus desprestigiados compinches de la Casa Brown [Sede del Partido Nazi en Múnich, destruida por los bombardeos aliados en 1943]».

Curiosamente, en las memorias de Brigid Hitler, no se menciona la otra supuesta trama de chantaje en la que se decía que estaban implicados los dos «parientes problemáticos» de Liverpool, es decir, la sugerencia de que Adolf Hitler tuviera sangre judía, aunque desde entonces ha resultado fundamental para los historiadores a la hora de intentar explicar la retorcida psique de Hitler.

Dos semanas más tarde, justo cuando había empezado a investigar la historia del abuelo judío, mi fax emitió un mensaje de la empresa de genealogía para informar sobre sus investigaciones en Irlanda.

Habían encontrado dos Bridget Dowling, una era hija de William Dowling y Elizabeth Reynolds, de Dublín, lo que parecía correcto porque, en el certificado de matrimonio de Brigid, figuraba como William el nombre de su padre. Pero la fecha de nacimiento era el 3 de julio de 1901, lo que la convertía en una niña de diez años cuando tuvo a William Patrick. La otra Bridget Dowling nació el 6 de enero de 1890, hija de William Dowling, policía, y Esther Cullan, lo que parecía más probable. El fax terminaba: «¿Desea que continuemos con nuestras pesquisas? Si es así, póngase en contacto con nosotros en relación con un pago adicional». Respiré hondo, cogí el teléfono y prometí enviar otras trescientas libras. Al día siguiente me llamaron de la empresa de genealogía para decirme que había un error y que la primera Bridget Dowling, hija de Elizabeth Reynolds, había nacido el 3 de julio de 1891, no de 1901. Así que tenía dos posibles fechas de nacimiento de la madre de William Patrick.

Una semana más tarde, recibí otro fax de un contacto que me decía que había encontrado al hombre que yo buscaba. Mi euforia momentánea pronto se desinfló al darme cuenta de que el William Patrick Dowling que había localizado era el de Connecticut que habíamos investigado varios años antes. Llamé al investigador para decirle que no perdiera más tiempo con eso y él insistió en que tenía otro «fascinante» avance en el caso: Patrick Dowling estaba vivo y vivía en Malasia.

No era del todo imposible que William Patrick hubiera acabado en Extremo Oriente. Había servido en la Marina, y bien podría haber estado en esa parte del mundo luchando contra los japoneses. Sin duda le habría ofrecido una escapatoria de la carga de su nombre. Volví a teclear Patrick Hitler en el motor de búsqueda con la remota posibilidad de que apareciera un recorte de periódico de Malasia y, para mi sorpresa, aparecieron tres artículos del *New Straits Times*.

Resulta que el entrenador de un equipo de fútbol llamado Sarawak, un inglés de nombre Alan Vest, estaba pensando en utilizar a varios jugadores jóvenes para «reforzar» su defensa, entre ellos un portero de talento, Patrick Hitler. El recorte era de marzo de 1998, cuando el Patrick Hitler que yo buscaba tendría ochenta y siete años. Llamé a mi contacto y le dije que siguiera buscando.

Era una tarde tranquila y pasé la mayor parte del tiempo al teléfono con Washington, intentando obtener algunos detalles sobre la carrera naval de William Patrick. Pasando de un departamento a otro, no llegaba a ninguna parte. No parecía haber ningún registro de un William Patrick Hitler y un empleado del Gobierno incluso mencionó un incendio en 1972 en un almacén de archivos de San Luis que podría haber destruido el archivo. De todos modos, seguí preguntando y me pusieron en espera mientras otro burócrata me decía que no estaba en el departamento adecuado. Mientras esperaba, me fijé en un añadido a una página web de genealogía en la que había estado buscando Hitler desaparecidos. La base de datos de defunciones de la Seguridad Social contenía millones de nombres de personas fallecidas en Estados Unidos, junto con sus números de la Seguridad Social y el prefijo de la ciudad en la que habían muerto.

Puse el nombre de William Patrick, con todas sus variantes, resultó en vano. Había diez Hitler, todos fallecidos entre 1887 y 1947, pero ninguno de ellos parecía relacionado en modo alguno con el sobrino británico. Entonces tecleé el nombre de Brigid y un registro apareció resaltado en la pantalla. La fecha de nacimiento era el 3 de julio de 1891, lo que coincidía con la edad de matrimonio con Alois mencionada en las memorias. También coincidía con la fecha de nacimiento corregida de una de las Bridget Dowlings de Dublín desenterradas por la empresa de genealogía de Londres. La fecha de fallecimiento era noviembre de 1969. Y lo que es más importante: se incluyó un prefijo de Nueva York para su domicilio en el momento de su muerte.

Después de tres años y medio de callejones sin salida, pude ver un resquicio de luz. Por fin, sentía que mi serpenteante investigación iba en la dirección correcta. Pero, con el Hitler malayo aún fresco en mi mente, no iba a contener la respiración.

CAPÍTULO XI
¿TENÍA HITLER SANGRE JUDÍA?
16 de octubre de 1946. Núremberg, Alemania

E se día Hans Frank, el Carnicero de Polonia, fue ahorcado junto con otros ocho dirigentes nazis. A pesar de su conversión al catolicismo y su declaración de que «pasarán mil años y la culpa de Alemania no se borrará», no había duda de que la horca sería su destino.

Tuvo una muerte horrible, colgando y retorciéndose en la cuerda durante casi veinte minutos antes de que su corazón se detuviera. No obstante, una de las historias que contó en sus memorias sigue dividiendo a los historiadores que buscan los orígenes de la maldad de Hitler hasta el día de hoy.

Se refería a una investigación de alto secreto que Frank recibió la orden de llevar a cabo en 1930 después de que Hitler recibiera una «repugnante amenaza de chantaje» de su «repugnante pariente».

Esta referencia a William Patrick se hizo después de que supuestamente escribiera a Adolf Hitler señalando «circunstancias muy extrañas en nuestra historia familiar», a saber, la posibilidad de que el abuelo de Hitler hubiera sido un judío austriaco llamado Frankenberger.

En el relato de dos páginas escrito desde su celda en el corredor de la muerte, Frank escribió: «Un día, más o menos hacia finales de 1930, fui llamado a la residencia de Hitler en Prinzregentenplatz. Me habló, con una carta que tenía delante, de una "repugnante trama de chantaje" perpetrada por uno de sus parientes más repugnantes con respecto a su propia ascendencia».

Frank dijo que el pariente en cuestión era «un hijo del hermanastro de Hitler, Alois, que estaba insinuando amablemente que, en vista de ciertas acusaciones aparecidas en la prensa, sería mejor que determinados asuntos familiares no se airearan a los cuatro vientos. Los artículos en cuestión sugerían que Hitler tenía sangre judía en las venas y, por tanto, no estaba cualificado para ser antisemita. Pero estaban redactados en términos tan generales que no se podía hacer nada al respecto. En el fragor de la batalla política, el asunto quedó en nada. De todos modos, esta amenaza de chantaje por parte de un pariente era un asunto un tanto peliagudo. A petición de Hitler, hice algunas averiguaciones confidenciales».

Frank no ofreció detalles sobre su investigación, simplemente dijo que había consultado «todo tipo de fuentes», incluidas las cartas entre la abuela de Hitler y una familia judía que obtuvo de un pariente de Hitler que vivía en Austria. No obstante, escribió:

Una investigación intensiva arrojó la siguiente información: el padre de Hitler era hijo ilegítimo de una mujer llamada Schicklgruber, de Leonding, cerca de Linz, que trabajaba como cocinera en una casa de Graz… Sin embargo, la parte más extraordinaria de la historia es la siguiente: cuando la cocinera Schicklgruber (la abuela de Adolf Hitler) dio a luz a su hijo, estaba al servicio de una familia judía llamada Frankenberger. Y en nombre de su hijo, que entonces tenía unos 19 años, Frankenberger pagó una pensión alimenticia a Schicklgruber desde el nacimiento del niño hasta sus 14 años. Durante varios años, los Frankenberger y la abuela de Hitler se escribieron, y el tenor general de la correspondencia delataba por ambas partes el reconocimiento tácito de que el hijo ilegítimo de Schicklgruber había sido engendrado en circunstancias que hacían a los Frankenberger responsables de su manutención... Por tanto, no se puede descartar la posibilidad de que el padre de Hitler fuera medio judío como resultado de la relación extramatrimonial entre la mujer de Schicklgruber y el judío de Graz. Esto significaría que Hitler tenía sangre judía.

Según Frank, cuando informó a su jefe, Hitler le dijo que estaba al corriente de los pagos de subsidios por hijos y se jactó de que su familia engañara a los Frankenberger haciéndoles creer que el niño era suyo para poder sacarles dinero.

Adolf Hitler dijo que sabía que su padre no era fruto de las relaciones sexuales entre la mujer de Schicklgruber y el judío de Graz. Lo sabía por lo que le contaron su padre y su abuela. Sabía que su padre era fruto de una relación prematrimonial entre su abuela y el hombre con el que luego se casó. Pero ambos eran pobres y el dinero de la manutención que el judío pagó durante varios años era un complemento muy deseable para un hogar sumido en la pobreza. Estaba en condiciones de pagar, y por esa razón se había declarado que era el padre. El judío pagó sin acudir a los tribunales probablemente porque no podía hacer frente a la publicidad que conllevaría un acuerdo judicial.

La historia explicaría sin duda la cautela de Hitler al tratar con William Patrick, y Frank no tenía ninguna razón evidente para contradecir a su líder o inventar algo así. Pero sus memorias están plagadas de inexactitudes e incluso su propio hijo, Niklas, que tenía siete años cuando su padre fue ahorcado, mantuvo que era un mentiroso empedernido. Niklas recuerda la última vez que vio a su padre:

Cuando nos permitieron verlo por última vez en Núremberg antes de su ejecución, supe que moriría ahorcado. Me dijo: «Bueno, Nikki, pronto volveremos a estar todos juntos por Navidad». Si me hubiera dicho: «Querido Nikki, seré ejecutado porque hice cosas terribles. No lleves el tipo de vida que yo llevé». Pero me fui de este último encuentro furioso. Estoy en contra de la pena de muerte, pero creo que la ejecución de mi padre estaba totalmente justificada.

En su biografía, *Hitler 1889-1936*, el historiador británico Ian Kershaw rechaza categóricamente las afirmaciones de Frank: «El abuelo de Hitler, quienquiera que fuera, no era un judío de Graz». Kershaw dijo que no había ninguna familia judía llamada Frankenberger viviendo en Graz durante la década de 1830, y añadió que no se permitió a ningún judío vivir en esa parte de Austria hasta la década de 1860. También cuestionó la versión de Frank de que su abuela le había contado a Hitler que la historia no era cierta, ya que su abuela llevaba muerta más de cuarenta años cuando Hitler nació. En cuanto a si Hitler recibió una carta de chantaje de parte de William Patrick, Kershaw escribió: «Si ese fue el caso, entonces Patrick —que, en repetidas ocasiones, se puso en evidencia gorroneando a su famoso tío— tuvo suerte de sobrevivir a los años siguientes, que pasó en su mayor parte en Alemania, y de poder abandonar el país para siempre en 1938. Sus revelaciones, publicadas en agosto de 1939 en una revista de París, no contenían nada sobre la historia de Graz. Tampoco las diversas investigaciones de la Gestapo sobre los antecedentes familiares de Hitler en los años treinta y cuarenta contenían referencia alguna a los supuestos antecedentes de Graz».

Otro experto en Hitler, Bradley F. Smith, llegó a una conclusión similar en su libro *Adolf Hitler, His Family, Childhood and Youth*: «Asumió importancia para Frank, que buscaba una forma de escapar de sus sentimientos de culpa, y, por supuesto, ha sido aprovechado por los antinazis como la ironía final en la carrera de Hitler. Puede que incluso proporcione un pequeño consuelo a sus víctimas supervivientes. Por desgracia, también parece muy poco probable y, sin pruebas que lo corroboren, debe considerarse inadmisible en el canon hitleriano».

Smith sostenía que había pocas posibilidades de que se resolviera el misterio del abuelo de Hitler. Las memorias de Frank solo recibieron mayor atención cuando fueron publicadas por su familia bajo el título *Im Angesicht des Galgens* (Ante la horca) en 1953. Para entonces, la única persona implicada que podía arrojar nueva luz sobre la historia era William Patrick Hitler, y nunca se volvió a saber de él después de que la Marina estadounidense lo pusiera en libertad en 1946.

¿Y los otros Hitler? Irónicamente, fue la determinación de Adolf de distanciarse de su familia lo que les salvó de graves recriminaciones cuando la Segunda Guerra Mundial tocaba a su fin. Con la excepción de Brigid y William Patrick, todos los demás miembros cercanos de la familia habían permanecido en Alemania y Austria, pero ninguno había recibido cargos de importancia en el Tercer Reich.

No era solo el rumor del abuelo judío lo que había perseguido a Hitler. También había rumores generalizados de que algunos de sus familiares estaban trastornados. En enero de 1944, el jefe de la Gestapo, Heinrich Himmler, envió a Martin Bormann un informe de alto secreto que contenía afirmaciones infundadas de que su jefe tenía parientes que eran «medio estúpidos y dementes». En vista de la dureza con que los nazis trataban a los enfermos mentales, se propuso que las acusaciones, fueran ciertas o no, se mantuvieran estrictamente en secreto para evitar situaciones embarazosas.

En un memorándum de la OSS del 3 de diciembre de 1942 sobre el tema «Bosquejos biográficos de Hitler y Himmler», el experto en antropología de Roosevelt Henry Field escribe que «un vistazo al árbol genealógico de Hitler revela el hecho de una reproducción casi incestuosa».

Continúa citando a Brigid Hitler como una fuente clave:

La madre de Hitler, Klara Pölzl, según la señora Brigid Hitler (madre de Patrick Hitler), tenía sangre checa, además de ser pariente consanguínea de su marido, Alois Schicklgruber, posteriormente legitimado a Hitler.

El padre de Hitler era veintitrés años mayor que su esposa y tenía cincuenta y dos años cuando nació Adolf Hitler en 1889. Todas las pruebas disponibles apuntan a que este matrimonio fue infeliz. El único hecho que parece emerger de la nube que cubre este matrimonio es que el padre de Hitler era un sádico. El Dr. Sedgwick se enteró de este hecho por la señora Brigid Hitler, exesposa de Alois Hitler II, hermanastro de Adolf Hitler.

El 10 de agosto de 1937 visitó al Dr. Sedgwick en su casa de Londres y le contó que su exmarido Alois había descrito a su propio padre como una persona de temperamento muy violento que tenía la costumbre de pegar a su perro hasta que este mojaba la alfombra. También pegaba a sus hijos y, en ocasiones, llegaba a golpear a su esposa.

De este modo queda claro el patrón. Por un lado, estaba el padre odiado y, por el otro, la madre reprimida, que muy posiblemente disfrutaba de este trato, y el joven Adolf, que en esta época acababa de alcanzar la pubertad, y era de naturaleza opuesta a su padre. El resultado de esta situación doméstica en Hitler fue una mezcla del complejo de Narciso y de Edipo.

Field vuelve a referirse a Brigid cuando escribe:

Brigid Hitler es la esposa de Alois Hitler II, siete años mayor que su hermanastro, Adolf. Separada de su marido, se encuentra ahora en Estados Unidos con su hijo, Patrick Hitler, autor del libro *I Hate my Uncle*.

La señora Brigid Hitler nació en Dublín en 1894. La última vez que se supo de su marido, este tenía un restaurante en Berlín. Se le permitió regresar a Berlín en 1937, donde abrió un restaurante en la Kurfuerstendamm, cerca de la Gedächtnis-Kirche del Kaiser Wilhelm, frecuentado por hombres de las SA y las SS. El nombre de Hitler no aparece en relación con este restaurante, pero es bien sabido que el propietario es un hermanastro de Hitler, al que ha recibido en la Cancillería.

Durante su juventud, Alois Hitler II tuvo varias condenas por robo y posteriormente se marchó a Dublín, donde trabajó de camarero y conoció y se casó con Brigid cuando ella tenía diecisiete años, en 1911. Dos años más tarde fue expulsado de Inglaterra acusado de ser un *souteneur*. Por supuesto, en *Mein Kampf*, Hitler nunca menciona a su hermanastro, Alois II, que podría considerarse el cadáver dentro del armario de la familia Hitler.

Souteneur es un término derivado del francés que significa «proxeneta». Nunca se ha expresado públicamente en ningún otro lugar, pero podría explicar por qué el matrimonio de Alois con Brigid terminó tan abruptamente con su marcha del Reino Unido. Desde luego, no es un motivo de orgullo y, para muchas familias, Alois también sería un cadáver en el armario. Pero resulta insignificante cuando tu hermanastro es Adolf Hitler.

Field escribe que Alois y Adolf pasaron tiempo juntos en Viena antes de la Primera Guerra Mundial: «Durante el llamado periodo vienés, la señora Brigid Hitler afirma que Adolf Hitler vio mucho a su hermanastro criminal Alois II, que vagabundeaba por Viena. En opinión del Dr. Sedgwick, es poco probable que Hitler se entregara a ninguna relación homosexual en esta época, sino que más bien representaba, como hoy, el tipo de Narciso egocéntrico y masturbador con ansias de mujer imposible y ocasionales arrebatos histéricos de naturaleza sadomasoquista».

Field escribe que una vez le preguntaron a Hitler por qué no se casaba y este respondió: «El matrimonio no es para mí y nunca lo será. Mi única novia es mi patria».

Escribe que Hitler se paseaba a menudo con un látigo, gesticulando con él en compañía de mujeres: «Todo este manejo del látigo parece estar relacionado con un deseo oculto por parte de Hitler de alcanzar algún tipo de erección que supere su complejo fundamental de inferioridad sexual. La verdad es que, con toda probabilidad, Hitler se encuentra todavía en la etapa de la pubertad y, en el sentido esencial de la palabra, sigue siendo virgen».

Alois abrió un restaurante en Berlín en 1937 y consiguió mantenerlo en funcionamiento durante la guerra. Un artículo publicado en la edición del 18 de septiembre de 1937 del *Daily Telegraph* destacaba la diferencia entre los hermanos Hitler:

> Herr Alois Hitler, el hermanastro hostelero del Führer, con un nuevo restaurante en Berlín, habla bien inglés. Estuvo ocho años en Inglaterra antes de la guerra estudiando hostelería.
>
> Según me confió una noche en su original restaurante en el barrio más pobre de Berlín: «¿Cómo no voy a hablar bien inglés si me enamoré de unas cuantas chicas inglesas en aquella época?». Herr Alois Hitler toca la concertina, lleva un bigote al auténtico estilo familiar y tiene sentido del humor. Es varios años mayor que el Führer. Sin embargo, no se aprovecha de la relación con su hermanastro, quien, de hecho, no mantiene contacto con él.
>
> Recuerdo que una vez un turista americano le comentó en voz alta: «Oiga, a ver si lo he entendido bien. ¿Dice usted que es hermano del canciller del Reich?».
>
> Herr Alois respondió con tranquila dignidad: «En esta taberna soy el propietario, nada más».

Aunque Adolf Hitler no ocultaba su disgusto por los negocios de su hermano en el elegante West End de Berlín, el restaurante se convirtió en uno de los favoritos de los dirigentes nazis. Al final de la guerra, intentó pasar desapercibido entre las fuerzas de ocupación cambiando su nombre por el de Eberle, pero fue detenido en la zona de Hamburgo por estar en posesión de documentos de identidad falsos. En julio de 1945 fue retenido por el 21.º Destacamento del Ejército británico e interrogado durante un par de semanas antes de ser liberado. Supuestamente les dijo a sus captores: «Adolf parecía avergonzado de tener un hermano propietario de una tienda de vinos». Una declaración emitida en aquel momento por las autoridades del Gobierno militar británico decía que estaba claro que Alois había llevado «una existencia perfectamente intachable, y estaba absolutamente preocupado por ser asociado de alguna manera con las actividades del antiguo Führer».

Ese mismo año solicitó permiso para cambiar su nombre por el de Hiller, alegando: «El nombre de Hitler ha sido a veces una fuente de vergüenza para mí. En Berlín tenía un restaurante con el nombre Alois en grandes letras de neón, y el apellido Hitler en letra minúscula. La gente solía esperar durante horas con la esperanza de que apareciera el Führer, pero nunca vino. Nunca he visto a mi hermano desde que éramos niños y vivíamos juntos en Linz».

Aunque es cierto que Hitler nunca dio ningún poder a su hermano y se aseguró de que quedara al margen, Alois estuvo sin duda en contacto con Adolf. Durante la guerra, se insinuó que a veces incluso se hacía pasar por él. Se dice que Alois se puso el uniforme de Adolf y salió al pórtico de Berchtesgaden para recibir el saludo de la multitud reunida abajo. Con su bigote de imitación, el hermano mayor daba al parecer una imagen muy creíble del Führer.

En noviembre de 1953, cuando presumiblemente habían pasado suficientes años para que Alois fuera un poco más audaz, estaba preparado para ser reconocido como un Hitler. Regentaba una cervecería en Múnich bajo el nombre de Hans Hiller y protestó por un documental sobre su hermano, *Five Minutes Past Twelve*, que mostraba escenas íntimas de la vida privada de la amante de Hitler, Eva Braun. Irónicamente, Alois se quejó de que el programa «desacreditaba» el nombre de la familia.

Dos años más tarde, Alois había recuperado su antigua adoración por su hermanastro. Dirigía una oscura organización política ultranacionalista llamada Partido Nacional Demócrata y vendía fotos de Hitler de tamaño postal a turistas extranjeros en su último bar, en Hamburgo. Una revista alemana informó sobre la supuesta presencia de Alois en 1968, pero sus familiares afirman que murió doce años antes, en 1956.

El hijo de Alois, Heinz, contraído en su segundo matrimonio, luchó en el frente ruso en la Segunda Guerra Mundial y fue capturado por los soldados soviéticos. Murió en cautiverio.

Paula, la hermana mayor de Adolf, murió en 1960, a los sesenta y cuatro años. Según sus memorias, Brigid pasó varios días con ella en Viena en los años treinta, y William Patrick mantenía un estrecho contacto con la solterona cuando estaba en Alemania. Junto con Alois, fue la principal fuente de historias familiares transmitidas a William Patrick y a su madre. Católica devota, condenaba los ataques de su hermano a la Iglesia y mantuvo su independencia, insistiendo en permanecer en Austria a pesar de las repetidas demandas de Hitler para que viviera en su refugio alpino de Berchtesgaden.

Paula fue interrogada y puesta en libertad el 12 de julio de 1945 por un agente de inteligencia de la 101.ª División Aerotransportada. Su declaración confidencial no menciona a Brigid ni a William Patrick, pero su lectura es fascinante y ofrece una idea real del trato que Hitler daba incluso a sus parientes más cercanos:

Nací en la finca de mi padre, en Hartfeld, Austria, en 1896. Mi padre tenía sesenta años en el momento de mi nacimiento. Murió cuando yo tenía dieciséis años. No sé nada de la familia de mi padre.

Mi hermano y yo pasábamos poco tiempo juntos, pues él era siete años mayor. Asistía a la Realschule de Estiria y solo estaba en casa durante las vacaciones. La muerte de mi madre nos impresionó enormemente a Adolf y a mí. Ambos nos sentíamos muy unidos a ella. Nuestra madre murió en 1907, y Adolf jamás volvió a casa.

Como era mucho más joven que mi hermano, nunca me consideró su compañera de juegos. Él desempeñaba un papel protagonista entre sus primeras amistades. Su juego favorito era el de policías y ladrones, y ese tipo de cosas. Tenía muchos amigos. No sabría decir qué ocurría durante sus juegos, pues nunca estuve presente.

De niño, Adolf siempre llegaba tarde a casa. Todas las noches recibía unos azotes por no llegar a tiempo.

Cuando mi hermano terminó la escuela, se fue a Viena. Quería ir a la Academia y ser pintor, pero no lo consiguió. Mi madre estaba muy enferma. Estaba muy unida a Adolf y quería que se quedara en casa. Por eso se quedó. Dejó la casa tras su muerte en 1907. Nunca lo vi desde 1908 hasta 1921. No tengo ni idea de lo que hizo en esa época. Ni siquiera sabía si estaba vivo. Me visitó por primera vez en 1921. Le dije que habría sido mucho más fácil para mí si hubiera tenido un hermano. Me contestó: «Yo no tenía nada. ¿Cómo podría haberte ayudado? No te hablé de mí porque no podía ayudarte». Como mi padre era funcionario, recibíamos una pensión de cincuenta coronas. Esto debería haber sido dividido entre Adolf y yo. Yo no podría haber hecho nada con veinticinco coronas. Mi tutor sabía que Adolf se mantenía en Viena como obrero. Adolf fue entrevistado y renunció a su mitad en mi favor. Como yo iba a la Escuela Superior de Niñas, el dinero me vino muy bien. Le escribí una carta en 1910 o 1911, pero nunca me contestó.

Nunca tuve intereses artísticos. Sabía dibujar bastante bien y aprendía con facilidad. Mi hermano era muy bueno en algunas asignaturas y muy flojo en otras. Se le daban mal las matemáticas y, que yo recuerde, también la física. Sus suspensos en matemáticas preocupaban a mi madre. Le encantaba la música. Ya entonces prefería a Wagner. Wagner siempre fue su favorito.

Mi hermano vino a Viena en 1921 con el propósito expreso de verme. Al principio no le reconocí cuando entró en casa. Me quedé tan sorprendida que solo podía mirarle. Era como si me hubiera caído un hermano del cielo. Ya estaba acostumbrada a estar sola en este mundo. En aquel momento era encantador. Lo que más me impresionó fue que me acompañara de compras. A cualquier mujer le gusta ir de compras.

No le veía con regularidad. Un año más tarde volvió a visitarme. Fuimos a la tumba de nuestros padres, cerca de Linz. Él quería ir allí. Luego nos separamos, él se fue a Múnich, y yo, a Linz. Lo visité en Múnich en 1923. Esto fue antes del 9 de noviembre. Seguía pareciéndome el mismo. Sus actividades políticas no lo habían cambiado. La siguiente vez que lo vi fue en la calle Dirsch de Múnich. La única persona a la que reconocí entre sus amigos políticos fue a Schwarz, el tesorero del Partido. La siguiente vez que lo vi fue en el Día del Partido en Núremberg. Era la primera vez que me invitaba a un Día del Partido. Recibí mis entradas como cualquier otra persona.

[En este punto, el interrogador comenta: «Hemos encontrado algunas cartas de su hermano dirigidas a usted. Son muy cortas. Una señora que trabajó con él dijo una vez que no tenía ningún sentido de la familia»]. Algo de eso hay. Creo que lo heredó de nuestro padre. Tampoco se preocupaba por nuestros parientes. Solo los parientes por parte de madre estaban cerca de nosotros. Los Schmied y los Koppenstein son nuestros parientes más queridos, sobre todo un primo Schmied que se casó con una Koppenstein. Yo no conocía a nadie de la familia de mi padre. Mi hermana Angela y yo decíamos a menudo: «Nuestro padre debe tener parientes, pero nosotras ni siquiera los conocemos». Yo misma tengo un sentido de la familia. Me gustan mis parientes del Waldviertel, los Schmied y los Koppensteins.

Solía escribirle a mi hermano una felicitación de cumpleaños. Luego él me escribía una breve nota y me enviaba un paquete. Este contenía jamón español, harina, azúcar o algo parecido que le habían regalado por su cumpleaños.

No veía muy a menudo a mi hermanastra, la señora Angela Hamitzsch. Vivía en Dresde. Tenía hijos y estaba felizmente casada. Pasé con ella los últimos días antes de la llegada de los americanos, ya que también estaba en el Berchtesgadener Hof [un hotel regentado por los nazis en Berchtesgaden].

Durante el Día del Partido en Núremberg, mi hermano me recibió en su hotel, el Deutscher Hof. Me escribía muy poco, porque le daba «pereza escribir». Me escribía unas pocas palabras y solo una vez al año.

A partir de 1929 lo vi una vez al año hasta 1941. Nos vimos una vez en Múnich, otra en Berlín y otra en Viena. Me reuní con él en Viena después de 1938. Su rápido ascenso en el mundo me preocupaba. Debo confesar honestamente que habría preferido que hubiera continuado con su vocación original y se hubiera convertido en arquitecto. [El interrogador interrumpió para decir que esta era una afirmación muy habitual]. Le habría ahorrado al mundo muchas preocupaciones.

Mi hermano no siguió una dieta especial en su juventud. Nuestra madre nunca lo hubiera permitido. Nunca le gustó mucho la carne. Supongo que más tarde se hizo vegetariano a causa de una dolencia estomacal.

La primera vez que mi hermano me propuso cambiar de apellido fue en los Juegos Olímpicos de Garmisch. Quería que viviera con el apellido Wolff y mantuviera la discreción más absoluta. Para mí fue suficiente. Desde entonces mantuve ese nombre. Añadí el de señora porque me pareció menos llamativo. También me ordenaron permanecer en silencio cuando me trasladaron de mi casa en Austria al Berchtesgadener Hof.

Perdí mi empleo en una compañía de seguros vienesa en 1930, cuando se supo quién era mi hermano. Desde entonces hasta el

Anschluss me dio una pensión mensual de quinientos marcos al mes. En 1940 fui a Berlín a ver a mi hermano. Nunca estuve bajo la vigilancia del Sicherheitsdienst. Siempre pude moverme libremente. Una vez vino la policía criminal a controlar a todos los huéspedes cuando vivía en un hotel de Múnich durante la visita de Mussolini. Ni siquiera ellos sabían quién era Frau Wolff.

Soy católica, y la Iglesia es mi mayor interés. Mi hermano también era católico, y creo que nunca dejó la Iglesia. No lo sé con seguridad.

Los últimos años trabajé como mecanógrafa en un hospital. Mi hermano lo sabía. Estaba totalmente de acuerdo en que trabajara por mi cuenta. Más tarde tuve que dejarlo porque era demasiado para mi salud.

Mi llegada a Berchtesgaden fue muy extraña. Estaba en mi casa de la Baja Austria, entre Viena y Linz. Quería quedarme en casa. Es muy importante que alguien mantenga su huerto en orden y vea que todo prospera.

Una mañana de mediados de abril de este año, un turismo se detuvo ante la puerta. Un conductor entró en la casa y me dijo que tenía el encargo de llevarme al Obersalzberg. Debíamos partir en dos horas. Me quedé asombrada, pues no había hecho preparativos. Le dije que en ningún caso podría irme en dos horas. Entonces accedió a partir en coche a la mañana siguiente. No sé quién era el conductor. Creo que el coche era un Mercedes. También había un segundo conductor en el coche.

[El interrogador, que cree que el viaje fue organizado por Martin Bormann y que la señorita Hitler corría un gran riesgo de ser asesinada, preguntó entonces: «¿Eso lo ordenó Martin Bormann?»].

No sé nada de eso. Apenas conocía a Bormann. Cuando estábamos a mitad de camino hacia Berchtesgaden, el conductor me dijo que no contaban con que yo accediera. Le dije: «¿Por qué no me lo dijo antes? En ese caso, no habría venido». El conductor no iba armado y he olvidado su aspecto.

Solo vi a Eva Braun una vez. Fue en 1934, en Nuremberg. Mi hermano nunca habló del tema conmigo. Nunca he visitado la casa de mi hermano en el Obersalzberg, ni con él ni ahora que los americanos están aquí. Nunca fui invitada. Cuando llegué al Dietrich Eckert Hatte, donde me alojó Farbe, del Berchtesgadener Hof, nadie sabía quién era yo. Comía en mi habitación y no hablaba con la gente. Allí no conocía a nadie. Ahora estoy aprendiendo inglés. Todavía tengo que repasar el vocabulario de hoy. Estudié inglés en el colegio, pero por desgracia lo he olvidado casi todo.

El destino personal de mi hermano me afectó mucho. Seguía siendo mi hermano, pasara lo que pasara. Su final me causó una pena indescriptible, como hermana. [En este punto, la señorita Hitler rompe a llorar y se da por concluido el interrogatorio].

La hermanastra mayor de Hitler, Angela, que compartía madre con Alois hijo, era la más cercana a él y trabajó durante años como su ama de llaves. Murió en 1949.

Fue la desafortunada hija de Angela, Angelica, la protagonista de otro siniestro misterio del pasado de Hitler que nunca se resolvió. Una vez más, William Patrick desempeñó un papel fundamental.

En sus giras de conferencias por Estados Unidos en los primeros años de la guerra, las revelaciones de William Patrick sobre el presunto asesinato perpetrado por Hitler de su sobrina y amante, Geli Raubal, fueron un tema central de sus charlas. Geli fue hallada muerta el 14 de septiembre de 1931, a la edad de veintitrés años, en el piso de Múnich que compartía con Hitler, con su revólver en el suelo y una carta sin terminar sobre la mesa. Se dice que la muerte tuvo un efecto devastador en Hitler. Pero William Patrick sugirió que su tío desempeñó un papel mucho más siniestro en la muerte de Geli de lo que se había creído hasta entonces.

Tras un discurso en Canadá en 1939, el *Toronto Globe and Mail* informó:

> El crimen más ruin imputado al canciller alemán, dijo su sobrino, fue el asesinato de Angelica Raubal, sobrina del Führer y prima hermana de William Patrick: «Esta joven era una gran favorita de Hitler. Sentía un afecto de lo más antinatural por ella. La encontraron muerta, con un disparo en el corazón, en su casa. Un revólver del ejército de Hitler fue hallado en la habitación. Cuando declararon su muerte, Hitler sollozando, salió corriendo de su casa y casi se desplomó en brazos de Goering, que se hizo cargo de todos los preparativos del entierro de la chica. En la Alemania nazi tienen una manera de arreglar estos asuntos».

Fue a Geli a quien William Patrick conoció en uno de sus primeros viajes para ver a su padre en Alemania. Las memorias de Brigid Hitler ofrecen una versión de la muerte de Geli que, según ella, le contó a su hijo la segunda esposa de Alois, Hedwig.

La mujer a la que William Patrick conocía como Maimee dijo que Hitler se enfureció cuando Geli le dijo que estaba embarazada de su profesor de música judío, e intentó atacarla con una fusta antes de ser detenido por su hermana Angela. Esa misma noche, Hitler y Geli se pelearon a gritos en la habitación de ella en su apartamento de la calle Prinzregenten.

Angela se marchó al refugio de Hitler en la montaña, pero Geli se quedó. A la mañana siguiente, el ama de llaves regresó al apartamento y encontró todo revuelto. Según las memorias de Brigid:

> En cuanto Angela advirtió lo ocurrido, corrió hacia la habitación de Geli, pero no la dejaron entrar. Golpeando la puerta con los puños, exigió ver a su hija, pero la retuvieron fuera, aunque Geli vivió algunas horas más.

Solo Adolf y el Dr. Brandt permanecieron con la moribunda. De pronto se abrió la puerta. Adolf estaba en el umbral, con los ojos inyectados en sangre, la cara pálida como la cera y el pelo enmarañado.

Al ver a su hermana, retrocedió bruscamente hacia Hermann Goering, que se encontraba a poca distancia, y desplomándose sobre los hombros de este comenzó a llorar histéricamente diciendo: «Está muerta, está muerta».

Angela, que se había dirigido automáticamente hacia la habitación de su hija, al ver salir a Adolf, se detuvo ante él, sintiéndose incapaz de dar un paso más.

—¡Está muerta! —gritó Adolf—. Y yo soy su asesino.

Ante estas palabras, intervino Goering:

—Estás alterado, Adolf. No debes decir algo así. Frau Raubal podría malinterpretar. Dile la verdad: Geli se suicidó. —Se volvió hacia Angela—: Mi Führer ni siquiera estaba aquí.

El énfasis de Goering en el hecho de que Adolf no estuviera presente cuando Geli fue tiroteada se convirtió en la coartada de Adolf. Él no estaba allí cuando sucedió. Según el relato de la fatal velada que Angela hizo público, Adolf se marchó a Múnich y luego Geli se suicidó.

—No sé lo que pasó aquella noche —me dijo Pat con voz preocupada—,no tuve tiempo de averiguarlo, pero, por lo que me contó Maimee, no veo cómo pudo ser un suicidio.

Más adelante en el manuscrito, Brigid relata una conversación que mantuvo con su cuñada, Paula Hitler, quien supuestamente afirmó rotundamente que su hermano había matado a Geli. Paula le dijo a Brigid que los altos mandos nazis habían inventado la historia del embarazo para explicar el suicidio de Geli. En las memorias se citan las siguientes palabras de Paula: «Estaba enamorado de ella, de su propia sobrina. Cuando me enteré, le rogué a Angela que me enviara a Geli a Viena. Según

Angela, la pistola se disparó por accidente mientras ambos forcejeaban. Estaba en la mano de Adolf».

De la historia del embarazo, según las memorias de Brigid, Paula dijo: «No hay ni una palabra de verdad en ella. Esa ficción fue difundida por Goering para establecer una posible causa de suicidio. Angela siempre protegió a Adolf y encontró excusas para él. Y es difícil encontrar excusas para un hombre que blande un revólver durante una discusión con un miembro de su propia familia, en su propia casa. ¡Ay, qué tonta es Angela. Adolf la maneja, como hizo con mi madre. No importa lo que él haga, ella lo defiende y le da la vuelta a todo para que parezca correcto. Era un escándalo que él anduviera por ahí con Geli, pero Angela lo dejó pasar. Luego, cuando él la mató, ella lo hizo pasar por un suicidio».

Algunos historiadores cuestionan la exactitud de las memorias de Brigid y afirman que Angela no estuvo presente en el apartamento de Hitler la noche anterior a la muerte de Geli. Además, Brigid nombra al ama de llaves de Hitler como Josephine Bauer, cuando, en realidad, en aquella época, tenía dos amas de llaves, llamadas Maria Reichert y Anna Winter.

Pero Hanfstaengl, licenciado en Harvard, confidente de Hitler antes de la guerra y jefe de prensa del Partido Nazi en el extranjero, ofreció una confirmación independiente. En su libro *Hitler: The Missing Years*, Hanfstaengl escribió que, mientras vivía exiliado en Londres, en el otoño de 1937 «recibió la visita de la señora Brigid Hitler. Ella sostiene que la familia cercana sabía bien que la causa del suicidio de Geli fue el hecho de que estaba embarazada de un joven profesor de música judío de Linz, al que había conocido en 1928 y con el que quería casarse en el momento de su muerte».

Hanfstaengl consideraba el escándalo de Geli como un paso importante en la transformación gradual de Hitler en un monstruo de sangre fría: «Estoy seguro de que la muerte de Geli Raubal marcó un punto de inflexión en el desarrollo del carácter de Hitler. Esta relación, cualquiera que fuera la forma que adoptara en su intimidad, le había proporcionado por primera vez en su vida una liberación de su energía nerviosa que, demasiado pronto, iba a encontrar su expresión final en la crueldad y el salvajismo. Su larga relación con Eva Braun nunca produjo los interludios que había disfrutado con Geli y que, a su debido tiempo, podrían haber hecho de él un hombre normal. Con la muerte de Geli, se despejó el camino para su transformación final en un demonio, y su vida sexual volvió a deteriorarse hasta convertirse en una especie de vanidad bisexual a lo Narciso, con Eva Braun como poco más que un vago complemento doméstico». No se menciona en ninguna parte que Hanfstaengl tuviera relación con William Patrick cuando trabajaba para la OSS, pero es muy posible que tuviera algo que ver con el misterio de las memorias de Brigid.

No tengo pruebas firmes de mi teoría, pero me parece posible que William Patrick pudiera haber trabajado con el FBI y tal vez incluso con Hanfstaengl en la preparación de las memorias, pero luego el proyecto se archivó porque la guerra de propaganda había terminado esencialmente en esa etapa avanzada del conflicto.

No cabe duda de que William Patrick proporcionó abundante información a un supuesto colaborador de la redacción que posiblemente estuviera vinculado al FBI. Sin duda, el FBI habría tenido acceso a esa información.

Un memorándum a J. Edgar Hoover, fechado el 2 de julio de 1942, subrayaba el papel de Hanfstaengl en tiempos de guerra en Estados Unidos: «La Junta de Guerra Psicológica, un comité conjunto de los Departamentos de Estado, Guerra y Marina, ha liberado recientemente de su internamiento en Canadá a un individuo conocido en este país como Ernest Sedgwick, que anteriormente fue un miembro influyente y de alto rango del régimen nazi. Debe decirse en este punto que este individuo es sin duda Putzi Hanfstaengl, antiguo funcionario del Partido Nazi, que ha sido internado en Canadá».

Hanfstaengl, continuaba el memorándum, «será utilizado en diversas tareas, como el análisis de propaganda, la preparación de biografías de líderes nazis y otras tareas que la Junta de Guerra Psicológica pueda pensar para él». Un segundo memorándum del FBI explica: «Cuando Hanfstaengl llegue a Estados Unidos será utilizado principalmente por la organización del coronel Donovan y, con este fin, Irvin está siendo colocado en la nómina de Donovan para manejar a Hanfstaengl y trabajar con él. Al parecer, Hanfstaengl será utilizado principalmente en asuntos relacionados con el material de propaganda que se distribuirá a través de la organización del coronel Donovan en Alemania».

A medida que surgieron más detalles tras la guerra, los historiadores buscaron a William Patrick para ver si podía añadir más sustancia a su historia de segunda mano. No fue posible encontrarlo.

CAPÍTULO XII
ENCUENTRO CON LA FAMILIA
15 de septiembre de 1998. Long Island, Nueva York

E l leve sonido de la música folclórica alemana flotaba a través de la ventana abierta del bungalow alpino de madera oscura rodeado de árboles y arbustos mientras recorría el corto sendero que conducía a la puerta principal. La propiedad se extendía entre dos pequeñas carreteras de una boscosa finca privada enclavada en una de las bahías que protegen la costa de Nueva York del impacto del océano Atlántico. Ni lo bastante cerca de Nueva York como para verse invadida por la expansión urbana ni lo bastante de moda como para competir con las ricas escapadas de fin de semana de los Hamptons, era una comunidad donde los vecinos aún hablaban entre sí, donde las barras y estrellas colgaban de muchas casas y donde, en aquella época, la vida transcurría sin verse afectada por dramas alejados de las costas estadounidenses. Esta era la ciudad que William Patrick Hitler eligió para escapar de su pasado.

Ya había pasado dos veces por delante del bungalow, una para comprobar la dirección y otra para serenarme antes de llamar a la puerta y hacerle a la anciana que estaba dentro la pregunta que más temía desde hacía casi cincuenta años: «¿Su verdadero nombre es señora Hitler?».

Mucha gente cree que los periodistas son inmunes a la ansiedad cuando se acercan a desconocidos para pedirles detalles de su vida privada. Pero no es fácil presentarse sin avisar en la puerta de un desconocido y hacerle preguntas personales, a veces sobre la pérdida de un ser querido o sobre un incidente que podría causarle vergüenza e incluso dolor. Algunos, comprensiblemente, se sienten molestos por la intrusión y te rechazan. Otros te invitan a pasar y agradecen la oportunidad de hablar. No había forma de saber cómo reaccionaría esta mujer al saber que la barrera ficticia tras la que se había escondido durante todos estos años estaba a punto de ser derribada. Esperaba que su reacción principal fuera de gran alivio, pero sospechaba que sus emociones serían mucho más complicadas y, posiblemente, hostiles. La respuesta que más temía era un rotundo no, lo que me colocaría en la ingrata posición de tener que demostrar no solo que ella era, en efecto, la señora Hitler, sino también que me estaba engañando intencionadamente.

No había timbre y golpeé con los nudillos a la puerta con la esperanza de que alguien pudiera oírme. Volví a llamar, esta vez, con más fuerza. Los nervios se apoderaban de mí, pues sabía que había dedicado a esta investigación un inmenso número de horas y había recorrido todo Estados Unidos para llegar hasta aquí y encontrarme ante un posible rechazo. Mi premisa era sencilla. La historia había tratado mal a William Patrick y a su madre. Se les había tachado de sórdidos oportunistas y chantajistas, en gran medida por la palabra del propio Hitler y su funcionario asesino Hans Frank. Tenía la oportunidad de exponer por fin la versión de los hechos de William Patrick y Brigid y corregir las impresiones sesgadas que habían condenado sus recuerdos tan injustamente.

Sabía que William Patrick no abriría la puerta. Acababa de visitar su tumba, a veinte minutos en coche, en el cementerio católico más cercano. Ahora estaba delante de su antigua casa, esperando hablar con su viuda.

La historia del sobrino perdido de Hitler se había estancado durante mucho tiempo, pero, una vez que un hecho encajaba, todo lo demás se sucedía rápidamente. Armado con la ciudad natal de Brigid y la fecha de su muerte recogida en la base de datos de defunciones de la Seguridad Social, llamé a la biblioteca local de la ciudad de Nueva York desde mi oficina de Newport Beach. Una bibliotecaria muy servicial se ofreció a buscar en los archivos del periódico local, conservados en microfichas en la sección de referencias, para ver si había alguna esquela de Brigid en los días posteriores a su fallecimiento.

Me llamó una hora más tarde para decirme que había encontrado la esquela y que estaría encantado de leerla despacio por teléfono si quería anotarla. Dijo que Brigid tenía setenta y ocho años cuando murió. Había nacido en Irlanda y llevaba dieciocho años viviendo en Long Island. Nombró la funeraria, la iglesia y el cementerio. Pero una frase hizo que se me parara el corazón: «La sobrevive un hijo, Patrick».

Mi mujer pensó que un terremoto había sacudido mi despacho debido al tremendo estruendo que monté. Subió corriendo y fue recibida con mis gritos de excitación:

—¡Sí, sí, sí!

—¿Qué demonios ha pasado? —preguntó mientras yo seguía golpeando el escritorio con el puño.

—Creo que lo he resuelto —le dije—. Creo que sé lo que les pasó a los Hitler. Bueno, al menos, sé a dónde fueron.

Llamé por teléfono al cementerio para comprobar si Brigid estaba enterrada allí y me dieron la ubicación de su tumba: sección 10, rango BB, parcela 215. Entonces, el empleado del cementerio me dijo otra cosa que me sorprendió:

—Hay un segundo nombre en esa parcela. ¿Lo quiere también?

—Sí, por favor.

—El otro nombre es Patrick y parece que era su hijo. Murió el 14 de julio de 1987 y fue enterrado el 17 de julio. Tenía setenta y seis años cuando falleció en el hospital.

—¿Tiene algún familiar cercano?

—Sí, su viuda se llama Phyllis. —Me dio la dirección de Phyllis y me preguntó—: ¿Es usted miembro de la familia?

—No, pero estoy intentando contactar con ellos.

—Bien, buena suerte. Esa es toda la información que tengo aquí. Será mejor que busque más información en la viuda.

—Lo haré, gracias.

Las matemáticas nunca fueron mi punto fuerte, y garabateé las cifras en un trozo de papel. El año 1987 menos 76 años = 1911. Era el año de nacimiento de William Patrick. Tenía que ser él. No tenía el número de teléfono de la viuda, pero, aunque lo hubiera tenido, habría ido a llamar a la puerta sin cita previa. La verdad es que, como periodista, aprendes pronto que es más difícil decir que no en persona. Una llamada telefónica puede ser rechazada rápidamente, y la personalidad del periodista no siempre tiene la oportunidad de causar impacto. Es mucho más fácil colgar el teléfono que cerrarle la puerta en las narices a alguien. Además, con una historia tan delicada como esta, pensé que una llamada inesperada de un desconocido preocuparía aún más a la mujer, seguramente anciana, que una investigación personal. Al menos, podría verme.

Esa misma mañana llamé a Tim al norte de Londres, donde vivía ahora, para darle la noticia.

—Viejo sabueso —dijo—. Por fin lo has encontrado. ¡Excelente! Desde luego, la persistencia es lo tuyo. No sabía que seguías trabajando en ello.

—En realidad, nunca lo deje. Regresaba a ello en cuanto tenía un momento libre.

—¿Vas a ir a llamar a la puerta?

—Sí, ese es el plan. Por eso te llamo, en realidad. ¿Puedes venir a Nueva York en los próximos días? Empezamos esto juntos, así que es justo que trabajemos juntos ahora.

—Me encantaría, la verdad. Pero ¿te acuerdas de esa serie de televisión que escribí sobre mujeres asesinas? Ha sido elegida por ITV y estoy trabajando en ella como productor ejecutivo. Están invirtiendo bastante dinero y no puedo irme ahora mismo. Maldita sea, hace un par de semanas habría sido perfecto. Sería genial volver a Nueva York y ver a todo el mundo.

—No te preocupes. Ya te contaré cómo ha ido.

—¿Cuándo conseguiste el nombre?

—Esta mañana temprano.

—¿Cuándo vas a ir?

—Probablemente mañana por la mañana si consigo un vuelo. Solo espero que la familia hable conmigo.

—Incluso si no lo hacen, sigue siendo una gran historia. La gente ha estado tratando de averiguar qué pasó con este tipo desde la guerra. Será una gran lectura. ¿Vas a llevar un fotógrafo?

—No, creo que iré solo si tú no puedes venir. Cuanta menos gente sepa el nombre real, mejor'.

—Bien, buena suerte. Hazme saber cómo va.

Al llegar al aeropuerto de Newark (Nueva Jersey) en la tarde siguiente, alquilé un coche y atravesé Manhattan y el túnel de Midtown para coger la concurrida autopista de Long Island, que me llevó a través de Brooklyn y Queens hasta la zona rural de Long Island, donde encontré un pequeño hotel. Decidí buscar el cementerio donde estaban enterrados William Patrick y Brigid a primera hora de la mañana siguiente. Todo apuntaba a que ese era su último lugar de descanso, pero necesitaba ver la lápida yo mismo para estar seguro. Solo después podría presentarme en la puerta de la viuda de William Patrick para solicitar una entrevista.

Estaba lloviendo cuando atravesé Nueva York en coche, y tuve una sensación muy real de estar atrapado en la historia. Había experimentado esta sensación antes con algunos de los reportajes más significativos en los que había trabajado en todo el mundo. La mayoría de las veces, como periodista, informas sobre hechos que han sucedido; pueden haber sucedido años, semanas o momentos antes, pero suelen estar en pasado. Sabes lo que buscas, ya sea una figura central, un testigo clave o alguna prueba vital que respalde y confirme lo que ya sabes o sospechas. Ocasionalmente, te encuentras en medio de una historia en lugar de mirar desde fuera. Tus acciones cambian la historia, aunque sea mínimamente, y tus decisiones pueden afectar a la vida de las personas. Puede resultar desconcertante que, a pesar de todo, tengas que seguir contemplando el desarrollo de la historia como un observador.

Tras buscar en vano un hotel medianamente decente, me contenté con un hostal cómodo, aunque un poco básico, situado entre el cementerio y la dirección que me dieron de Phyllis Hitler. En la guía telefónica de mi habitación encontré a otra persona con el mismo apellido que Phyllis, pero con la inicial A. Una comprobación informática con mi ordenador portátil me proporcionó una dirección que correspondía a ese nombre, junto con los datos de una empresa de jardinería registrada como sociedad anónima y vinculada a la dirección de Phyllis. Al día siguiente, a las diez de la mañana, estaba esperando en la puerta de hierro forjado del cementerio católico de una ciudad vecina para ver por mí mismo la lápida que demostraría que estaba en lo cierto. El chaparrón que había caído esa misma mañana se había disipado, pero, mientras caminaba entre las tumbas que atravesaban el bien cuidado césped, la pesadez del aire prometía otra tormenta. Llegué al número de parcela que había garabateado en mi cuaderno. Si necesitaba alguna confirmación, era esta. Debajo del nombre de Brigid y de las fechas de su nacimiento y muerte aparecía el nombre de William Patrick y, junto a él, su fecha de nacimiento, el 12 de marzo de 1911, la misma fecha que figuraba en el certificado de nacimiento de Londres que llevaba en el bolsillo, y la fecha de su muerte, en 1987. No hace falta decir tiene que el apellido Hitler no aparecía por ninguna parte.

Conduciendo de vuelta hacia el hotel, decidí que no tenía mucho sentido retrasar la visita; debía ver a Phyllis Hitler lo antes posible y comprobar si estaba dispuesta a hablarme de su marido. Aunque me decepcionaba que estuviera muerto, recordé haber leído en la biografía de Hitler de John Toland que William Patrick tenía un hijo llamado Adolf. ¿Podría ser este el número telefónico con la inicial A en el que me había fijado la noche anterior? Tantos años de investigación habían abierto muchas preguntas.

Cuando volví a llamar a la puerta, la música dejó de sonar y escuché que alguien se acercaba arrastrando los pies.

—Hola, ¿puedo ayudarle?

La voz de detrás de la puerta tenía un marcado acento alemán.

—Lamento visitarla así de improviso —respondí—, pero quisiera hablar con usted acerca de su marido, William Patrick. Soy inglés —añadí, pensando, por alguna extraña razón, que eso podría cambiar las cosas.

La puerta se entreabrió, pero la mujer, alta y elegantemente vestida, permaneció detrás de la mosquitera.

—Falleció hace algún tiempo —respondió con serenidad.

Incluso a través de la malla gris, me di cuenta de que ya conocía el motivo de mi visita. Debía de haberse imaginado esta misma conversación innumerables veces a lo largo de los años.

—Pero era su marido, ¿verdad? —pregunté.

Necesitaba estar seguro.

—Sí, pero ¿por qué? ¿Qué quiere?

Respiré hondo.

—Me llamo David Gardner y soy periodista británico. Estoy seguro de que sabe que mucha gente lleva años intentando encontrar a su marido por su relación con Adolf Hitler. —Hice una pausa, temiendo que me preguntara de qué demonios estaba hablando, pero la mujer no dijo nada, sino que siguió esperando educadamente a que terminara—. Sé que tanto su marido como su madre han fallecido, pero me gustaría mucho hablar con usted.

—Lamento que haya perdido el tiempo. Pero, por favor, déjelo estar, ¿quiere? No despierte a los perros.

—Lo último que quiero es causar disgustos, pero se trata de un hecho histórico. Se ha escrito mucho sobre su marido y él nunca tuvo la oportunidad de dar su versión. ¿Podría ayudarme a aclarar las cosas? —perseveré.

Sin embargo, ella se mostró inflexible:

—Quizá podamos hablar cuando mis hijos sean mayores. Mi marido y yo estuvimos casados mucho tiempo y él nunca quiso que nadie supiera quién era. Ahora mis hijos tampoco quieren saber nada. Fue hace demasiado tiempo. Ese nombre ya ha dado bastantes problemas.

—Entiendo su preocupación, de verdad. Pero mantendré en secreto su nombre de adopción y no mencionaré dónde vive. Así nadie podrá encontrarla —argumenté.

—Siempre hay gente ahí afuera. —Parecía a punto de llorar—. Ya tuvimos que mudarnos una vez cuando alguien descubrió nuestra identidad. No queremos seguir viajando. Es muy incómodo. Tendré que hablar con mis hijos.

—Mi reportaje se publicará en Inglaterra, así que es improbable que alguien pueda rastrearte hasta aquí —añadí, con la esperanza de tranquilizarla.

—Tengo familia en Inglaterra —respondió rápidamente—. Una buena parte de mi familia es inglesa. Mi marido era inglés, ¿sabe? Él creció en Inglaterra y yo soy de ultramar.

—He oído su acento. ¿Es usted alemana?

Se limitó a sonreír y volvió a decir que lamentaba que hubiera hecho un viaje en vano.

Desesperado por que siguiera hablando, le pregunté:

—Hay un par de cosas que me gustaría saber. Por ejemplo, ¿cómo se le ocurrió su nombre falso? ¿Qué le hizo elegir ese nombre?

—Oh, no sé de dónde salió el nombre. Fue hace mucho tiempo. Ahora ya no importa. Está en el pasado.

—Otra cosa que quisiera saber es si puede decirme algo sobre las memorias escritas por la madre de William Patrick que se conservan en la Biblioteca Pública de Nueva York. ¿Hay algo que pueda decirme al respecto? ¿Sabe si fueron escritas por William Patrick o por Brigid?

—Ese libro…, oh, era pura ficción.

—¿Podría decirme cómo surgió la idea o quién lo escribió?

—Lo siento, pero no quiero decir nada. Esto me pone muy nerviosa. Olvídelo, ¿quiere? Olvídelo todo.

—Sinceramente, no sé si puedo hacerlo. ¿Podría dejarle mi nombre y mi número de teléfono? Tal vez usted pueda hablar con su familia para saber si querrían hablar conmigo. Cualquier entrevista sería absolutamente confidencial, se lo aseguro. Tendré que coger mi tarjeta del coche.

—Bien, puede dejar su número en el buzón. Pero ahora mismo no deseo hablar de esto.

La puerta se cerró y yo caminé despacio de vuelta al coche, sin saber si alegrarme de que, al menos, se hubiera confirmado mi historia, o abatirme porque aún quedaban muchas preguntas.

Mientras estaba sentado en el asiento del copiloto con la puerta abierta, buscando en mi bolsa papel de carta y un sobre para escribir una nota explicando mis intenciones y dando los números de teléfono de mi casa y del hotel, Phyllis salió de casa y me hizo señas para que me acercara.

—Solo quiero hacerle una pregunta. ¿Cómo nos ha encontrado?

Contento por poder reanudar nuestra conversación, le conté con detalle cómo había localizado a su suegra a través del acta de defunción y la esquela del periódico local. También le mostré el registro de la propiedad que había comprado a través de un servicio de Internet, KnowX, que ofrecía datos fiscales sobre su casa.

—Me temo que ahora es más fácil encontrar información sobre la gente que antes. Fui a visitar la tumba antes de venir a verla —añadí.

—Siento no poder ayudarle. ¿Ha venido desde Inglaterra para esto?

—En realidad resido en California. Vengo de allí. Realmente no quiero causarle ningún problema.

—Lo sé, pero debemos despedirnos ya. No hay más remedio.

—Pero no le diré a nadie su nombre ni su dirección.

—Lo sé, lo sé, pero no tenemos elección. Le deseo un buen viaje de vuelta a California. No creo que vuelva a saber de nosotros.

—Bueno, gracias de todos modos. Siento haberla molestado —me despedí, viendo cómo entraba de nuevo en la casa.

No parecía haber nadie más, pero me fijé en un camión de jardinería aparcado en la entrada, con rastrillos y cortacéspedes apilados en la parte trasera. En el lateral figuraba el nombre adoptivo de la familia con un número de teléfono que ofrecía servicios de jardinería.

Solo cuando me alejé de la casa me di cuenta de la implicación de lo que Phyllis me había dicho: la estirpe de Hitler no se extinguió con William Patrick Hitler en 1987. Siguió viva a través de sus hijos.

Aunque ella se refería a sus hijos como si fueran niños, era evidente que la nueva generación Hitler ya era adulta y tal vez tuviera su propia familia. Resultaba increíble pensar que los sobrinos nietos del temido Adolf Hitler crecieran como niños americanos en este refugio rural, protegidos de las terribles consecuencias de su derecho de nacimiento. Parecía descabellado que William Patrick y Phyllis arriesgaran ese anonimato llamando Adolf a su primogénito.

Decidí que mi mejor opción para averiguar más cosas sobre los hijos era, una vez más, la biblioteca pública local, donde pedí ver una pila de ejemplares de antiguos anuarios del instituto. Tras buscar en innumerables anuarios el apellido adoptado, por fin encontré una fotografía de Alexander, el hijo mayor de William Patrick, como un joven de dieciocho años de la promoción de 1967 del instituto de Long Island.

Dos años más tarde, su hermano Louis se graduó en la promoción de 1969 y había un Howard con el mismo apellido en el anuario de 1975. El rostro radiante del hijo menor de William Patrick, Brian, no apareció hasta el anuario de 1983.

Mientras que muchos de sus compañeros pertenecían a una plétora de clubes y sociedades, los hijos aparentemente mantenían un perfil más bajo, y sus nombres aparecían bajo sus fotos de clase. Una vez más, no pude evitar fijarme en que el hijo mayor, Alex, tenía un segundo nombre que empezaba por A.

Crucé la ciudad hasta la oficina de nacimientos, defunciones y matrimonios para consultar los certificados de nacimiento de los hijos. Sin embargo me dijeron que, en el estado de Nueva York, a diferencia del Reino Unido o de otros estados de Estados Unidos, los registros de nacimiento solo estaban disponibles para los familiares directos.

Siguiendo otra corazonada para completar aquella sospechosa inicial del segundo nombre, me dirigí al ayuntamiento local para preguntar en el departamento de registro de votantes. No había ningún registro de Howard, aunque me enteré de que los otros hijos estaban inscritos como republicanos, por si servía de algo, y sus nombres aparecían con la inicial del segundo nombre. La inicial del segundo nombre de Brian era W, así que era muy probable que se tratara de William; Louis iba seguido de la inicial P, probablemente de Patrick.

¿La A de Alex podría ser la de su abuelo, Alois? ¿O se trataba, como sugirió el historiador John Toland, de una A de Adolf?

Caía la tarde mientras conducía de vuelta a mi hotel. Sabía que ya tenía una historia, pero no estaba seguro de cómo proceder. Sabía que el fantasma de los *Diarios de Hitler* estaría en la mente de cualquier editor de revista o periódico que se planteara publicar una revelación tan improbable.

La saga de los *Diarios de Hitler* comenzó como una de las mayores primicias de los años de posguerra: el aparente descubrimiento de sesenta voluminosos volúmenes encuadernados en cuero escritos por Adolf Hitler. En abril de 1983, el semanario de noticias más importante de Alemania Occidental, *Stern*, anunció a bombo y platillo la publicación de extractos de los diarios tras haber pagado a un oscuro coleccionista de reliquias militares de Stuttgart, Konrad Kujau, hasta un millón de libras por los derechos. Pero, en cuestión de semanas, los diarios fueron aclamados desde una perspectiva muy distinta: como el fraude del siglo.

Resultó que la minuciosa falsificación de Kujau estaba tan hábilmente escrita que consiguió engañar tanto a la dirección de la revista *Stern* como a Hugh Trevor-Roper, el eminente historiador de Cambridge experto en Hitler, cuya declaración de autenticidad llevó al *Sunday Times* y al *Paris Match* a comprar los derechos de reimpresión a *Stern*. La burbuja estalló cuando los funcionarios del Gobierno alemán que analizaron el papel, la tinta y las encuadernación de los diarios revelaron que se trataba de falsificaciones «grotescas y superficiales». Tanto Kujau como Gerd Heidemann, el reportero de alto nivel de *Stern* que llevó la historia a la revista, acabaron en la cárcel y todas las publicaciones implicadas se enfrentaron a una mordaz condena pública de sus métodos. Con razón, los editores se mostraban muy escépticos ante otra gran primicia sobre Hitler.

Tenía el armazón de la historia y una confirmación de la viuda de William Patrick, pero, aunque conocía mucha información sobre su vida antes de la Segunda Guerra Mundial, todavía tenía muy pocos datos sobre la segunda vida de William Patrick, sus años anónimos en América.

Cuando por fin la historia empezó a cobrar forma, también tuve que enfrentarme a un dilema ético. ¿Cómo encajaba mi deseo profesional de publicar una historia en la que había estado trabajando tanto tiempo y con tanta diligencia con las ardientes peticiones de privacidad de una familia que se había esforzado tanto por distanciarse del pasado? Decidí entonces que no revelaría el nuevo nombre adoptado por los Hitler. Tampoco daría ninguna pista sobre la ciudad en la que vivían. Fue un compromiso que mantuve hasta la redacción de este libro y la publicación de esta edición actualizada. En los años transcurridos, historiadores y periodistas utilizaron las pistas de este libro para deducir tanto el apellido falso de la familia como la ciudad en la que vivían. Ahora es posible encontrar esta información en Google, sin embargo, no la incluiré aquí.

De vuelta al hotel, pasé cerca de la dirección de la última residencia de Brigid que figuraba en la esquela del periódico y decidí llamar a la puerta de algunos vecinos con la esperanza de que alguien se acordara de ella.

Como muchas calles residenciales de la zona, partía de una fea carretera principal plagada de restaurantes de comida rápida, concesionarios de coches y patios de grava llenos de maquinaria pesada. Luego se convertía en una agradable calle lateral de casas unifamiliares con bonitos jardines. La casita de madera blanca que buscaba estaba a mitad de camino y necesitaba una mano de pintura. Llamé a la puerta de la antigua casa de Brigid y a las de varios vecinos preguntando si alguien recordaba a una anciana irlandesa llamada Brigid que murió en 1969. No necesité explicar por qué la buscaba porque nadie se acordaba de ella.

Había sido un día largo y estaba a punto de rendirme cuando decidí llamar a una puerta más. Era un hábito que nunca me había quitado de encima desde mi época en el *Daily Mail*, que mantenía con orgullo la exigente reputación de pedir siempre a sus reporteros que hicieran una comprobación más, llamaran a una puerta más o permanecieran una hora más en el lugar de una noticia que cualquiera de sus competidores.

La pareja que vivía en la casa acababa de llegar del trabajo en Manhattan cuando llamé y les pregunté si recordaban a Brigid. Me dijeron que sí, que vivía en el número 67 y que su hijo vivía al lado con su familia.

—¿Recuerda el nombre del hijo? —le pregunté.

—Era Pat —dijo la mujer, que rondaba la treintena—. Yo solía jugar con su hijo Brian. Vivían al lado de mis padres.

Se detuvo y miró a su marido, que me preguntó:

—¿Podemos preguntar por qué quiere saber todo esto?

Les dije que era un periodista británico que investigaba sobre Brigid y al principio traté de eludir el motivo de mi interés. Pero, como cada vez era más evidente que la mujer, al menos, conocía bien a la familia, decidí contarles la verdad.

—Es increíble —dijo la mujer—. No tenía ni idea, pero, ya sabes, para mí tiene sentido. Ni en sueños hubiera imaginado que estuvieran relacionados con Hitler, pero encaja con algunas de las cosas que solían hacer y que parecían un poco extrañas en aquella época.

Me invitaron a su cocina, me sirvieron una copa y me bautizaron como Austin Powers (espero que no fuera por mi dentadura, sino porque era un británico husmeando como un espía). Aceptaron hablar conmigo con la condición de que no utilizara sus nombres.

Al parecer, durante su servicio en la Marina, William Patrick trabajó en el cuerpo médico y se interesó por la medicina. Más tarde se formó como flebotomista, o técnicos de la extracción de sangre, y montó un laboratorio en una habitación anexa a su casa. Al principio, le enviaban muestras de sangre de los hospitales para que las analizara con el microscopio y, según los vecinos, más tarde colocó un cartel de «Laboratorio médico» en el exterior de la gran casa de cuatro dormitorios. Los pacientes, sobre todo ancianos, acudían a hacerse análisis de sangre.

Patrick y Phyllis se mudaron hacia 1978, nueve años después de la muerte de Brigid, pero dos de sus hijos tenían un negocio de jardinería y segaban regularmente el césped y cuidaban los jardines de la zona, dijo la antigua vecina, que afirmó haber perdido el contacto con el hijo menor, Brian, después de que se mudara. También había un cuarto hijo, Howard, pero murió en un accidente de coche.

Mencionó que la familia nunca ocultó su fascinación por Alemania. Conducían un Volkswagen escarabajo, escuchaban música alemana y los padres solían hablar en alemán, sobre todo cuando no querían que sus amigos entendieran lo que decían.

La vecina me contó la siguiente historia:

Hablaban de la guerra todo el tiempo. La madre de Brian decía que Hitler era un gran hombre, pero tuvo algunos problemas que lo llevaron a tomar el camino equivocado.

Cuando jugábamos a veces yo decía que Hitler era realmente malo. Brian contestaba que Hitler no era tan malo. Parecía una opinión muy extraña para un niño de once años, a no ser que hubiera alguien afirmara esto en casa. Brian tenía un barco de juguete llamado *Bismarck*. Yo tenía un barco americano al que llamaba *Enterprise* porque me gustaba *Star Trek*. Pero él siempre intentaba ganar por Alemania. Brian tenía todo tipo de juguetes de guerra. Tenía unos estupendos soldados ingleses de juguete con chaquetas de color rojo brillante y armas de juguete. Los hermanos se peleaban muy a menudo.

Visitaron Inglaterra. Hicieron un gran viaje a Europa, y recibimos una postal de Inglaterra. Me trajeron una banderita alemana negra, amarilla y blanca. Una vez se quedó con ellos un niño alemán. Recuerdo que no hablaba inglés.

Pat era un hombre muy amable. Era alto y un poco calvo, y siempre se estaba riendo y contando chistes. Sabía que Pat había estado en la guerra. Solía hablar de que tenía metralla en la pierna.

Se decía que Phyllis estaba muy orgullosa de sus raíces alemanas, aunque no pudo regresar a su país natal hasta décadas después de la guerra. Durante años estuvo suscrita a revistas de moda alemanas. Era una alemana empedernida.

Siempre fue un poco misteriosa. Si no quería que oyéramos algo, empezaba a hablar en alemán. Pat obviamente también lo hablaba porque sabía lo que ella decía.

Creo que Phyllis había vivido en una granja en Alemania. Era muy guapa, una mujer atractiva. Siempre iba vestida con mucho estilo. Me recordaba a Ingrid Bergman.

Los pacientes iban directamente a la casa. Phyllis atendía el teléfono y daba té a los pacientes mientras esperaban. Mi padre dijo que Pat trabajó en una época para el hospital estatal antes de instalarse en casa. Teníamos que estar callados o salir a jugar fuera cuando había gente en la sala de espera.

Los hijos estaban muy unidos a su madre. Ella siempre fue muy dominante. Todo el mundo decía que por eso los chicos nunca se casaron.

Alex se fue de casa el primero. Mi padre y yo solíamos bromear diciendo que Alex estaba en la CIA porque nadie decía nunca cuál era su trabajo. Les preguntabas y se quedaban extrañados. Alex tenía el pelo oscuro y bigote.

Louis trabajaba en los grandes almacenes Macy's antes de montar el negocio de jardinería con Brian. Brian era muy dulce e inocente. Era el benjamín de la familia. Creo que su madre quería que hiciera algo más con su vida. Quería que fuera contable o algo así. Pero él era feliz estando cerca de su familia.

Tenían una casa en la playa, que creo que era de la madre de Pat. Recuerdo haber ido allí. Había literas y estaba justo al lado del agua. Pat estaba muy triste cuando su madre murió. Brian dijo que era la primera vez que veía llorar a su padre. Recuerdo que su madre era muy dulce y simpática.

Aunque no se dice que Brigid y Phyllis estuvieran especialmente unidas, la abuela irlandesa vivió al lado, en su casita pintada de blanco, hasta su muerte, a los setenta y ocho años.

Cuando su marido murió, dieciocho años más tarde, Phyllis tuvo que cargar sola con el legado de Hitler que había recibido junto con sus votos matrimoniales.

CAPÍTULO XIII
DINERO MANCHADO DE SANGRE
30 de abril de 1945. Führerbunker, Berlín

L a mujer de cabello rubio y áspero, con raíces oscuras que se extendían desde la raya central hacia la izquierda, se encogió de hombros. Su pesado abrigo dejaba al descubierto un vestido de verano de seda azul. Desde el exterior del Führerbunker, cerca de la Cancillería del Reich en el centro de Berlín, se oían disparos de obuses y ásperas voces rusas. Aunque las estufas del interior estaban encendidas al máximo, Eva Braun no podía evitar tiritar.

—Toma mi abrigo de piel como recuerdo —le dijo a Gertrud *Traudl* Junge, una de las secretarias de su marido—. Siempre me han gustado las mujeres bien vestidas.

Con una floritura, tomó el brazo de su marido y regresaron a sus habitaciones por última vez.

—Se acabó —dijo por encima del hombro—. Adiós.

Antes, según relatos de testigos presenciales de los interrogatorios llevados a cabo por agentes del MI5 después de la guerra, Adolf Hitler había ido de habitación en habitación para dar las gracias a su personal. Acababa de enterarse de la ejecución de Mussolini y su amante, Claretta Petacci, a manos de los partisanos italianos y estaba decidido a que él y Braun no corrieran la misma suerte. Los guardaespaldas de las SS destruyeron todos sus documentos personales, y sus médicos utilizaron veneno para matar a su perro alsaciano, Blondi, y al spaniel de Braun. El Ejército Rojo se acercaba. Su tiempo había terminado.

En la tarde del 30 de abril, Hitler se pegó un tiro, mientras que Braun (su fiel amante, con la que se había casado en ese mismo búnker apenas veinticuatro horas antes) tomó el mismo veneno que tan eficazmente había matado a su mascota.

Los documentos del MI5 también revelaron que Hitler redactó un testamento poco antes de su boda. Aparte de las obras de arte y los tesoros que los nazis habían robado por toda Europa durante los seis años anteriores, el Führer era un hombre muy rico por derecho propio. En la década de los treinta ganó casi un millón de libras al año con las ventas de su autobiografía ideológica de 1925, *Mein Kampf,* en gran parte porque el Estado regalaba un ejemplar a todas las parejas alemanas recién casadas. Todos los soldados que luchaban en el frente recibían también la diatriba antisemita. Se calcula que al final de la Segunda Guerra Mundial se habían vendido unos doce millones de ejemplares.

Después de convertirse en canciller, Hitler eludió el pago de enormes impuestos declarándose exento y se dice que escondió una fortuna de más de cien millones de libras. Incluso ahora, tantos años después, no está claro qué fue de todo aquello.

En la madrugada del 29 de abril, Hitler dictó su testamento personal final —otra diatriba contra el pueblo judío— a Junge, su secretario:

Como no consideré que pudiera responsabilizarme, durante los años de lucha, de contraer matrimonio, he decidido ahora, antes de que concluya mi carrera terrenal, tomar por esposa a aquella muchacha que, tras muchos años de fiel amistad, entró, por propia voluntad, en la ciudad prácticamente sitiada para compartir conmigo su destino. Por su propio deseo, me acompaña como esposa a la muerte. Nos compensará de lo que ambos perdimos por mi trabajo al servicio de mi pueblo.

Lo que poseo pertenece —en la medida en que tenga algún valor— al Partido. Si este dejara de existir, al Estado; si el Estado también fuera destruido, no será necesaria ninguna otra decisión por mi parte.

Mis cuadros, en las colecciones que he ido adquiriendo a lo largo de los años, nunca han sido coleccionados con fines privados, sino únicamente para la ampliación de una galería en mi ciudad natal, Linz, sobre el Donau.

Es mi más sincero deseo que este testamento sea debidamente ejecutado.

Nombro como mi albacea a mi más fiel camarada del Partido, Martin Bormann.

Se le da plena autoridad legal para tomar cualquier decisión. Se le permite asignar todo lo que tenga un valor sentimental o sea necesario para llevar una modesta y sencilla vida a mis hermanos y hermanas, también, sobre todo, a la madre de mi esposa y a mis fieles colaboradores, que le son bien conocidos. Principalmente, a mis antiguas secretarias, Frau Winter, etc., que durante muchos años me han ayudado con su trabajo.

Yo mismo y mi esposa, para escapar de la deshonra de la deposición o la capitulación, elegimos la muerte. Es nuestro deseo ser quemados inmediatamente en el lugar donde he llevado a cabo la mayor parte de mi trabajo diario en el curso de doce años de servicio a mi pueblo.

El primer beneficiario de Hitler, el Partido Nazi, no duró mucho más que él, y el estado de Baviera acabó confiscando sus propiedades, ya que su casa estaba registrada como su refugio en la cima de la montaña de Berchtesgaden. Baviera también reclamó la propiedad de los derechos de autor de *Mein Kampf,* asegurándose de que el libro no volviera a publicarse. Sin embargo, la legislación alemana solo protege los derechos de autor durante setenta años tras la muerte del autor, por lo que el libro pasó a ser de dominio público a partir de 2016, y desde entonces se han publicado varias versiones nuevas.

¿Escondió millones en cuentas bancarias en el extranjero? Al igual que deseaba extender la impresión de que su familia no le importaba, sino solo la patria, Hitler también promovía la idea de no estar interesado por el dinero ni las cosas materiales. Viajaba sin dinero en efectivo y vivía de forma relativamente modesta. Sin embargo, era un hombre que tenía derechos de autor sobre su propia imagen, lo que significaba que cada sello que se vendía con su cara le reportaba un pago por derechos de autor. Que no gastara dinero no significa que no lo codiciara.

El Dr. Cris Whetton, autor del libro *Hitler's Fortune*, cifró la riqueza del dictador en su cenit en 1100 millones de marcos, lo que equivaldría a más de 4000 millones de libras esterlinas en la actualidad.

En un documental para Channel 5, *The Hunt For Hitler's Missing Millions*, el Dr. Whetton afirmó:

> A Hitler pagar impuestos le parecía indigno. Las autoridades fiscales siempre querían saber qué pasaba con las recaudaciones y las entradas de los mítines, y él contestaba: «No lo sé. No es para mí. El dinero ca al Partido Nacionalsocialista».
>
> En 1944, sin duda, tenía miles de millones de marcos. Una cantidad que no habría estado lejos de miles de millones de euros en la actualidad. Le encantaba el dinero, pero no estaba dispuesto a trabajar mucho para conseguirlo.

Según el documental, la inteligencia estadounidense descubrió en 1944 que Hitler tenía una cuenta bancaria secreta para sus derechos de autor en el extranjero que contenía el equivalente actual a 250 millones de libras esterlinas. Documentos de los Archivos Nacionales de Estados Unidos muestran que Max Amann, el jefe de los medios de comunicación nazis y editor de *Mein Kampf*, abrió una cuenta bancaria en el Union Bank of Switzerland de Berna para Hitler.

Un informe de inteligencia de 1944 de la Oficina de Servicios Estratégicos, titulado «Actividades objetables de Suiza en favor de los nazis», decía: «es muy posible que los ingresos en divisas de Hitler procedentes de su libro y los ingresos en divisas del Partido Nazi en el extranjero estén depositados en este banco suizo a nombre de Ammann [sic]».

El descubrimiento formaba parte de un intento de los investigadores del Consejo Judío Mundial de rastrear el dinero y los tesoros saqueados por los nazis durante la Segunda Guerra Mundial, que al parecer incluían lingotes por valor de al menos 5500 millones de dólares. Inmediatamente después de la guerra, los Aliados valoraron el patrimonio confiscado a Hitler en unas 40 000 libras esterlinas.

Hitler hizo una vaga concesión a su familia al incluir a sus «hermanos y hermanas» en el testamento de 1945 y algunos expertos han sugerido que sus descendientes supervivientes impugnen la interpretación del documento redactado apresuradamente.

La posibilidad de que una familia reclame la herencia de Hitler es una cuestión que se ha planteado constantemente a lo largo de los años. El historiador Werner Maser representó a un grupo de parientes (primos austriacos emparentados con la hermanastra de Hitler, Angela, su antigua ama de llaves) que consideraron una posible suma por los derechos de autor de las ventas de *Mein Kampf*.

Al frente de ese grupo estaba Leo Raubal, hijo de la hermanastra de Hitler, Angela, que había sido el sobrino favorito del Führer y se parecía tanto a su tío que ocasionalmente trabajó como doble de Hitler en Berlín. Capturado por los rusos en la batalla de Stalingrado en 1943, fue liberado a mediados de la década de los cincuenta y se le permitió regresar a Alemania.

El intento de la familia de impugnar el testamento fracasó después de que Raubal, que murió de un ataque al corazón en 1979, insistiera en que debía quedarse con el 50 % de los derechos de autor que pudieran recuperar, según Maser.

El único miembro de la familia que lo intentó fue su hermana, Paula, que entonces vivía con el apellido Wolff, cuya demanda fue desestimada por un tribunal de Múnich que declaró nulo el testamento de Hitler por «deficiencias jurídicas formales».

Funcionarios del Ministerio de Hacienda de Baviera declararon al historiador Timothy Ryback que todos los bienes de los nazis de alto rango fueron confiscados en virtud de una orden vinculante de 1948.

«No existe base jurídica alguna que permita a los herederos de Hitler reclamar los derechos de autor», declaró un antiguo supervisor de los derechos de autor de *Mein Kampf*.

Paula, la única hermana de sangre pura de Hitler, murió en 1960 y es la única pariente enterrada con una lápida que lleva el apellido que compartía con su hermano.

Los Hitler estadounidenses comprendieron que existía la posibilidad de que ellos fueran los herederos legales de la herencia de Hitler, pero no quisieron saber nada. William Patrick y Phyllis rechazaron cualquier posible reclamación, calificándola de «dinero manchado de sangre».

En un momento dado, los hermanos también se plantearon escribir su propio libro contando la extraordinaria historia de su padre, utilizando fotografías que él había conservado de la época y que aún estaban guardadas en los álbumes familiares. Al final, decidieron que ninguna cantidad de dinero merecía la pena.

Los otros miembros supervivientes de la línea familiar directa —aunque no son Hitler— son los descendientes de Angela, la hermanastra mayor de Adolf.

Angela tuvo tres hijos de su primer matrimonio con Leo Raubal padre (1879-1910): Leo hijo (1906-1977), Geli (1908-1931) y Elfriede (1910-1993). Como han leído, Geli supuestamente se suicidó, pero Leo Jr. y Elfriede se casaron y tuvieron un hijo cada uno, ambos varones.

Peter Raubal, ingeniero jubilado nacido en 1931, y Heiner Hochegger, del que apenas se sabe nada más que nació en 1945, viven en Linz (Austria) o sus alrededores, aunque es posible que uno de los dos haya fallecido. Según los informes, ninguno tuvo hijos.

No tengo información de que hayan decidido no fundar una familia porque les preocupara su ADN. Pero, si los informes de Austria son correctos, el hecho de que los cinco hombres con el linaje más cercano a Adolf Hitler no tengan herederos significa que la reserva genética morirá con ellos.

Existe la historia, por supuesto, de que Hitler nunca murió en el búnker de Berlín y que su suicidio fue una treta para encubrir su huida a Sudamérica, Japón o incluso el Polo Sur. Como todo acontecimiento histórico envuelto en el misterio, su muerte ha alimentado innumerables teorías de la conspiración. Los soviéticos dieron fundamento a estas historias, pues Stalin insistió en que los Aliados permitieron que Hitler abandonara Alemania en avión en el último momento, cuando las tropas del Ejército Rojo se acercaban. La Guerra Fría se libró a través de un gran número de pequeñas victorias sin sentido, y mantener a los estadounidenses, en particular, ignorantes de las últimas horas de Hitler fue uno de esos mezquinos campos de batalla. Los estadounidenses se verían obligados a iniciar una operación de inteligencia inútil para averiguar el destino de Hitler. Así se fabricaron diversas teorías que dieron origen a libros y documentales que seguían un rastro espurio de Hitler y Braun hasta Paraguay o Argentina. Estas teorías se alimentaron con el hecho de que el monstruoso Josef Mengele lograra eludir su captura para huir primero a Argentina y luego a Paraguay y Brasil hasta su muerte a causa de un derrame cerebral mientras nadaba frente a la costa. Si uno de los nazis más buscados, el «ángel de la muerte» de Auschwitz, pudo escapar, ¿por qué no Hitler?

Aunque los rusos confirmaron finalmente la muerte de Hitler en el búnker, siguieron obstaculizando los intentos de corroboración independiente de los hechos, primero volviendo a enterrar los cuerpos y luego destruyéndolos y negándose a entregar a los testigos de las últimas horas de Hitler durante una década.

Aparte de las declaraciones de los testigos, la única prueba sólida reside en los restos de un cráneo y de una mandíbula que, según se dice, es todo lo que quedó del cuerpo de Hitler. En 2009, Nicholas F. Bellantoni, arqueólogo de la Universidad de Connecticut, afirmó que el fragmento de cráneo con un agujero de bala era de una mujer de cuarenta años y no de Eva Braun, arrojando nuevas dudas sobre la teoría del suicidio en el búnker.

Pero en un libro de 2018, *La Mort d'Hitler*, dos escritores de investigación, Jean-Christophe Brisard, de Francia, y la ruso-estadounidense Lana Parshina, confirmaron que la mandíbula conservada en una caja de puros en los archivos rusos no era una «falsificación histórica». Para ello contaron con la ayuda de un científico francés, Philippe Charlier, que analizó la mandíbula y los dientes de Hitler (no había rastro de coloración cárnica, lo que confirmaba su vegetarianismo, pero sí pruebas de un cuidado deficiente, lo que explicaba los rumores sobre su mal aliento). Según la revista *Slate*, sus conclusiones fueron lo bastante convincentes como para que los periodistas declararan: «Podemos afirmar que Hitler murió en Berlín el 30 de abril de 1945. No en Brasil a los 95 años, ni en Japón, ni en los Andes argentinos. La prueba es científica, no ideológica. Fríamente científica.

«Los dientes son auténticos, no hay duda posible. Nuestro estudio demuestra que Hitler murió en 1945», escribió Charlier en la *European Journal of Internal Medicine*.

Probablemente surgirán nuevas teorías de la conspiración sobre la muerte de Hitler. La idea de que el hombre del saco más famoso del siglo XX pueda haber eludido la justicia es demasiado tentadora, especialmente cuando una de las superpotencias ha alimentado felizmente el argumento de que Hitler pasó sus últimos años tomando el sol en una playa de Copacabana.

Esta idea subraya por qué los verdaderos descendientes de Hitler están tan preocupados por lo que podría ocurrir si se despojan del manto de secretismo con el que ha envuelto toda su vida. Hitler se suicidó hace casi ochenta años, privando a las familias de millones de asesinados de cualquier esperanza de justicia y dejando a sus herederos inocentes una vida bajo su sombra.

CAPÍTULO XIV
EL PACTO DE LOS HERMANOS
18 de septiembre de 1998. Long Island, Nueva York

Tuvo que ser un shock cuando la novia de uno de los hijos de William Patrick anunció que estaba pensando en formar una familia. Nada está escrito en piedra, pero la última generación quería que el linaje de los Hitler terminara con ellos. Ninguno de los tres hermanos estaba casado y habían decidido que no tendrían hijos. No querían que sus hijos e hijas sufrieran los mismos miedos y problemas que ellos. Pero ahora se enfrentaban a un dilema: nadie fuera de la familia directa sabía la verdad sobre su apellido. ¿Cómo le dirían a la novia de su hermano que el verdadero apellido de su futuro bebé sería Hitler?

La situación se complicó aún más por el hecho de que la chica era judía y estaba decidida a tener hijos. Al final, según una fuente cercana a la familia, se decidió que había que decírselo y la relación se desmoronó poco después.

La familia se enfrentó a un dilema similar cuando uno de los hermanos se involucró en una relación seria con una chica puertorriqueña. Esa relación también tuvo un final prematuro cuando le dijeron que sería la próxima señora Hitler si se casaba con su novio.

Aunque los riesgos de reconocer públicamente un linaje directo con Adolf Hitler eran evidentes, el precio de mantenerlo en secreto también era elevado. Después de ocultar su verdadera identidad durante toda su vida, cualquier alternativa añadía al miedo una dimensión adicional. No solo temían a las personas que pudieran exigirles algún tipo de retribución por los actos de Adolf Hitler, sino también a la manera en que sus propios vecinos pudieran percibirlos a partir de entonces.

Los últimos Hitler estaban dispuestos a sacrificar parte de su felicidad para asegurarse de no dejar herederos que corrieran la misma suerte.

Durante tres días conversé con diferentes personas en Long Island que habían estado cerca de William Patrick. Esta gente conocía a William como a un devoto padre de familia que adoraba a su mujer y a sus hijos. Aunque pidieron no ser identificados, me ayudaron a responder a muchas de las preguntas que quedaron pendientes cuando William Patrick desapareció cincuenta años antes.

La última vez que se supo de él como William Patrick Hitler fue en febrero de 1946, cuando se licenció en la Marina, en el cuartel Fargo de Boston (Massachusetts). Dijo que regresaba a Nueva York para reunirse con Brigid y que esperaba obtener la nacionalidad estadounidense «muy pronto».

Todos los registros del servicio naval de William Patrick parecen haber desaparecido, pero me dijeron: «Entró en acción con la Marina y recibió algo de metralla en la pierna. Pagó sus deudas».

Un memorándum interno del FBI enviado el 25 de enero de 1946, menos de un mes antes de que fuera dado de baja, informaba de que «Hitler se encuentra actualmente en Newport, Rhode Island, y está previsto que sea puesto en libertad. La oficina de Inteligencia Naval de Boston, Massachusetts, está llevando a cabo una investigación en relación con la solicitud de nacionalidad del sujeto y ha solicitado copias de los informes del FBI sobre este asunto».

Tal vez mientras esperaba a que le concedieran la nacionalidad, volvió a estudiar en el City College de Nueva York y se licenció en Ciencias Sociales antes de matricularse en la Escuela de Negocios y Educación Cívica del City College, ahora conocido como Baruch College, en un programa de MBA, estudiando economía, derecho, contabilidad y español. Según los archivos de la universidad, abandonó los estudios tras cuatro trimestres sin terminar la carrera.

En octubre de 1946 solicitó una tarjeta de la seguridad social con el nombre de William Hiller y, al año siguiente, se casó con su novia Phyllis. La atractiva y joven alemana tenía doce años menos que William Patrick, que era íntimo amigo de su hermano cuando este vivía en Alemania en los años treinta. La pareja se conoció brevemente en Alemania, cuando fueron presentados por el hermano de Phyllis, y William Patrick siguió escribiendo a la familia cuando regresó al Reino Unido y luego se trasladó a Estados Unidos.

Con la guerra acechando en Europa, el hermano le pidió a William Patrick que cuidara de Phyllis en el caso de que pudiera enviarla a Nueva York. Cuando Phyllis llegó a Estados Unidos, enseguida se hicieron amigos. Aunque algunas amistades sugirieran que el matrimonio se concertó para que ella pudiera continuar residiendo en Estados Unidos, no cabe duda de que constituyeron una unión fuerte y estable.

Con una esposa que mantener e hijos en camino, William Patrick aceptó un trabajo en la consulta de un urólogo en la zona alta de Manhattan y luego trabajó como administrador en el departamento de urología de un importante hospital de Manhattan (probablemente, Bellevue). Más tarde trabajó en un hospital estatal de Long Island.

Cambió su apellido por uno imposible de deducir a partir de Hitler o Hiller o del apellido de soltera de su madre, Dowling. Me he comprometido a no divulgar el apellido adoptado por la familia, pero, curiosamente, el alias compuesto deriva de un autor inglés admirado por William Patrick, cuyos textos racistas ayudaron a moldear las doctrinas nazis de Hitler.

William Patrick, Phyllis y Brigid se mudaron a Queens, un ajetreado distrito de Nueva York, y, más tarde, a la tranquila ciudad de Long Island, donde había menos miradas indiscretas y nadie conocía su verdadera identidad. William Patrick quería formar una familia y permitir que sus hijos crecieran en Estados Unidos sin la carga del apellido, y juró no volver a hablar de su odiado tío en público.

Uno de los factores que contribuyeron a su decisión de pasar deliberadamente a un segundo plano fue la amenaza de Himmler, quien habría ordenado a los simpatizantes nazis de Estados Unidos «no escatimar esfuerzos» para impedir que William Patrick denunciara a su tío.

Aunque la siniestra amenaza se hizo supuestamente al principio de la guerra, William Patrick temía que los fanáticos de Hitler pudieran atentar contra él y su familia.

Gracias a su formación médica en la Marina y a su experiencia en diversas áreas hospitalarias, William Patrick se dedicó a analizar muestras de sangre y trabajó muchas horas mientras Phyllis se ocupaba de la casa y de su creciente familia.

En 1949 tuvieron a su primer hijo, Alex, seguido dos años más tarde por Louis. El tercer niño, Howard, llegó en 1957, y Brian nació en 1965.

De carácter fuerte y un tanto rígido, William Patrick también era elocuente, inteligente y muy cosmopolita. Según me dijo una persona que lo conocía bien: «Pat no se dejaba intimidar por nadie. Si decidías aceptarlo, estaba bien, y, si no, podías irte al infierno. Reconozcámoslo, era un hombre que se enfrentó a Adolf Hitler».

También era un padre cariñoso con sus hijos. «Era una persona muy cariñosa. Ojalá le hubieras conocido. Se preocupaba mucho por proteger a su familia. Sus hijos y su mujer lo eran todo para él».

La pareja era sociable, pero permanecía muy unida, evitando clubes y grupos comunitarios. La mejor amiga de Phyllis era otra alemana que vivía al otro lado de la calle.

Con el paso de los años, Brigid no volvió a casarse, pero su hermano Thomas se mudó a la misma ciudad. En sus últimos años de vida caminaba con un bastón, pero mantenía el control y seguía decidida a proteger a su único hijo. Descrita como «una persona muy estricta», se aferró firmemente a su fe católica durante toda su vida. Incluso después de su muerte, su familia mantuvo el secreto, y es Hiller el apellido que figura en su certificado de defunción.

Con el tiempo, el dinero que invertí en hacer averiguaciones en Irlanda para rastrear las raíces de Brigid dio sus frutos. Ahora sabía con certeza que había nacido en el barrio dublinés de Tallaght, en el año 1891. La casa donde creció sigue en pie.

Parece que conoció a Alois Hitler en un baile para empleados en el hotel Royal Hibernian de la calle Dawson, en Dublín, y no en un espectáculo hípico, como afirma en sus memorias. Después de averiguar su ciudad de origen, descubría la existencia de una entrevista a Brigid publicada en el *Daily Express* antes de la guerra:

Ganó mi corazón con su charla azucarada y sus costumbres extranjeras. Mi padre, que en paz descanse, era un auténtico irlandés. No quería oír hablar de una boda con un extranjero. Alois y yo nos reuníamos todas las tardes en el museo y hacíamos planes para fugarnos. Cuatro meses después, cuando Alois había ahorrado suficiente dinero, fuimos a Inglaterra en el barco nocturno y llegamos a Londres. Escribí a mi madre y le dije que no volvería hasta que nos dieran permiso para casarnos. Ella convenció a mi padre y él dio su consentimiento. Tras casarme con Alois en Londres, él me llevó directamente a Dublín para que conociera a su familia, y luego nos fuimos a Liverpool. Consiguió trabajo de camarero en un restaurante y luego se hizo agente de una empresa de maquinillas de afeitar. Willie, nuestro único hijo, nació en marzo de 1911.

Mi marido solía hablar de su familia. Me hablaba de su hermano pequeño, Adolf, que era un chico soñador y estudiaba arquitectura cuando nos casamos.

El padre de Brigid, William Dowling, era un trabajador agrícola de Kilnamanagh, y su madre era Bridget Reynolds, de Ballymount. Sus abuelos eran Martin y Elizabeth Dowling, de Cookstown, y John y Bridget Reynolds, de Ballymount y, anteriormente, de Kilnamanagh. En su juventud, Brigid pasó algún tiempo viviendo en la ciudad de Clondalkin. Su hermano, Thomas, sirvió en la Royal Air Force en los años veinte.

Cuando nació Brigid, su madre era analfabeta y firmó con una X en el certificado de nacimiento.

Según el periodista de Tallaght Donal Bergin, el matrimonio de Brigid con Alois se mantuvo en secreto en la unida comunidad católica en la que creció: «Eso se ocultó. A la siguiente generación no se le habló mucho de ello».

La casa de campo en la que vivía la familia fue arrendada al padre de Brigid por un hombre llamado Andrew Cullen Tynan, padre de la poetisa Katharine Tynan. En la primera página de sus memorias, Brigid describe el día en que conoció a Alois y recuerda que «su padre hablaba de caballos con el señor Tynan, un vecino». Sin duda, esta era otra prueba de que las memorias no podían ser «inventadas», como afirma la nuera de Brigid.

Pero, si Hitler era un tema tabú delante de extraños, en casa, con la familia, había muchas historias que contar. William Patrick describió cómo tomaba el té con Hitler y cómo su tío se rodeaba de todo lo mejor: las mujeres más guapas, los muebles más elegantes y el ambiente más ostentoso. Pero añade: «Hitler se perdió en la grandeza de todo aquello. Se convirtió en un loco». Evidentemente, este mensaje impresionó a los chicos porque ellos mismos hablaban así. A veces su padre les enseñaba fotografías suyas con políticos y estrellas de Hollywood, recuerdos de sus días en el circuito de conferencias.

William Patrick habló también de su valiente decisión de enfrentarse a su tío, su negativa a renunciar a su ciudadanía británica a cambio de un papel más importante en el entonces todopoderoso Tercer Reich. Habló de su invitación al refugio privado de Hitler en Berchtesgaden, donde le dijeron que eligiera bando. Si quería quedarse y «participar en la gloria de Alemania», debía hacerse alemán. El ayudante de Hitler, Rudolf Hess, aparentemente, le dijo que haría «un servicio a nuestro Führer» si cambiaba de nacionalidad. «Usted debe entender que es un poco embarazoso para el Führer tener parientes ingleses».

Teniendo en cuenta su ambición y las solicitudes anteriores a su tío para que lo ayudara a encontrar trabajos mejor pagados en Alemania, fue una decisión curiosamente valiente. Pero William Patrick dijo que para entonces ya había visto suficiente del gran plan de Hitler como para saber que no quería tener nada que ver con él. El desaire significaba que permanecer en Alemania era un suicidio. Le aconsejaron que se marchara rápidamente mientras pudiera y cruzó la frontera con Holanda en el coche de un amigo. Según un amigo de la familia: «Podría haber llegado muy alto en el régimen de Hitler. Esa fue la oferta que Hitler le hizo. Pero dijo que no, pues sabía que no era lo correcto, y se lo dijo a Hitler a la cara. No tuvo más remedio que marcharse enseguida. Pat tuvo la opción de quedarse, pero decidió no hacerlo porque no le gustaba lo que había visto».

Abandonar Alemania fue especialmente duro para Phyllis, que mantenía fuertes lazos con su tierra natal y echaba mucho de menos su antigua vida, pero se mantuvo en contacto con sus parientes e hizo varios viajes a Europa para visitar a sus hijos.

Se dice que le preocupaba tanto que su propia familia se viera destrozada por la guerra de Vietnam que ordenó a todos sus hijos como ministros luteranos para que no pudieran ser reclutados para combatir.

Su identidad ya había sido descubierta una vez y habían abandonado su hogar en mitad de la noche para instalarse en una nueva ciudad, tan desesperados estaban por preservar su vida secreta.

Según un amigo íntimo de la familia: «Literalmente recogieron y se marcharon al amparo de la oscuridad la noche en que fueron localizados. Sintieron que podían estar en peligro y salieron de allí. Huyeron. No se trataba de un periodista o un escritor, era alguien que consideraban una amenaza para ellos.

La muerte de William Patrick en noviembre de 1987 cogió a toda la familia por sorpresa. Tuvo fiebre y fue tratado de una infección de bronquios. Murió días después, a los setenta y seis años, en un hospital local. Phyllis y sus hijos consideraron la posibilidad de enterrarlo sin lápida, permitiéndole en la muerte el anonimato que tanto apreciaba en vida. Pero, al final, sintieron que no podían dejar a un padre cariñoso sin un monumento conmemorativo. Lo enterraron junto a Brigid en una parcela para tres personas, pues había un espacio para su esposa.

Mientras el hijo mayor, Alex, trabajaba asesorando a veteranos de Vietnam, los otros chicos dirigían su negocio de jardinería desde casa de su madre. Todos muestran un notable parecido con su padre y con su tío abuelo.

Menos de dos años después de la repentina muerte de su marido, Phyllis y su familia sufrieron otro terrible golpe. Mientras conducía de un trabajo a otro como investigador en Nueva York para el Servicio de Impuestos Internos, el tercer hijo, Howard, murió en un choque frontal con un coche lleno de adolescentes que se desvió del carril y se estrelló contra él.

Mientras que sus hermanos siempre mantuvieron un perfil más bajo, Howard fue más ambicioso tanto en la escuela como en la vida. Fue el único hijo que buscó un papel más amplio para sí mismo, lejos de la seguridad de la pequeña ciudad que el resto de su familia consideraba un tesoro. Fue el único hermano que trabajó en Manhattan. Y fue el único que se casó.

Una fotografía de Howard con traje blanco pavoneándose al frente de la banda de su colegio como tambor mayor atestigua que heredó el perfil teatral de su padre.

Un viejo amigo del colegio, que también tocaba en la banda de música, recuerda a Howard como un «bromista»: «Era un chico muy americano. No mostraba ningún signo de su ascendencia inglesa y alemana. Desde luego, nunca habló de su parentesco con Adolf Hitler. ¡Qué capullo! Nunca lo habría asociado con ningún nazi. O era muy reservado al respecto o tal vez simplemente no lo sabía».

Otro amigo de la escuela primaria y secundaria, que jugó con Howard en la casa familiar y, ya de mayores, compartió con él una casa en una estación de esquí de la Costa Este, nunca tuvo la menor idea de la herencia secreta de Howard:

> Howard era uno de los chicos más altos del colegio y parecía andar a saltitos. Se lo tomaba todo un poco a broma, pero era muy popular y se le daban bien los estudios. Su madre era alemana, con un acento muy marcado. Siempre era ella la que lo llevaba a las fiestas, actos y demás. Su padre tenía un laboratorio de análisis de sangre en casa y pasaba mucho tiempo trabajando. Parecía un hombre muy corpulento y era muy diligente y cordial. Tanto su padre como su madre eran muy simpáticos y amables. Pero Howard no hablaba mucho de lo que pasaba en casa.
>
> Era una familia muy unida. Recuerdo a Alex, el hermano mayor, y a Brian, al que estaba muy unido. No recuerdo muy bien a Louis. Brian era muy parecido a Howard. Escuchábamos música rock juntos, jugábamos al fútbol; siempre estaba metido en algo. Nunca se dijo que su verdadero nombre fuera Hitler. Supongo que era algo que debía mantenerse en secreto. Mu-

cha gente de esta zona sirvió en la Segunda Guerra Mundial y muchos no volvieron. Que uno sea pariente de Hitler no parece algo que desee compartir.

Era inteligente, amable y extrovertido, y se tomaba muy en serio su vida y los negocios en los que participaba. No puedo creer que Howard estuviera relacionado de algún modo con Adolf Hitler.

Tras dejar la escuela, Howard trabajó durante un tiempo en una empresa de alquiler de camiones, pero su sueño, quizá alimentado por las historias de las hazañas de su padre antes de la guerra, siempre fue trabajar para el FBI o alguna agencia gubernamental similar. Al final, se decantó por la rama de investigación del Servicio de Impuestos Internos y llevaba dos años trabajando como agente cuando murió, mientras conducía bajo la intensa lluvia, para investigar dos posibles fraudes. Howard, que entonces tenía treinta y dos años, murió en el acto. Llevaba menos de cuatro años casado con una joven y cariñosa esposa de padres europeos. Sus amigos dicen que, de todos los hermanos, Howard era el que más posibilidades tenía de desafiar el pacto de sangre de los hijos de Hitler: «Pero intervino el destino. Creo que a Howard y a su mujer les habría encantado tener hijos. Sin duda era algo en lo que pensaban. Supongo que no pudo ser.

Amigos y familiares abarrotaron la iglesia para el funeral de Howard. Todos sus conocidos querían dedicarle un último adiós. El nombre de Howard se recuerda en memoriales en Washington D. C. y Georgia en conmemoración de las vidas de los agentes fallecidos en acto de servicio.

Para Phyllis, la pérdida de uno de sus queridos hijos, sobre todo tan poco después de la muerte de William Patrick, fue casi insoportable.

Aunque algunos parientes lejanos llevan vidas igualmente tranquilas en Austria, los tres hijos estadounidenses son los únicos descendientes de la línea paterna de la familia. Son, verdaderamente, los últimos Hitler.

No pude evitar pensar, mientras recopilaba mis notas en mi habitación de hotel la noche antes de salir de Nueva York, que los años de posguerra de la familia Hitler podrían haber sido arrancados de los álbumes de recortes de cualquier familia de Estados Unidos. Habían llevado una vida tranquila y trabajadora para proteger a las personas que amaban. Todo lo que habían pedido a cambio era que los dejaran en paz.

Antes de volar de vuelta a California, me acerqué amablemente a visitar a la familia, que ya era consciente de que un periodista británico había conseguido localizarlos. Me indicaron, con idéntica cortesía, que estaba perdiendo el tiempo.

CAPÍTULO XV
EL FALSO HIJO DE HITLER
25 de marzo de 1918. Seboncourt, Francia

A la mayoría de la gente no le sorprende que los últimos descendientes legítimos vivos de la línea paterna de Hitler hagan todo lo posible por ocultar su identidad al mundo. Como se cuenta en este libro, su ascendencia ha supuesto una terrible carga para ellos.

Después de la Segunda Guerra Mundial, los rusos arrasaron los edificios de la Cancillería en Berlín y los estadounidenses destruyeron la casa de Hitler en Berchtesgaden, Baviera, como parte de una campaña de demolición para borrar todo rastro de Hitler y del nazismo y evitar que se convirtieran en santuarios de extrema derecha del Tercer Reich. Los Hitler estadounidenses se han pasado toda la vida temiendo que llamaran a la puerta fanáticos que aún consideran un dios a su despótico tío abuelo.

Por tanto, la motivación de los hombres que buscan publicidad afirmando estar emparentados con Hitler resulta realmente extraña. Si tuviera alguna duda sobre mi parentesco, la última persona con la que querría estar relacionado es con el hombre más odiado de la historia.

Tal vez la retorcida personalidad de estos hombres ofrezca algunas pistas. Cuando visitó Dachau, el primer campo de concentración creado por las SS, donde murieron al menos 28 000 personas entre 1940 y 1945, el francés Jean-Marie Loret, que afirmaba ser hijo ilegítimo de Hitler, se cruzó de brazos, miró a su alrededor y dijo: «Si mi padre hizo esto, entonces debe haber tenido sus razones». También se dice que una vez hizo el saludo nazi ante la Asamblea Nacional de Japón.

Otro hombre que afirma estar emparentado con el dictador alemán, Romano-Lukas Hitler, fue condenado por conducta sexual inapropiada en 2019.

Las afirmaciones de Loret fueron las que recibieron más publicidad, a pesar de ser rechazadas por los principales historiadores de Hitler, y el trabajador ferroviario francés se fue a la tumba en 1985 insistiendo en que era el hijo ilegítimo del Führer, perdido hacía mucho tiempo. Sostuvo que su madre, Charlotte Lobjoie, confesó en su lecho de muerte en 1948 que el joven Hitler la dejó embarazada cuando él estaba sirviendo en Francia durante la Primera Guerra Mundial. Supuestamente se conocieron en 1914, cuando Hitler era cabo del ejército alemán y estaba de permiso en Lille y Lobjoie tenía dieciséis años. Su romance que, según Loret, se prolongó durante varios años y se representó en diferentes regiones de Francia, dio lugar a su nacimiento en Seboncourt (Francia) el 25 de marzo de 1918. El padre figura en el certificado de nacimiento de Jean-Marie como «soldado alemán desconocido».

Loret fue criado por sus abuelos y posteriormente fue adoptado, lo que explica su apellido, pero afirmó desconocer la identidad de su padre hasta la revelación bomba de su madre. El hijo de Loret, Philippe, insiste en que las afirmaciones de su padre son ciertas, y, en 2012, declaró al *Daily Mail*:

Creo que soy nieto de Hitler. Por supuesto que lo soy. Las pruebas están ahí. Si la gente no lo cree, es su problema.

Me lo dijo mi padre. Mi madre sigue viva y también lo cree. Es parte de mi familia, por eso tengo un retrato suyo en la pared. Hitler es mi familia. No tengo la culpa de ser su nieto ni tampoco nada ver con todo lo que sucedió durante la guerra. Lo que hizo no tiene nada que ver conmigo, pero siempre será mi familia.

Cuando me lo dijeron por primera vez, lo único que me interesaba eran las chicas, así que no pensé demasiado en ello. Sabía quién era Hitler porque lo estudié en el colegio, pero no se lo dije a ninguno de mis amigos. Mi vida privada no tenía nada que ver con ellos. Cuando mi padre nos dijo que Hitler era su padre, estaba orgulloso de ser hijo de Hitler. Al principio, le costó asimilarlo. No le gustaba, pero poco a poco lo fue aceptando.

Mi padre me contó que la relación duró solo unos meses. Hitler sufrió un ataque con gas y volvió a Alemania para recuperarse. Volvió durante unos meses y se marchó de nuevo a Alemania, y ella no volvió a verlo nunca más.

Mi padre decía que Hitler era un buen amante y que era delicado con mi abuela. Pero, al parecer, era una persona celosa y no le gustaba que otros hombres le echaran el ojo. Que yo sepa, nunca tuvo perversiones sexuales; no quiero convertirlo en un monstruo mayor que el que ya es.

Loret hizo todo lo posible por respaldar su historia, contrató a científicos para que demostraran que compartía grupo sanguíneo con Hitler y tenía una caligrafía similar. Sus hijos también se sometieron a pruebas de ADN, pero los resultados nunca se hicieron públicos. A diferencia de los Hitler estadounidenses, que se habían negado rotundamente a hacer pública su historia, Loret escribió un libro titulado *Your Father's Name Was Hitler*.

Las pruebas genéticas realizadas por investigadores belgas, el periodista Jean-Paul Mulders y el funcionario de aduanas Marc Vermeeren, también parecían excluir a Loret de la familia Hitler.

Los investigadores belgas siguieron a Alexander, el mayor de los hermanos de Long Island, durante una semana y finalmente sacaron de un cubo de basura una servilleta que había utilizado en un restaurante de comida rápida. Después cotejaron la muestra con lo que Mulders describió como «ADN de Hitler que guardamos en un cofre blindado y sellado».

Aunque poco científicos, los resultados confirmaron el linaje de los hermanos y los investigadores afirmaron haber desenterrado treinta y nueve parientes lejanos de Hitler en la Baja Austria, pero no había ninguna coincidencia con Loret.

Historiadores como sir Ian Kershaw y Anton Joachimsthaler, ambos autores de biografías fundamentales de Hitler, tampoco dieron mucha credibilidad a las afirmaciones de Loret. Al parecer, lo único que el francés tenía en común con el dictador era su grosería. La historia de Romano-Lukas Hitler es, si cabe, aún más extraña. Este hombre solitario, que vive en Goerlitz, en el este de Alemania, y trabaja como patrón de barco, afirma ser bisnieto del hermano menor del padre de Hitler, un antepasado hasta ahora desconocido y que los expertos sugieren que no existió. El periódico alemán *Bild* afirma que este hombre no ha podido demostrar su linaje, aunque utiliza el apellido Hitler.

Estuvo encantado de hablar de su supuesta conexión en pantalla para el documental de 2014 *Meet the Hitler:*

> La gente siempre me pregunta por qué no he querido cambiar de apellido, y yo les respondo: «¿Por qué no te lo cambias tú?». No me siento especial. Para mí es normal cómo son las cosas. Forma parte de mí y ya está. No puedo cambiarlo. No tengo apartamento. No tengo dinero. Mis padres me dejaron en un orfanato en Bratislava. Mis padres querían irse a Austria y me dijeron que me recogerían al cabo de uno o dos meses. Nunca volvieron a por mí. Sigo queriendo a mis padres. Todo niño quiere estar con sus padres. Yo no los tuve.

Hitler, que lleva un león tatuado en la cabeza, insistió en que su familia le habló de su linaje:

> Mis padres siempre me decían que, por culpa de mi tío, no podía jugar con otros niños ni ir a la guardería, etc. Sabía por mis padres que era por culpa de mi tío. No entendía quién era Adolf. Por eso aprendí desde pequeño a mantener las distancias con la gente.
>
> Sí, soy el único y último pariente de Adolf Hitler en la tierra. Después de Adolf estoy yo, y después de mí hemos terminado con la familia. No queda absolutamente nadie más. Me siento como el sobrino de Adolf. Es una cuestión de fe. Solo tengo a Adolf como mi familia. Nadie más puede tenerlo. Soy el único en este mundo. Para mí, Adolf es la única persona que tengo.

Dijo que siempre había soñado con formar una familia y llamar Adolf a su propio hijo.

En 2019 se enfrentó a una publicidad menos grata cuando, al parecer, fue condenado por besar a una niña de trece años en el cuello y la mejilla después de que su padre lo denunciara a las autoridades. Según el *Daily Mirror*, el juez rechazó su alegación sobre que el beso fuera un saludo inocente.

Insistió en que él, y no los tres hermanos estadounidenses, era el último de los Hitler. Cuando se le habló de sus antecedentes como sobrinos nietos del Führer, se limitó a decir: «No lo creo. No lo creo».

Ha habido otra afirmación de que Hitler tuvo un hijo, pero, una vez más, las pruebas eran poco sólidas. Se trataba de su extraña amistad con Unity Mitford, miembro de una famosa familia aristocrática con afición al nazismo.

La *socialité* de los años treinta se convirtió en lo que hoy se conocería como una acosadora, yendo al restaurante favorito de Hitler, Osteria Bavaria, todos los días durante diez meses hasta que él finalmente la invitó a unirse a su mesa. Cuarta hija de lord Redesdale, era una ferviente antisemita y una abierta defensora del fascismo en la Inglaterra de los años treinta.

Pasó de ser la *groupie* de Hitler a miembro de su círculo íntimo y estaba en el balcón con él en Viena cuando anunció el Anschluss en 1938. Un informe de inteligencia la describió como «más nazi que los nazis».

No hay pruebas de que la relación fuera más allá de la adoración por parte de ella, pero lo cierto es que estuvieron muy unidos durante cuatro años y solo se separaron después de que Alemania invadiera Polonia en 1939 y Hitler enfriara su relación con ella. Mitford no se lo tomó bien y se pegó un tiro en la cabeza en su piso de Múnich en un intento fallido de suicidio. Para ser justos, había jurado suicidarse si los dos países que amaba entraban en guerra. Pero, aunque su gesto fue encomiable, su puntería no. La bala se alojó en su cerebro, causándole importantes daños cerebrales, y finalmente murió en 1948, tras ser atendida el resto de su vida por su madre, lady Redesdale.

La cosa se habría quedado ahí de no ser por un artículo publicado en 2007 en el *New Statesman*, en el que se sugería que Unity podría haber regresado a Inglaterra con algo más que el rabo entre las piernas. Según el escritor Martin Bright, una fuente le informó de que Mitford tuvo un hijo en una maternidad de Oxfordshire durante la guerra. Al preguntarle quién podría haber sido el padre, Bright afirma que le dijeron: «Bueno, ella siempre dijo que era de Hitler».

La fuente informó de que el niño fue dado en adopción, pero Bright desconfiaba de la historia, al igual que los biógrafos de Hitler, que le han dado poca importancia.

Bright cita los diarios del número dos del MI5 durante la guerra, Guy Liddell, que no estaba convencido de que Mitford hubiera intentado suicidarse:

Unity Mitford había estado en estrecho e íntimo contacto con el Führer y sus partidarios durante varios años y era una ardiente y abierta partidaria del régimen nazi. Se había quedado atrás tras el estallido de la guerra y su acción se acercó peligrosamente a la alta traición. Sus padres habían estado asociados con la Hermandad Anglo-Alemana y otros movimientos afines y obviamente la habían apoyado en sus ideas sobre Hitler.

No teníamos ninguna prueba en apoyo de las alegaciones de la prensa de que se encontraba en un grave estado de salud, y bien podría ser que la trajeran en camilla para evitar publicidad y disgustos a su familia.

Las sospechas de Liddell fueron infundadas, ya que Mitford acabó muriendo a causa de las heridas, pero la sugerencia de que pudiera haber estado embarazada perduró, a pesar de los feroces desmentidos de su familia. Una pista puede haber sido que una mujer cuya hermana trabajaba en la maternidad Hill View Cottage, en el pueblo de Wigginton, Oxfordshire, le dijo a Bright que Mitford no estaba allí para tener un bebé, sino para recuperarse de una crisis mental.

No había ninguna prueba evidente, ya que las autoridades británicas ni siquiera se habían molestado en entrevistar a Mitford, a pesar de que ella no había ocultado su cercanía y adoración por el líder alemán. No cabe duda de que, de haber tenido unos orígenes más humildes, se le habría pedido que explicara hasta qué punto llegó esa relación.

Unity fue una de las seis hermanas Mitford que crecieron con mayor o menor notoriedad. No iban a la escuela porque sus padres, lord y lady Redesdale, temían que sus tobillos se volvieran gruesos por jugar al hockey. La hermana mayor de Unity, Diana, tuvo un escarceo público con Oswald Mosley, líder de la Unión Británica de Fascistas, con quien más tarde se casó en la casa de Joseph Goebbels, con Hitler como invitado estrella. Tras ser detenida y encarcelada, junto con Mosley, le preguntaron si estaba de acuerdo con las aborrecibles políticas de Hitler contra los judíos: «Hasta cierto punto —respondió—. No me gustan los judíos».

Así pues, Unity tenía los motivos y la educación para tener descendencia de Hitler. Es muy probable que lo deseara. Pero, como en el caso de Jean-Marie Loret, hay demasiados agujeros en la historia como para dar credibilidad a la idea de un Hitler vagando anónimamente por los Cotswolds.

Por eso la historia real de los únicos Hitler que continúan vivos resulta tan fascinante.

CAPÍTULO XVI
DEJAD DORMIR A LOS PERROS
24 de abril de 2001. Long Island, Nueva York

No en vano, después de treinta años, mostraba un aspecto más canoso y corpulento que el chaval que aparecía en la foto del anuario del instituto de 1967. Sin embargo, Alex Hitler seguía teniendo el parecido familiar que podría hacer que la gente se parara a mirarlo dos veces si conocieran su verdadero nombre.

Empecé a presentarme, pero no fue necesario.

—Te recuerdo —me dijo, de pie ante la puerta de su casa, a menos de diez millas de donde vivía su madre—. Y sé por qué estás aquí.

Ya había vuelto una vez desde que contacté por primera vez con la familia hacía más de dos años y medio, y me alivió comprobar que mis indagaciones no habían echado a Phyllis de su casa ni preocupado a sus hijos lo suficiente como para que buscaran un nuevo comienzo con otro nombre en otra ciudad. Aquella vez, Alex me había recibido en la puerta de la casa de su madre. Se mostró extremadamente educado, incluso amable, pero estaba igualmente seguro de que la familia seguía sin tener intención de hablar del pasado. No era el momento adecuado para que su madre o el resto de la familia dejaran escapar su secreto. Un ramo de flores que había enviado a la casa al día siguiente fue devuelto a la tienda.

Esta vez, como no quería preocupar más a su madre, llamé a la pequeña casa de soltero de Alex en un distrito más concurrido de Long Island. Conmigo estaban los cineastas británicos David Howard y Madoc Roberts, interesados en realizar un documental sobre la vida de William Patrick Hitler. Llevaba más de un año hablando con David sobre el proyecto, y él y Madoc habían conseguido desenterrar algunas fascinantes cintas antiguas de noticiarios sobre William Patrick y su madre, tanto en Inglaterra como en Estados Unidos. David también había vuelto a la dirección de Brigid en Highgate antes de la guerra y encontró a una anciana que recordaba a la irlandesa señora Hitler y siguió en contacto con la familia durante algunos años después de que se trasladaran a Estados Unidos. Incluso recordaba haber recibido por correo una fotografía de Brigid con su primer nieto. Curiosamente, el nombre del bebé garabateado en el reverso de la foto era Alf, el mismo apodo que Geli Raubal había usado para su tío, Adolf Hitler. Era otro indicio más de que el segundo nombre de Alex Hitler podía ser Adolf, como había afirmado John Toland.

Otras indagaciones en Liverpool revelaron la existencia de un amplio círculo de lugareños que conocían la historia de la visita de Adolf Hitler a la ciudad sin que, lamentablemente, pudieran presentar ninguna prueba firme. La historia se había transmitido de generación en generación para ser aceptada en el acervo histórico de Liverpool, fuera cierta o no.

Es evidente que, para realizar un documental o, de hecho, escribir un libro sobre William Patrick, sería de gran ayuda contar con la colaboración y ayuda de su familia superviviente.

—Queremos hablar con vosotros para que sea lo más preciso posible —le expliqué a Alex, que iba vestido con una camiseta vieja y unos vaqueros—. Me doy cuenta de que esto se está convirtiendo en una visita anual —continué—. Pero hay un abismo enorme entre el material escrito que pinta mal a tu padre y a tu abuela y la realidad de que pasaron la mayor parte de su vida decididos a permanecer fuera de los focos y a criar una familia cariñosa. Se trata de una perspectiva injusta que, con tu ayuda, nos gustaría corregir. Creo sinceramente que es importante mostrar un retrato justo de tu padre.

Alex no hacía mucho que había llegado del trabajo y respondió con una aceptación cansada.

—Diviértete —dijo—. Haz tu programa sobre mi padre, o lo que sea que pretendas hacer. Sé que en Inglaterra sigue habiendo mucho interés por Hitler, y sale en la televisión y en los libros y periódicos con más frecuencia que aquí. Asegúrate de decir cosas buenas de mi padre, porque era un buen tipo. Vino a Estados Unidos, sirvió en la Marina, tuvo cuatro hijos y una vida bastante buena. Es una tontería que la gente lo llame la oveja negra. No hay nada más lejos de la realidad. Para todo el mundo, esto es probablemente muy interesante. Pero para nosotros es un grano en el culo. ¿Por qué tenemos que cargar con esto? Siempre hemos dicho que no vamos a conseguir nada bueno de esto, solo humillación. He leído algunas de las cartas que mi padre le escribió a mi abuela y lo único que puedo decir es que todo fue una experiencia muy desgraciada. Le encantaba vivir en Inglaterra, pero luego vivía en Alemania y todo eso. Por eso vino a Estados Unidos, porque quería desaparecer. Era historia pasada y, por desgracia, era historia pasada negativa.

Por si aún quedaban dudas, Alex quiso explicarlo con detalle:

—Mi padre era definitivamente antinazi y anti-Hitler. Supongo que porque los nazis hicieron cosas terribles en Alemania cuando él estaba allí. Decidió marcharse a Estados Unidos y convertirse en estadounidense. Eso es todo. Si hubiera querido dar a conocer sus experiencias, podría haberlo hecho. Era su vida. Yo lo perseguía todo el tiempo para que escribiera un libro, pero él me dijo: «Si escribo un libro, en cuanto me muera, correrás a publicarlo». Yo le contesté: «No, no lo haré». Queríamos que escribiera un libro porque lo sabía todo, y nosotros, nada. He pasado toda mi vida en Estados Unidos. No sé nada de lo que pasó allí. He estado en Alemania un par de veces. Es un lugar bonito, pero sigue siendo un país extranjero para mí, eso es todo. Le pedí a mi padre que escribiera un libro durante un par de años, pero, hacia el final de su vida, la memoria le fallaba un poco la memoria y me dijo: «Parece que no va a ser posible». Así que nunca se hizo. Así de sencillo. ¿Por qué todo el mundo está tan fascinado con él? ¿Es porque era inglés?

—Es interesante que un Hitler creciera en Inglaterra y viviera en Estados Unidos —respondí—. Lo que es más fascinante es que hizo un trabajo tan bueno desapareciendo de la faz de la tierra que nadie sabe lo que le ocurrió. Y sé que no paro de repetirlo, pero, como nunca contó su versión de la historia, no ha sido recordado muy amablemente. Por eso creo que sería de gran ayuda si usted se decidiera a contar su verdadera historia.

Alex sonrió, pero no parecía dispuesto a cambiar de opinión.

—Este tema le surgió a mi padre a principios de los ochenta y se limitó a decirme: «No voy a decir nada». Mi abuela pensaba lo mismo. Su idea era que había que dejar dormir a los perros y eso es lo que hemos dicho siempre. Puede apostar su último dólar a que no vamos a colaborar. Es algo que tendrá que escribir usted. Quizá pueda echarle un vistazo, pero antes tendré que hablar con mi familia. Me alegro de que haya venido a hablar conmigo porque mi madre no se encuentra muy bien. Creo que si el nombre no tuviera una connotación tan negativa, probablemente lo haríamos. Hablé con uno de mis mejores amigos y me dijo: «¿Qué problema hay? Deberías decir algo. Montarán un gran alboroto durante quince minutos y luego todo habrá terminado».

—Puede que tenga razón —le dije—. Parte de la fascinación está en el misterio y en el hecho de que tu familia no haya dicho nada de todo este asunto desde que tu padre dejó la Marina. Una vez que se haya contado la historia, podréis seguir con vuestras vidas sin preocuparos de que periodistas como yo aparezcan en vuestra puerta.

—Sí, pero también puede ser que esto genere una cadena, pues alguien podría decir: «Mira, han dicho algo. Vamos a intentar hablar con ellos también». Nos hemos reunido y hemos decidido que simplemente no vamos a hablar con nadie. Dentro de quince o veinte años, ¿quién sabe? Esto no me va a ayudar en nada. Cada vez que hablo con usted, la historia avanza, pero ¿de qué me sirve? Un par de millones de dólares no me vienen mal, pero, por lo demás, no merece la pena. No vemos por qué deberíamos arriesgarnos a decir nada.

Aunque una fuente cercana a William Patrick cree que «gran parte» del manuscrito que pretende ser las memorias de Brigid es cierto y, de hecho, muchas historias de las propias conferencias de William Patrick en tiempos de guerra y los artículos que escribió para *Look* y *Paris Soir* parecen verificar y confirmar episodios del libro, la familia sigue insistiendo en que es falso.

Phyllis me dijo que las memorias eran «inventadas» y Alex estuvo de acuerdo.

—Lo leímos —me dijo—. Es lo más divertido que he visto en mi vida.

—Pero, si no lo escribieron ni tu abuela ni tu padre, ¿quién lo escribió? —le pregunté—. Contiene tantos datos que nadie más podía saber...

—No es algo que nos interese investigar. Quizá un editor lo escribió de forma anónima. Puede que fuera una forma de ganar dinero. Pero la información es falsa.

De repente, Alex se dio cuenta de que había hablado más de lo que pretendía y me sugirió que volviera al día siguiente, cuando él regresara del trabajo. Para entonces, habría pedido la opinión de su madre y sus hermanos sobre si debía aceptar revisar nuestro material sobre su padre.

Antes de irnos, le pregunté a Alex sin rodeos si su segundo nombre era Adolf. Se limitó a sonreír y cerró la puerta.

Cuando volví a la hora acordada no había ni rastro de Alex. Pero había una nota dirigida a mí clavada en la puerta. Decía que cualquier otra consulta debía hacerse a través del abogado de la familia e incluía un número local. No habría cooperación.

CAPÍTULO XVII
TRAGEDIA DEL HITLER CASADO
14 de septiembre de 1989. Long Island, Nueva York

P ara uno de los últimos descendientes vivos del hombre más odiado de la historia quizá fuera una extraña elección. Los inspectores de Hacienda, después de todo, no suelen ser vistos con mucho cariño.

Pero, como su padre antes que él, Howard Hitler estaba decidido a hacer todo lo posible por servir a su país y, según todos los indicios, el nativo de Long Island era un empleado popular y trabajador, además de un marido cariñoso.

Por eso, cuando el 14 de septiembre de 1989 falleció en un accidente de tráfico, siendo el primer inspector de Hacienda que moría en acto de servicio, la conmoción de su familia y de la comunidad en la que creció fue enorme.

La iglesia estaba llena. Su repentina muerte a los treinta y dos años dejó desolados a su mujer, su madre y sus tres hermanos.

Salvo una excepción, ninguno de los amigos más íntimos de Howard sabía que había nacido Hitler. El neoyorquino de nacimiento fue enterrado en un cementerio de Long Island con el mismo nombre falso que sus padres eligieron para ocultar la verdad sobre sus lazos de sangre.

Howard Hitler fue enterrado a escasa distancia del lugar de descanso final de su padre, de origen inglés, y de su madre, de origen irlandés.

A diferencia de sus tres hermanos, Howard era extrovertido y sociable, el alma de cualquier fiesta. También era el único hermano que se negaba a verse constreñido por la carga de su apellido y no quiso formar parte del pacto que los demás hermanos acordaron para poner fin a la línea familiar en su generación. No solo se casó, sino que quiso tener hijos antes de que su vida se viera trágicamente truncada.

Algunos de sus amigos accedieron a hablar conmigo para ofrecerme una visión única de la vida de un hombre que creció con el máximo secreto familiar.

Su mejor amigo, Joe Sirhan, me dijo: «Quiero que el mundo sepa lo maravilloso que era Howie. Era uno de los tipos más agradables que uno podía conocer, y lo llevaré siempre conmigo.

A pesar del extraordinario secreto que escondía su nombre, la educación de los Hitler no tenía nada de extraordinario. Howard era el tercero de los cuatro hermanos. Los cuatro iban al mismo instituto, pero Howard destacaba por ser el más extrovertido, tocaba en la banda del colegio y siempre estaba rodeado de un gran círculo de amigos.

Kathy Masem-Zguris, que todavía regenta una tienda de música en su ciudad natal, fue la pareja de Howard en el baile de graduación y tocaron juntos en la banda del instituto:

> No tenía ni idea de que Hitler fuera su verdadero nombre. Todavía no me lo creo. Era todo un caballero y siempre muy divertido.
>
> Todos éramos muy amigos y frikis de la música, así que lo pasábamos muy bien. Mi hermano era un año mayor que nosotros. La otra noche salimos juntos y le dije: «Nunca adivinarás con quién estaba emparentado Howard. ¿Te acuerdas de

él? ¡Con Adolf Hitler!». Mi hermano se quedó boquiabierto, totalmente pasmado. Ese nombre se asocia con la tortura y el asesinato. Entiendo que no quisieran llevarlo.

La boda de Howard con su novia Marie fue como un relámpago para el resto de la familia, acostumbrada a mantener alejados a los extraños.

Confió su secreto de Hitler a una sola persona, su mejor amigo, Joe Sirhan, que también le conocía de sus días juntos en la banda:

Fue unos días después de la muerte de su padre. Estábamos en el patio trasero. Me lo tuvo que contar varias veces antes de que entendiera de qué me estaba hablando, porque lo conocía desde hacía mucho tiempo y era mi mejor amigo. Su madre se enfadó mucho cuando se enteró de que me lo había contado. Se supone que nadie de fuera de la familia debía conocer esta terrible historia.

Recuerdo que el cielo estaba nublado y Howard me dijo:

—Tengo una pequeña historia que contarte. Mi padre es sobrino de Adolf Hitler.

—¡Venga ya!

—Es verdad.

Luego me explicó el linaje y cómo se cambiaron de apellido. Querían permanecer en el anonimato. Era una carga muy pesada. Como éramos tan amigos, jamás le conté nada a nadie durante veinticinco años.

Entendí entonces que todo este asunto secreto había hecho que fueran tan reservados. Ellos tienen miedo de los locos que hay sueltos por el mundo. Ese fue siempre el gran problema, tenían miedo de que llegara alguien y se tomara la justicia por su mano. Howard dijo que por eso lo mantuvieron en secreto, porque había mucha gente extraña por ahí. No tenían nada que ver con su tío abuelo, pero han estado esposados a él. Toda la familia está esposada entre sí por esto.

Había coches extraños aparcados en los alrededores de su casa. Su casa era como una pequeña fortaleza.

Joe aún echa de menos a su amigo:

Howard hizo mucho por mí. Era un gran galán y un tipo divertido. Guardaba un terrible secreto, aunque estoy seguro de que todos se sintieron perjudicados de alguna manera. Ahora que lo recuerdo, era una familia muy disfuncional. Todos los hermanos vivían juntos en una casa diminuta. Parecía un buzón de correos.

Me invitaban a todas partes. Todos los viernes por la noche iban a un restaurante llamado el Buen Buey. Era una tradición para toda la familia. El color favorito de Howard era el negro. Siempre vestía de negro. Tenía un coche Camaro negro como el de Knight Rider. Le gustaba mucho *Star Trek* y *Star Wars*.

Willy era genial. Me trataba como a un hijo. Le encantaba reírse. Estuvo en mi boda en 1979 con Howard como acompañante. La voz de Willy era idéntica a la del actor Michael Caine. Willy sonaba exactamente así. Estaba muy metido en la astrología. Sabía leer las cartas. Le encantaba. La astrología era su pasión.

Joe cuenta que la familia sufrió un duro golpe con la repentina muerte de William Patrick a causa de un fallo cardíaco en 1987, a la edad de setenta y seis años.

William murió de manera repentina. No sabían qué hacer con la lápida. Temían que, si ponían el nombre de Hitler, como debería haber sido, se convirtiera en un santuario neonazi y no querían eso. Pensaron que tal vez querría ser enterrado con su verdadero nombre para aclarar las cosas definitivamente, pero al final decidieron no hacerlo.

El matrimonio de Howard fue toda una sorpresa para la familia. Su madre no se lo esperaba y yo tampoco. Simplemente acudieron a un juez de paz.

El accidente de coche de 1989 ocurrió cuando Howard se dirigía a entregar una citación.

Cuando murió tardé un par de años en superarlo. Fue absolutamente horrible. Su mujer, Marie, nos llamó a las dos de la madrugada la noche que Howard murió y nos dijo: «No sé qué hacer». Estaba muy mal. Acababa de empezar a vivir su vida, se había separado de su madre y de sus hermanos, había conseguido su propia casa y un gran trabajo en el Gobierno, y todo se acabó. Ese día está congelado en el tiempo para mí.

Me contó que la familia tiene mucha información sobre la vida de William Patrick antes de la guerra:

No saben en quién confiar. Tienen una gran archivo fotográfico. Lo he visto. Debería estar en un museo. Hay fotos personales del Tercer Reich. Estas cosas deberían estar ahí. Forman parte de nuestra historia, nos guste o no.

Vi la carta que Willy escribió a Adolf. Vi el original. Forma parte del archivo con tanta información interesante que nadie ha visto. Howard me lo mostró. Había fotos de Adolf y Willy juntos. Fotos de familia.

CAPÍTULO XVIII
CALLE HITLER
Julio de 1936. Yaphank, Long Island

E stá a unos quince minutos en coche hacia el este desde el pequeño pueblo de la costa sur del este de Long Island donde se criaron los hijos de Hitler hasta un remanso rural con un pasado nazi secreto que sus residentes más ancianos también preferirían olvidar.

Hoy en Yaphank, en el condado de Suffolk, los padres cortan el césped meticulosamente y los niños montan en bicicleta en esta comunidad anodina con nombres de calles vulgares, como Park Boulevard y Private Road. Muchas familias han vivido aquí durante generaciones y se enorgullecen de tener casa propia.

Pero, en los años treinta, una década antes de que William Patrick, Phyllis y Brigid se trasladaran a Long Island para huir de su herencia, este mismo barrio tenía una reputación mucho más siniestra como el corazón americano del nazismo alemán.

Y esas mismas calles no se llamaban Park Boulevard y Private Road, sino Hitler Street y Goebbels Street.

Increíblemente, hasta 40 000 estadounidenses ondeando esvásticas, muchos de ellos con raíces alemanas, se reunían en un parque de Yaphank todos los domingos del verano de 1936 para celebrar el nazismo como movimiento y a Adolf Hitler como su arquitecto. Ataviados con camisas grises, corbatas negras y pantalones y botas negros (el uniforme del grupo fascista estadounidense German-American Bund), muchos se llegaban desde Nueva York, tras coger un tren especial que salía a las ocho de la mañana todos los domingos de Penn Station. Luego marchaban por el pueblo de Long Island hasta su destino, un bucólico parque a orillas de un lago que habían rebautizado como Camp Siegfried, en honor al mítico héroe alemán cazador de dragones que fue adoptado por los nazis.

Parecía un campamento familiar cualquiera, con cabañas, zonas de recreo y barbacoas, salvo que dondequiera que miraras había una esvástica. Una bandera alemana ondeaba más alta que la estadounidense. Aunque algunos vecinos miraban a los recién llegados con recelo y desdén, en la zona había una fuerte influencia germánica de familias inmigrantes que perdura hasta hoy.

Las marchas de Camp Siegfried (incluidas las del 4 de julio, Día de la Independencia de Estados Unidos) incluían a adultos y niños, todos ellos blancos, que saludaban con brazos rígidos a Hitler y cantaban el himno nazi, el *Horst Wessel*.

Delante de la posada de Camp Siegfried, se plantaron flores para formar una esvástica gigante, y una fotografía de Hitler de medio metro de altura adornaba la pared interior. Además de nadar, practicar deportes y tomar el sol, se organizaban sesiones para escuchar a Wagner, el compositor favorito de Hitler, y conferencias antisemitas.

Marvin Miller, antiguo maestro de escuela y autor de un libro, *Wunderlich's Salute*, sobre el campamento, escribió: «En Camp Siegfried y en otros similares, los afiliados del Bund y los jóvenes Sigfridos decían *heil*, desfilaban en uniforme, cantaban el *Horst Wessel* y publicitaban abiertamente el nazismo entre sus insignias. Fanáticamente, algunos se entrenaban para ser soldados, apaleaban a otros americanos, utilizaban organizaciones patrióticas estadounidenses para sus fines y conspiraban para cometer espionaje y sabotaje».

Los residentes del condado de Suffolk y de Nueva York aportaron un total de tres mil dólares a una colecta para el Fondo de Ayuda Invernal de Alemania y setenta y uno firmaron con sus nombres en un Libro de Oro que fue entregado a Adolf Hitler por el líder del Bund, Fritz Kuhn, cuando visitó Alemania con motivo de los Juegos Olímpicos de 1936.

Kuhn se fotografió con Hitler, y el canciller, al parecer, le instó a mantener la «lucha» en América, dice Miller.

David Behrens, reportero del periódico *Newsday* de Long Island, escribió, en un artículo de 1983, que el principio del fin del campamento llegó en 1938, cuando seis funcionarios del campo fueron acusados de infringir las leyes estatales de derechos civiles al participar en una organización que exigía a sus miembros jurar lealtad a Adolf Hitler.

Uno de ellos, Willie Brandt, declaró que había prestado juramento: «Prometo fe a mi líder, Adolf Hitler. Prometo a Adolf Hitler y a los que él ponga al mando… lealtad y obediencia y me obligo a ejecutar todas las órdenes cuidadosamente y sin miramientos personales».

Behrens escribe sobre la investigación de Miller de este caso y ofrece el testimonio de otro *bundista*, el empleado naviero Martin Wunderlich, que fue interrogado por el tribunal sobre los saludos nazis de sus miembros dedicados a la bandera de Estados Unidos.

Cita el intercambio del siguiente modo:

P. ¿Cómo se saluda a la bandera estadounidense?
R. Con un saludo de la raza blanca.
P. ¿Cómo se levanta el brazo cuando se saluda a la bandera estadounidense en el Camp Siegfried?
R. Ha visto muchas fotos.

P. Al jurado le gustaría verlo. Usted está en el estrado para contárnoslo.

R. Me niego a hacerlo.

P. ¿Se niega a hacerlo?

JUEZ. Levántese y muéstrenos cómo saluda a la bandera en el Camp Siegfried.

R. [*De pie y levantando el brazo derecho en un rígido saludo nazi*] Saludo a la bandera americana como miembro orgulloso de la raza blanca.

P. ¿Eso es un saludo americano?

R. Lo será.

P. ¿Lo será? ¿Eso es lo que usted quiere imponer en Estados Unidos? ¿Usted y su multitud quieren que todos saludemos de esa manera? Ya es suficiente. Eso es todo.

El campamento perdió su licencia de alcohol al año siguiente y se disolvió cuando Alemania invadió Polonia en 1939 y la guerra en Europa se acercaba cada vez más a los Estados Unidos. Kuhn fue condenado por utilizar fraudulentamente el dinero del Bund y pasó la guerra en un campo de detención junto con otros cuarenta destacados miembros del campamento antes de ser deportado a Alemania Occidental en 1945.

Pero la sombra de Camp Siegfried se negaba a morir.

Tres antiguos miembros fueron capturados en junio de 1942 tras ser dejados por un submarino alemán frente a la costa de Long Island con la misión de sabotear algunos de los objetivos más importantes de Estados Unidos. La misión fue un fracaso y seis de los ocho saboteadores fueron condenados a muerte, pero ilustra el lado siniestro del supuestamente idílico campamento de Yaphank.

Las esvásticas se retiraron y los nombres de las calles se cambiaron hace décadas, pero la fuerte influencia alemana en la comunidad nunca ha desaparecido. Tal vez por eso las familias de ascendencia alemana siguen sintiéndose atraídas por la zona. Sin embargo, el pasado sigue persiguiendo a la ciudad y sugiere que el sentimiento proalemán no desapareció con los visitantes de antes de la guerra, con sus uniformes fascistas grises y negros.

Los terrenos del Camp Siegfried fueron confiscados por las autoridades estadounidenses tras el estallido de la Segunda Guerra Mundial, pero más tarde fueron recuperados por su propietaria, la Liga de Colonización Germano-Americana, y rebautizados como Jardines Alemanes y Parque Siegfried.

Según una demanda interpuesta por un par de vecinos que vivieron en el barrio durante años, los propietarios seguían mostrándose selectivos con el tipo de personas que vivían en la comunidad.

Philip Kneer y Patricia Flynn-Kneer acusaron a la liga de «políticas de vivienda racialmente divisorias», afirmando que impedía la residencia en el distrito a cualquiera que no fuera de ascendencia alemana o blanco. Afirmaron que los estatutos de la asociación establecen que los residentes deben ser «de origen alemán y de buena reputación y carácter».

La liga, y muchos residentes, negaron que hubiera discriminación racial a la hora de decidir a quién se permitía vivir allí, pero, en 2017, según Associated Press, la GASL resolvió un caso de antidiscriminación presentado por el estado de Nueva York.

Nunca se ha sugerido que la decisión de William Patrick, Phyllis y Brigid de trasladarse a la misma zona tuviera algo que ver con el fuerte contingente alemán, pero resulta curioso que la historia de Yaphank y el secreto de la familia estuvieran tan estrechamente alineados con la Alemania de Hitler.

Si conocían el pasado nazi de la ciudad, habría sido aún más imperativo para los Hitler mantener en secreto el suyo.

CAPÍTULO XIX
¿QUÉ HAY EN UN NOMBRE?
9 de enero de 1927. Bayreuth, Alemania

El funeral de invierno de Houston Stewart Chamberlain, celebrado en Bayreuth (Baviera) el 9 de enero de 1927, fue un acontecimiento muy wagneriano, y no es de extrañar que una figura política floreciente en Alemania, Adolf Hitler, se encontrara entre los asistentes de alto rango del Partido Nazi.

El fallecido, de setenta y un años, nació en Southsea, Hampshire, pero hacía tiempo que había abandonado su país natal por una nueva vida en Alemania. Al principio, el motivo fue su devoción por el compositor Richard Wagner, pero, con el tiempo, llegó a adorar todo lo relacionado con su nuevo país y acabó nacionalizándose.

Joven débil y enfermizo, Chamberlain creció con una antipatía hacia Inglaterra que nunca le abandonó del todo, y tomó un camino muy distinto del que se esperaba de él. Su padre, almirante de la Royal Navy, quería que su hijo siguiera sus pasos. En cambio, su ideología antisemita inspiraría el peor genocidio que el mundo haya visto jamás. Creía que los alemanes eran una raza superior y que los judíos eran peligrosamente inferiores. Fue el mentor racista de Hitler.

Y parece posible que el nombre de Chamberlain, en parte, haya sido adoptado por William Patrick Hitler para ocultar su identidad como sobrino del difunto líder alemán. No sé con certeza si eligió al racista escritor y filósofo inglés para su apellido compuesto, pero la coincidencia parece notable.

Una fuente familiar se limitó a decir que el nombre procedía de un pariente del condado de Cork y de un autor al que William Patrick admiraba. Los hermanos no hicieron más comentarios. Pero merece la pena examinarlo más a fondo, sobre todo porque ilustra una vez más el poder de un nombre y sus derivadas tanto buenas como malas.

En el largometraje documental *Meet the Hitlers*, el director nominado al Oscar Matt Ogens explora cómo influye en la identidad un nombre, en este caso, el más odiado de la historia. Los que nacieron con ese nombre, y no eran parientes de Adolf, parecían llevar una vida bastante normal sin cambiarlo, aunque la hija de uno de ellos fue abucheada cuando se presentó a presidenta de la clase, y es evidente que encontraron obstáculos en el camino.

Los que eligieron el nombre, en particular un neonazi de Estados Unidos llamado Heath Campbell, que llamó a su hijo Adolf Hitler y ahora ha cambiado su propio nombre por Hitler, son mucho más inquietantes. También llamó a sus otros hijos Joyce Lynn Aryan Nation, Honszlynn Hinler Jeannie, Heinrich Hons y Eva Lynn Patricia Braun. Campbell eligió estos nombres para escandalizar, y ninguno es más escandaloso que Hitler.

Las opiniones de Chamberlain sobre el papel de la raza aria en la historia del mundo ya habían captado el interés del káiser Guillermo II de Alemania antes de que el escritor inglés conociera a Hitler en 1923.

Más tarde, según el *Nazi Germany Sourcebook*, escribiría a Hitler diciendo:

Muy respetado y querido Hitler:

No es de extrañar que un hombre así pueda dar paz a un pobre espíritu sufriente. Sobre todo cuando se dedica al servicio de la patria. Mi fe en Germandom no ha flaqueado ni un momento, aunque mis esperanzas estaban —lo confieso— por los suelos. De un solo golpe has transformado el estado de mi alma. Que Alemania, en la hora de su mayor necesidad, saque a un Hitler es prueba de su vitalidad.

* * *

Su farragoso libro, en el que exponía sus opiniones sobre la superioridad racial aria, fue descrito más tarde como «el evangelio del movimiento nacionalsocialista».

El germanófilo declarado entró a formar parte del círculo íntimo de Wagner y acabó casándose con la hija del compositor, Eva, en 1905. Huelga decir que no vivió para ver el intento de Hitler de llevar a la práctica su odiosa filosofía, pero muchas de sus teorías de ciencia racial perduraron a través de sus discípulos nazis.

«Por lo que debemos luchar es por salvaguardar la existencia y la reproducción de nuestra raza y nuestro pueblo, el sustento de nuestros hijos y la pureza de nuestra sangre, la libertad y la independencia de la patria, para que nuestro pueblo pueda madurar para el cumplimiento de la misión que le asignó el creador del universo», escribió Adolf Hitler en *Mein Kampf*, reflejando en gran medida las ideas de su mentor británico.

Pero, mientras que Chamberlain era un académico y un hombre de ideas, en Hitler encontró a un manipulador impulsivo que no solo apoyaría y promovería estos retorcidos ideales ante un público vulnerable, sino que también haría todo lo que estuviera en su considerable poder para hacerlos realidad.

Entre 1933, cuando el Partido Nazi llegó al poder, y hasta el final de la guerra, en 1945, Hitler dirigió un intento sistemático, patrocinado por el Estado, de acabar con el pueblo judío, al que consideraba inferior y una amenaza para la cultura alemana. La persecución fue en aumento, desde leyes discriminatorias y violencia contra los judíos, que los excluían de la vida política, económica y cultural del país, hasta lo que los líderes nazis denominaron la «solución final a la cuestión judía».

La «solución final» fue la ejecución masiva organizada de judíos de Alemania y de toda Europa en campos de concentración entre 1941 y 1945. La mayoría de las víctimas murieron de dos maneras, aunque se emplearon muchos otros métodos brutales y despiadados. La primera consistió en fusilamientos masivos que tuvieron lugar en más de 1500 ciudades, pueblos y aldeas de Europa tras obligar a hombres, mujeres y niños judíos a cavar sus propias tumbas. La segunda masacre tuvo lugar en los campos de exterminio, como los de Chelmno, Belzec, Sobibor, Treblinka y Auschwitz-Birkenau, donde las víctimas eran trasladadas y asfixiadas en cámaras de gas u obligadas a realizar trabajos forzados antes de ser gaseadas. Casi 2,7 millones de judíos fueron asesinados de esta forma.

En 1934, la población judía en Europa ascendía a nueve millones de personas.

A finales de 1945 solo quedaban tres millones. Los otros seis millones fueron asesinados por los nazis y sus colaboradores. Estas atrocidades se detallaron gráficamente en los Juicios de Núremberg después de la guerra, cuando diecinueve líderes militares y políticos del Tercer Reich fueron condenados por crímenes de guerra. Doce de ellos, entre los que se encontraban Hermann Goering, mano derecha de Hitler, el abogado nazi Hans Frank y Alfred Rosenberg, devoto del filósofo inglés, fueron condenados a muerte, aunque Goering se suicidó la noche antes de ser ahorcado.

Una de las características de mi búsqueda es que, después de tanto tiempo, algunas preguntas clave siguen sin respuesta. Para esta cuestión no he podido encontrar respuesta a pesar de todos mis esfuerzos: si William Patrick era consciente de las connotaciones vinculadas a uno de los escritores racistas más destacados de los siglos XIX y XX, ¿por qué demonios eligió su nombre? Si era consciente del papel de Chamberlain como uno de los arquitectos del Holocausto, ¿por qué no evitó ese nombre como la peste y optó por otro apellido menos distintivo? Como Smith.

Los Hitler de Long Island no tenían elección sobre la familia en la que nacieron ni interés en explorar un pasado sobre el que no tenían control, pero, en un extraño comentario público, el hijo mayor, Alex, dijo que no era partidario de Donald Trump.

Cuando el periódico alemán *Bild* localizó a Alex en su casa en 2018, se negó a hablar de su familia, al igual que había hecho conmigo en nuestros diversos encuentros a lo largo de los años. Pero el patriota, que no había faltado a una votación en Estados Unidos en décadas, sí reveló sus opiniones sobre el entonces presidente Donald Trump y definitivamente no era fan del inconformista republicano: «Siempre voto a la persona que hace mejor su trabajo. La última persona a la que admiraría es Donald Trump. Definitivamente, no es uno de mis favoritos. Algunas cosas que dice están bien. Es su forma de ser lo que me molesta. No me gustan los mentirosos».

Se mostró más afín a la excanciller alemana Angela Merkel: «Me gusta. Es buena. Parece una persona inteligente y lista».

Resulta inconcebible para la mayoría de las personas razonables, tanto en Alemania como en cualquier otro lugar, que un monstruo como Adolf Hitler hubiera alcanzado una posición de tanto poder. Aunque no estoy comparando en modo alguno a ambos hombres, resulta igualmente desconcertante que una nación, como Estados Unidos, con gente maravillosa, inquieta y enérgica, haya podido votar a Donald Trump para ocupar la Casa Blanca. No pretendo entender los motivos de tales decisiones, pero comprendo el poder de las palabras… y la importancia de los nombres. Los palos y las piedras pueden, en efecto, romperte los huesos, pero las palabras también pueden hacerte daño. Llamar a alguien Hitler nunca va a ser bueno, aunque sea tu verdadero nombre. Por eso es tan difícil entender que William Patrick permitiera que un racista como Chamberlain manchara la nueva vida que había creado con tanto éxito para su familia.

CONCLUSIÓN

Tras confirmar definitivamente que la familia no estaba dispuesta a colaborar, continué investigando sobre la vida de William Patrick Hitler. Como el lector que ha llegado hasta aquí ya sabe, se abrieron otras puertas que me ayudaron a darle vida, a colorear el esbozo que se ofrecía en notas a pie de página y en la mayoría de los libros anteriores. Descubrí informes inéditos del FBI y registros de los servicios secretos que ofrecen una visión fascinante de los pensamientos y los actos de William Patrick en aquella época. No solo eso, sino que además proporcionan una visión única de un lado raramente explorado de su tío, el hombre más malvado de los tiempos modernos: el del hombre de familia, aunque uno extremadamente antagónico.

El descubrimiento del expediente del FBI sobre William Patrick fue uno de mis avances más importantes a la hora de reconstruir las verdades y medias verdades de su vida. El voluminoso expediente, antaño de alto secreto, encontrado en un rincón olvidado de los archivos del FBI en Washington, D. C., contenía abundante información nunca antes publicada sobre William Patrick y Brigid.

Con la ayuda de la Ley de Libertad de Información de Estados Unidos y del servicial personal del FBI, logré obtener una copia del informe de 112 páginas, que ahora ha sido desclasificado, y la lectura de los documentos fue como un viaje en el tiempo, con nombres como Roosevelt, Hoover y, por supuesto, Hitler destacando entre los textos, a veces titubeantes. Y lo que es más importante: el documento proporcionaba una confirmación independiente de historias procedentes de fuentes menos concretas. Aunque los papeles no sirvieron para descubrir qué fue de William Patrick y su familia (en el informe figuraba con el apellido de Hitler), incluían un informe detallado de la entrevista que el agente especial White mantuvo en 1942 con el sobrino del Führer.

Gran parte de la información que William Patrick dio al FBI reflejaba la contenida en las misteriosas memorias de su madre. En el pasado, muchos biógrafos de Hitler han citado el manuscrito de Brigid y, al mismo tiempo, han puesto en duda su autenticidad. En mi opinión, el contenido del expediente del FBI significaba que, como mínimo, las memorias de Brigid debían tomarse en serio. Aunque algunos pasajes del libro son excesivamente dramáticos, la prosa es a veces algo florida y algunos de hechos están claramente falseados, la mayoría de los episodios clave (el encuentro de Brigid con Alois y sus primeros años en Liverpool y Londres, la bigamia de Alois, el tormentoso encuentro de William Patrick con Adolf en forma de *chantaje* y la detención de William Patrick durante la purga de sangre) están verificados en el informe del FBI o en artículos periodísticos sobre las conferencias de William Patrick en Estados Unidos.

Aunque el William Patrick de posguerra nunca me habría agradecido la comparación, compartía algunos aspectos interesantes con su tío. Sus padres estaban cortados por el mismo patrón. Alois Hitler padre era un mujeriego impenitente y un matón arrogante que se casó tres veces y siempre insistió en que se dirigieran a él con su título completo de funcionario de aduanas austriaco de rango medio. Alois hijo era el hijo de su padre, un bígamo y un bebedor empedernido que pegaba a su mujer y a su hijo y se deleitaba actuando por encima de su posición social. Ambos tenían la astucia necesaria para salir airosos de situaciones potencialmente desastrosas: Alois padre, protegiendo su reputación profesional a pesar de los escándalos recurrentes de sus aventuras románticas; su hijo, eludiendo la cárcel por bigamia y sobreviviendo relativamente indemne a la caída del Tercer Reich de su hermano.

De niños, Adolf y William Patrick fueron adorados y mimados por madres cariñosas y, tal vez como resultado de esa atención, ambos fueron soñadores de jóvenes, tanto que se les consideraba perezosos y distraídos.

El fallecimiento de los tres primeros hijos de Klara Hitler, con pocas semanas de diferencia, entre 1887 y 1888, y la posterior muerte de su quinto hijo, Edmund, en 1900, fueron quizá la razón por la que se aferró aún más a Adolf y a Paula, los dos hijos supervivientes. A su vez, los niños la querían con una intensa lealtad, sobre todo Adolf. En su biografía de Hitler, Ian Kershaw cita al médico judío de la familia Hitler, Eduard Bloch, que dijo de Adolf: «Exteriormente, el amor por su madre era su rasgo más llamativo. Aunque no era un "niño de mamá" en el sentido habitual, nunca he presenciado un apego más estrecho».

En uno de los escasos pasajes que muestran algún sentimiento en *Mein Kampf*, Hitler escribió: «Yo había honrado a mi padre, pero amaba a mi madre».

Según Kershaw, Hitler llevó la foto de Klara consigo a todas partes, hasta sus últimos días en el búnker: «Su retrato estaba en sus habitaciones de Múnich, Berlín y Obersalzberg (su residencia alpina cerca de Berchtesgaden). Puede que su madre fuera la única persona a la que quiso de verdad en toda su vida».

A menudo le tocaba a su madre intentar proteger al joven Adolf de las palizas que le propinaba su padre en sus repentinos ataques de violencia. Cuando ella murió en 1907, a los cuarenta y siete años, Adolf quedó devastado. «Nunca he visto a nadie tan postrado de dolor como Adolf Hitler», escribió el Dr. Bloch.

Es imposible subestimar la importancia de Brigid Hitler en la vida de William Patrick. Uno de sus hijos recordaba que la primera vez que vio llorar a su padre fue tras la muerte de su madre en 1969. Antes de separarse definitivamente de su marido, Brigid lo abandonó tres o cuatro veces porque este había intentado lastimar a su bebé, y, desde aquellos primeros momentos, los destinos de madre e hijo estuvieron inextricablemente unidos. Se trasladaron juntos de Liverpool a Londres. Incluso cuando William Patrick tuvo edad suficiente para trabajar, volvió a casa con su madre. Cuando ambos fueron despedidos de sus empleos a causa de su apellido, buscaron trabajo juntos. «Semana tras semana, al volver a casa tras un día de búsqueda infructuosa, comparábamos notas —escribió Brigid en sus memorias inéditas—. Nuestras aventuras diarias eran paralelas... Nuestra búsqueda era cada vez más desesperada. Al principio habíamos supuesto que, al cabo de unos meses, la gente nos olvidaría y podríamos hundirnos en la tranquila e insensata oscuridad de la monótona experiencia londinense, pero el nuestro era un caso especial».

Cuando William Patrick se fue a trabajar a Alemania en los años treinta, su madre, abandonada por primera vez, sintió que «lágrimas ardientes empañaban mis ojos. El camino a casa nunca me había parecido tan solitario y sombrío». Fue por su madre por lo que William Patrick despertó la ira de su tío. Hitler, que evidentemente había decidido olvidar su propio apego materno, censuró a su sobrino por sus repetidas peticiones de un trabajo mejor pagado para poder enviar algo de dinero a Brigid.

Cuando William Patrick consiguió un contrato para su gira de conferencias por Estados Unidos en 1939, Brigid cruzó el Atlántico con él y, al salir de la Marina en 1946, el primer comentario del hijo obediente a un periodista fue que se dirigía a casa para ver a su madre. Ella permaneció a su lado incluso cuando se casó, viviendo en la casa de al lado, y aún yace junto a él, compartiendo la misma tumba en Long Island.

Aunque las enormes diferencias en la forma en que se desarrollaron sus vidas dificultan las comparaciones significativas, no cabe duda de que existen algunos rasgos familiares compartidos.

Es interesante que Hitler utilizara el nombre de Wolff en varios momentos de su vida y que el propio William Patrick eligiera más tarde un alias para ocultarse de las consecuencias de su verdadero nombre. Ninguno de los dos se dejaba intimidar fácilmente, ya fuera en la vida pueblerina de un flebotomista familiar o como poderoso estadista en la escena mundial.

Pero la verdadera clave de este libro es la forma en que estos dos hombres, por diferentes razones, intentaron por todos los medios distanciarse de sus raíces.

Hitler guardaba un secreto fanático sobre su pasado, un hecho que ayuda a explicar la continua fascinación que suscita hoy en día. De los capítulos biográficos de *Mein Kampf* solo se desprende un esbozo de sus padres. Falsificó la profesión de su padre, que pasó de ser funcionario de aduanas a funcionario de correos, y no mencionó a su hermana Paula ni a sus dos hermanastros, Alois y Angela.

En realidad, Hitler reconocía a sus parientes, pero solo cuando se le presionaba y nunca en público. Apenas toleraba a su hermanastro mayor, le permitió mantener abierto su restaurante de Berlín durante la guerra pero nunca lo visitó; dejó que Angela trabajara como su ama de llaves durante casi ocho años pero insistió en que permaneciera en un segundo plano; y temía tanto cualquier vínculo público con su hermana Paula que la ordenó que asumiera el nombre de Frau Wolff para que nadie supiera quién era realmente. Como hemos visto, a William Patrick y a Brigid los consideraba simplemente «repugnantes».

Con el inmenso poder que ostentaba, Hitler pudo llevar al extremo el aborrecimiento de su familia y la negación de sus raíces. En 1956, el documentalista austriaco Franz Jetzinger, autor de *Hitler's Youth*, escribió:

> Dos meses después de que Hitler invadiera Austria, en mayo de 1938, se emitió una orden a los Registros de la Propiedad implicados para que llevaran a cabo un estudio de Dollersheim (lugar de nacimiento de Alois Hitler) y sus alrededores con vistas a su idoneidad como zona de entrenamiento de combate para la Wehrmacht. Al año siguiente, los habitantes de Dollersheim fueron evacuados a la fuerza y el pueblo, junto con el campo circundante, fue arrasado por la artillería y las armas de infantería alemanas. El lugar de nacimiento del padre de Hitler y el lugar de la tumba de su abuela quedaron irreconocibles, y hoy toda esa extensión de lo que una vez fue un paisaje fértil y floreciente es un árido desierto sembrado de proyectiles sin explotar. Pero una zona tan estrechamente asociada a la familia de Hitler no podía haber sido utilizada para entrenamiento de combate sin su conocimiento y permiso. Entonces, ¿fue el propio Hitler quien dio la orden de destrucción de Dollersheim por un odio insano hacia su padre y el deseo de borrar cualquier prueba de su sangre judía?

Cuando en 1942 le informaron de que se había colocado una placa en su honor en el pueblo de Spital, donde había pasado algún tiempo en su juventud, montó en cólera y mandó quitarla.

Tanto si su obsesivo secretismo sobre su familia era simplemente una estrategia de un maestro de la propaganda que creaba un misterio en torno a su pasado y reforzaba su ideología de pertenecer solo a la patria, como si le preocupaba que su nebulosa genealogía le eximiera automáticamente de su exclusivo club ario, es una de las cuestiones más olvidadas por los historiadores y académicos que tratan de desentrañar la mente de Hitler.

No había un gran misterio tras la determinación de William Patrick de ocultar su origen familiar después de que la escala inimaginable de la barbarie de su tío se hiciera evidente tras la Segunda Guerra Mundial. El apellido había sido un obstáculo para él incluso antes de la guerra, cuando Hitler en Londres era tan bien recibido como Vladimir Putin en Kiev. Había intentado sacar provecho de él con éxito variable en Alemania y Estados Unidos. Pero después del Holocausto supo que ni siquiera denunciar a los nazis en innumerables conferencias y luchar por los Aliados contra su tío iba a protegerlo de las posibles consecuencias de una conexión tan directa y personal con el hombre responsable.

Las familias de seis millones de personas tenían buenas razones para odiar el nombre de Hitler.

William Patrick se había criado con ese nombre y Brigid hacía tiempo que había aprendido a vivir con la locura de su matrimonio. Tal vez, si se les hubiera dejado solos, habrían superado la vergüenza. Durante sus primeras visitas a Alemania en los años treinta para visitar a su padre, William Patrick buscó a sus otros parientes y les instó con entusiasmo a que le transmitieran las historias familiares no porque tratara de chantajear a su tío, sino porque él había crecido con el apellido Hitler, aunque sin el padre y la historia que debería haberle acompañado.

Después de la guerra, la historia familiar había cambiado tan terriblemente que era impensable intentar formar una familia llamada Hitler en Estados Unidos. William Patrick estaba decidido a no dejar que las generaciones futuras se enfrentaran continuamente a las inevitables preguntas y pasaran el resto de sus días mirando hacia atrás con cautela. Siguiendo la tradición de Adolf, que destruyó su hogar ancestral con una eficacia brutal, el Hitler inglés hizo desaparecer total y completamente su pasado y nunca miró atrás.

Resulta curioso que su entrevistador en la OSS, Walter Langer, y otros que examinaron lo que sabían de la vida de William Patrick llegaran a la conclusión de que no había «llegado a mucho», como si el ascenso de su tío a la cima de la infamia fuera de alguna manera digna de admiración. El hecho de que sus logros se comparen con los de Adolf Hitler y se consideren insuficientes es absurdo. Sospecho que muchos de los que reflexionaron sobre el destino de William Patrick creían que probablemente había muerto en la oscuridad como un hombre destrozado. El hecho de que cuando murió fuera amado y apreciado por su esposa y sus cuatro hijos convirtió a William Patrick en el único Hitler del siglo XX que tuvo un éxito convencional como padre de familia.

Si, en retrospectiva, intentó aprovecharse de su relación familiar para ganarse el favor de un tío que resultaba ser el idolatrado líder de la Alemania nazi, desde luego no fue la primera ni la última persona que intentó beneficiarse de una relación familiar. Cuando se hizo evidente el grotesco grado de maldad de Hitler, William Patrick hacía tiempo que se había distanciado completamente de su tío, hasta el punto de que él mismo fue a la guerra y recorrió Estados Unidos dando conferencias y emitiendo programas de radio en los que advertía al público sobre los excesos del Reich.

Hay indicios que sugieren que William Patrick ya había estado trabajando activamente contra su tío incluso antes de trasladarse a Estados Unidos, espiando para los servicios de inteligencia británicos durante sus años en Alemania. En sus controvertidas memorias, Brigid describe a su hijo reuniéndose con un misterioso hombre llamado Fenton en Londres antes de regresar a Alemania en 1938 e insinúa que William Patrick fue enviado en misión de espionaje. «Todos los demás hombres podían esperar tranquilamente su turno para luchar, mi hijo tuvo que librar su guerra en secreto», escribió. En la última página del manuscrito inacabado, William Patrick cuenta cómo escapó de Alemania tras rechazar la oferta de Hitler de obtener la ciudadanía alemana: «Estoy seguro de que no me creerás cuando te diga que fue un mago (Bunny Aulden) quien me sacó del país, pero esa es la pura verdad. Ya sabes, madre, que a los agentes les resulta muy difícil entrar en Alemania, así que los interesados han tenido que adoptar todo tipo de personajes inverosímiles para hacer su trabajo. Muchos de ellos son actores o bárbaros».

Cuando el FBI investigaba los antecedentes de William Patrick en 1942, las autoridades británicas le aseguraron que el sobrino del Führer era «uno de los nuestros». En el expediente de William Patrick faltan varias páginas que hacen referencia al enlace entre el FBI y la inteligencia británica. Todos mis esfuerzos por obtener información de fuentes de los servicios de inteligencia británicos fueron infructuosos. No obstante, en el libro de William Stevenson, *A Man Called Intrepid*, sobre sir William Stephenson, el diseñador de la Coordinación de Seguridad Británica, un organismo de guerra que vinculaba a los servicios secretos de Estados Unidos y el Reino Unido, se dice que William Patrick era conocido en la BSC como Pearl.

Aunque se ha cuestionado la credibilidad histórica de *A Man Called Intrepid*, también afirma que los registros del BSC aluden a la controvertida visita de Adolf Hitler a Liverpool antes de la Primera Guerra Mundial, descrita en el libro de Brigid Hitler. Una nota a pie de página escrita por Stevenson dice: «Los registros del BSC sugieren que Adolf Hitler pasó gran parte de su tiempo observando el flujo de tráfico marítimo a través de Liverpool hacia los cuatro puntos cardinales del Imperio británico, sin duda impresionado por esta prueba de poder marítimo».

Ernst Hanfstaengl también escribió sobre la fascinación de su líder por Inglaterra: «Intenté despertar su entusiasmo hablándole del castillo de Windsor, la Galería Nacional y las el Parlamento... Hitler se dejó llevar y empezó a dibujar de memoria el Palacio de Westminster en el reverso de una tarjeta de menú. Era el típico truco de salón que podía hacer en cualquier momento y el dibujo era perfectamente exacto».

Hanfstaengl señaló que Hitler podría haber visto fácilmente el edificio en una enciclopedia y que nunca mencionó el viaje a ninguno de sus confidentes. Pero el manipulador obsesivamente reservado bien podía tener muy buenas razones para no querer que nadie lo supiera. La versión de Hitler sobre su propio pasado, como hemos visto, a menudo distaba mucho de la verdad.

Los historiadores cuestionan la historia del viaje de Adolf Hitler a Liverpool, pero no hay pruebas ni de lo uno ni de lo otro. De joven vivía como un vagabundo en Viena y los únicos testigos de esa época han resultado poco fiables. Existe un misterioso periodo perdido en su vida. Al comprobar las listas de pasajeros de los barcos que zarparon de Hamburgo con destino al Reino Unido en esa época, no apareció ningún Hitler ni ninguna otra persona con ninguno de los nombres que asumió, y los registros de pasajeros del otro posible puerto de salida, Bremen, fueron destruidos por un incendio. Se ha afirmado que, durante la década de los treinta, los nazis intentaron reconstruir las listas de pasajeros de Bremen. Cabe preguntarse por qué.

Cuando me acercaba al final de mis pesquisas sobre la vida del Hitler inglés y sus herederos americanos, decidí hacer un último viaje a Long Island para intentar responder a algunas de mis persistentes preguntas sin resolver. A estas alturas estaba convencido de que la viuda de William Patrick y su hijo mayor me habían engañado al afirmar que las memorias de Brigid eran falsas, por lo que volví a quedar con una fuente familiar clave que ya me había ayudado antes a cambio del anonimato.

Nuestros encuentros anteriores habían generado un clima de confianza y la fuente me sugirió que leyera en voz alta la primera y la última página de las memorias. Resultaba obvio que el estilo de la narrativa era diferente, por lo que debían estar escritas por dos personas distintas. Una era florida y descriptiva, la otra, más práctica.

—La manzana no cae lejos del árbol —me dijo crípticamente.

—¿Intentas decirme que las memorias están escritas por los dos, William Patrick y su madre? —le pregunté.

Una sonrisa y un movimiento de cabeza me dieron la razón. Y obtuve una respuesta similar cuando sugerí que la segunda mitad del manuscrito que faltaba aún podía existir.

—Las memorias son verídicas. Puede que algunas historias se hayan exagerado un poco, como haría cualquier narrador, pero básicamente son ciertas —afirmó la fuente.

—¿Significa eso que Adolf Hitler estuvo en Liverpool? —le pregunté.

—No solo fue a Liverpool, sino que también estuvo en Irlanda visitando a unos parientes. Tenían familia allí. Hitler era un joven mucho más viajero de lo que la gente cree. El hecho de que la gente no pueda demostrar el viaje no significa que no lo hiciera.

—¿Y cómo llegó el manuscrito a la Biblioteca Pública de Nueva York?

—¿Cómo llegan las cosas al Smithsonian o a cualquier museo importante? Para conservarlas para la posteridad. No suele casual que estén ahí.

Además, tuve la intuición de que las memorias contenían mucha más información, pero la segunda parte permanecía oculta posiblemente porque contenía pistas sobre la difícil situación de la familia después de la guerra.

—¿Llamó William Patrick a su primer hijo Adolf?

—Lo hizo.

Al tratar de comprender la extraña decisión de William Patrick de poner voluntariamente el nombre de Adolf Hitler a su hijo, me dio la fuerte impresión de que, aunque le escandalizaban y repugnaban muchos de los actos de su tío, estaba, sin embargo, orgulloso de sus estrechos vínculos con acontecimientos de tal magnitud mundial, aunque hubiera decidido mantenerlos en secreto.

—¿De qué sirve un secreto si nadie lo desvela nunca? —me preguntó la fuente.

A pesar de la nota que me dejó en mi anterior visita a su casa, en la que me sugería que me pusiera en contacto con su abogado, llamé varias veces más a casa de Alex. Quería preguntarle, como portavoz designado por la familia, si había reconsiderado la oferta de colaborar en el programa de televisión sobre su padre que David Howard y Madoc Roberts están realizando para el Chanel 5 británico y si considerarían la posibilidad de conceder una entrevista a Oprah Winfrey. También quería preguntarle una vez más por los orígenes de las memorias de su abuela.

La primera vez que volví fue justo después del 11S y una bandera estadounidense colgaba orgullosa de la fachada de la casa. Alex estaba en el jardín plantando árboles. Pero parecía más tenso que en otras ocasiones.

—Lo hablé con mi madre y mis hermanos —afirmó—. Tuvimos una larga conversación y decidimos que no nos interesa. No queremos hablar de ello, sobre todo después de lo que acaba de ocurrir en Estados Unidos. ¿A quién le importamos?

Intenté comunicarle que la aparición de un nuevo hombre del saco como Bin Laden solo aumenta el interés por personajes como Adolf Hitler.

—Realmente me molesta que la gente hable de Hitler y Bin Laden. Hoy en el trabajo hemos tenido un susto con ántrax. No quiero lidiar con el pasado del que me hablas. Mis hermanos, mi madre y yo hemos tomado una decisión. Lo último que necesitamos es que nos relacionen con alguien como Bin Laden. Les dije a mis hermanos que, quizá cuando mamá muriera, podríamos decir algo. Todo esto es una vieja historia para nosotros. Compartimos un apellido, eso es todo. Pero, para mí, ese no es mi nombre. Cuando mi madre fallezca, quizá nuestra actitud sea diferente.

Inquieto por las preguntas, pero demasiado educado o interesado para cerrarme la puerta, restó importancia a la historia que me contó otro miembro de la familia de que los hermanos tenían un pacto de sangre para no tener hijos.

—Así es la vida —dijo—. Nunca hicimos un pacto, ni un plan, ni nada parecido. Todos hemos salido con gente y hemos mantenido relaciones duraderas. Es algo que no se ha producido. Quizá mis otros dos hermanos tengan ese pacto, pero yo no.

En cuanto a las memorias, se ciñe a su historia:

—Por lo que yo sé, todo es inventado. Todos los familiares que han leído el libro dicen que está lleno de historias fantasiosas.

Sin embargo, Alex confirmó que sus padres le pusieron Adolf de segundo nombre:

—Hay mucha gente que se llama así —dijo a la defensiva—. No sé por qué lo eligieron. Yo no estaba allí cuando lo decidieron. Vuelve a visitarme dentro de diez años —continuó mientras se dirigía finalmente a la puerta—. Para entonces mi madre ya no estará por aquí.

Varios años después de la muerte de su madre, en 2004, volví a preguntarle a Alex si había cambiado de opinión sobre la idea de contar la historia completa de su padre.

—La verdad es que no sé mucho —me respondió Alex, que para entonces ya estaba jubilado—. Cuando era niño, le preguntaba continuamente a mi padre: «¿Por qué no nos lo cuentas?». Y él siempre respondía: «¿Para qué quieres saberlo? No te va a ayudar en nada». Cuando se instaló en Estados Unidos, dijo que su vida anterior había terminado y que empezaba una nueva vida. Cuando nos tuvo a nosotros, se convirtió en padre.

He hablado de esto con mis hermanos, y no diremos nada. Ni ahora ni nunca.

Con esta declaración, Alex Adolf Hitler dio un portazo al pasado.

En ese mismo viaje hice una emotiva visita a Reich Werner, superviviente del Holocausto, que vivía a pocos pueblos de los Hitler, en Long Island. La familia del señor Werner huyó a la entonces Yugoslavia en 1933, cuando los nazis alcanzaron el poder en Alemania. Fue escondido con su hermana Renate por una familia del movimiento de resistencia durante dos años tras la invasión del país en 1941, pero finalmente fue detenido por la Gestapo. Fue separado de su madre cuando lo llevaron al campo de concentración de Auschwitz y nunca volvió a verla.

—Nací en Alemania. Llevábamos una vida perfectamente normal. Una mañana llamaron a la puerta y apareció un grupo de tipos con largos abrigos negros. Era la Gestapo, la policía secreta alemana, y me encontraron. En aquella época, yo no sabía absolutamente nada de los nazis. Y fui a Auschwitz. Sabíamos que no estaríamos allí mucho tiempo. Tenía trece amigos judíos antes de la guerra y, cuando terminó, yo era el único que seguía vivo. Los mataron a todos.

Durante su estancia en Auschwitz, aprendió algunos trucos de magia de otro prisionero, Herbert Lewin, conocido como Nivelli el Mago antes de la guerra. Atribuye su supervivencia en el campo a la distracción ocasionada por la magia.

Otras formas de sobrevivir le resultaron más traumáticas. Recordaba que lo obligaban a correr desnudo ante Mengele, quien más tarde escaparía de las tropas aliadas, y la ejecución casi segura a la que se habría enfrentado por los experimentos inhumanos que realizaba con los internos. Mengele decidía quién era apto para el trabajo y quién iría a las cámaras de gas.

—Corríamos literalmente por nuestra vida —dijo Werner—. Sonreíamos, intentábamos parecer más grandes y fuertes, cualquier cosa para que creyera que estábamos bien para trabajar.

Cuando finalmente fue liberado por las tropas estadounidenses el 5 de mayo de 1945, tenía solo diecisiete años y pesaba 29 kilos.

Werner emigró a Inglaterra, conoció a su futura esposa, Eva, y se trasladó a Estados Unidos en 1955. Este hombre amable y reflexivo no se escandalizó ni se molestó cuando le conté que descendientes de Hitler vivían a poca distancia en coche de la apacible cabaña donde residía él. En todo caso dijo que culpaba al pueblo alemán por permitir que Hitler y sus compinches causaran tales estragos.

Werner, que murió en 2022 a los noventa y cuatro años, dijo que no sentía rencor hacia los Hitler de Long Island.

—Siento que, si persigo a estas personas, si expreso mi odio, no soy ni un poquito mejor. No voy a culparte por los actos de tus padres, ni quiero que me culpen por lo que hicieron o dejaron de hacer mis antepasados. Si me hubieras preguntado hace veinte años o cincuenta, quizá mi actitud habría sido diferente, quizá habría dicho: «Dame una ametralladora e iré allí y acabaré con ellos». Pero ese ya no soy yo. Para mí, la vida es bella.

No soy historiador, ni pretendo serlo. Los detalles de la vida de William Patrick Hitler se han presentado en gran parte en este libro tal y como yo los descubrí. No muestran a William Patrick bajo un prisma coherente. Es descrito como extremadamente perezoso, repugnante, repulsivo, chantajista, de mala reputación, valiente, cariñoso, atento, trabajador y divertido. Pero la vida real es así: no todos encajamos en categorías nítidas y puede que todos compartamos algunos de estos rasgos. Algunos de los detalles y escenarios que he relatado entran en conflicto entre sí y otros pueden llevar a confusión. Muchas de las piezas están ahora en su sitio, pero el rompecabezas de la vida de William Patrick Hitler dista mucho de estar completo.

¿Visitó Adolf Hitler Inglaterra? Yo creo que sí. ¿Es auténtico el manuscrito de las memorias de Brigid Hitler de la Biblioteca Pública de Nueva York? De nuevo, creo que sí. Pero ¿qué hay de las otras preguntas que siguen intrigando a los historiadores? ¿Dejó William Patrick Alemania porque le horrorizó lo que vio? ¿O fue porque su tío no quería darle un trabajo decente? ¿Por qué hizo William Patrick todo lo posible por cambiar de identidad y, sin embargo, eligió un apellido manchado por el nazismo? ¿Por qué le puso a su hijo mayor el nombre de Adolf Hitler?

Si William Patrick o Brigid vivieran hoy, tal vez podrían responder a algunas de estas preguntas. Lo más probable es que dijeran que todo aquello sucedió hace demasiado tiempo como para resultar interesante. Lo más importante para ellos era proteger a los Hitler que dejaron atrás.

William Patrick estuvo mucho más de la mitad de su vida viviendo en una mentira porque ese era el legado más práctico que podía dejarles a sus hijos, herederos de los genes menos deseados del mundo.

No hay ningún motivo para creer que los demonios que acechaban tras la retorcida psique de su tío abuelo estuvieran impresos en el ADN que comparten.

Aun así, no quieren correr riesgos. Mientras redacto esta nueva edición actualizada, debo afirmar que ninguno de los hermanos estaba casado en 2022. Tampoco tenía hijos.

Y por eso serán para siempre los últimos Hitler.

FECHAS IMPORTANTES

- 7 de junio de 1837: nacimiento de Alois Schicklgruber, padre de Adolf, Alois, Angela y Paula, en Strones, Austria. Es hijo ilegítimo de Maria Anna Schicklgruber.
- 1873: Alois Schicklgruber se casa con Anna Glassl.
- 6 de junio de 1876: Alois Schicklgruber cambia su nombre por el de Hitler.
- 1880: Alois y Anna se divorcian
- Enero de 1882: nacimiento de Alois Hitler hijo en Braunau, Austria. Hijo ilegítimo de Alois y Franziska Matzelsberger.
- 22 de mayo de 1883: Alois padre se casa con Franziska.
- 28 de julio de 1883: nacimiento de Angela Hitler en Braunau
- 1884: muerte de Franziska.
- 7 de enero de 1885: Alois padre se casa con Klara Pölzl.
- 20 de abril de 1889: nacimiento de Adolf Hitler en Braunau. Hijo de Alois y Klara Pölzl.
- 3 de julio de 1891: nacimiento de Brigid Dowling en Dublín, Irlanda.
- 21 de enero de 1896: nacimiento de Paula Hitler en Hafeld, Austria
- 3 de enero de 1903: muerte de Alois Hitler padre.

- 1909: Brigid conoce a Alois Hitler en el Dublin Horse Show.
- 3 de junio de 1910: Brigid se casa con Alois Hitler en el Registro Civil de Marylebone, Londres.
- 12 de marzo de 1911: nacimiento de William Patrick Hitler en Toxteth, Liverpool.
- Noviembre de 1912-abril de 1913: Adolf Hitler se alojó con la familia de su hermano en Liverpool, según un relato no verificado de las memorias de Brigid Hitler.
- Mayo de 1914: Alois abandona a Brigid y a William Patrick para vivir en Alemania.
- 28 de julio de 1914: comienza la Primera Guerra Mundial; Reino Unido declara la guerra el 4 de agosto.
- 11 de noviembre de 1918: final de la Primera Guerra Mundial.
- 1923: Alois es acusado de bigamia por casarse con su esposa alemana cuando todavía estaba casado con Brigid.
- Agosto de 1929: William Patrick hace su primera visita a Alemania para ver a su padre.
- 1930: segundo viaje de William Patrick a Alemania y primer encuentro con Adolf Hitler.
- 1930: según Hans Frank, el «carnicero de Polonia», William Patrick fue nombrado por Hitler como un «pariente repugnante» por hablar con la prensa. Frank afirmó que recibió el encargo de investigar la posible ascendencia judía de Hitler debido a una amenaza de chantaje de William Patrick.
- 18 de septiembre de 1931: la sobrina de Adolf Hitler, Geli Raubal, es hallada muerta en su apartamento de Berlín.
- 30 de enero de 1933: Hindenburg invita a Hitler a ser canciller alemán.
- 1933: William Patrick deja Inglaterra para vivir y trabajar en Alemania.
- 1938: William Patrick es convocado a Berchtesgaden, el refugio alpino de Hitler, y se le pide que renuncie a su

nacionalidad británica y asuma un papel destacado en el Tercer Reich. Se niega y tiene que abandonar Alemania por su propia seguridad.

- 20 de enero de 1939: Brigid Hitler es llevada a los tribunales por impago.
- 30 de marzo de 1939: William Patrick Hitler y su madre llegan a Nueva York en el transatlántico francés *Normandie*.
- 1 de septiembre de 1939: comienza la Segunda Guerra Mundial; Reino Unido declara la guerra el 3 de septiembre.
- 3 de marzo de 1942: William Patrick escribe al presidente Franklin D. Roosevelt pidiéndole ayuda para alistarse en el ejército estadounidense y poder luchar contra su tío.
- 30 de marzo de 1942: William Patrick es entrevistado por el FBI sobre sus vínculos con Adolf Hitler.
- 10 de septiembre de 1943: William Patrick es entrevistado por Walter Langer de la Oficina de Estudios Estratégicos, precursora de la CIA, para obtener información sobre su tío.
- 6 de marzo de 1944: William Patrick es llamado a filas en la Marina de los Estados Unidos.
- 30 de abril de 1945: Hitler se suicida cuando el Ejército Rojo rodea su búnker.
- 8 de mayo de 1945: Alemania se rinde incondicionalmente.
- 2 de septiembre de 1945: final de la Segunda Guerra Mundial.
- Febrero de 1946: William Patrick es licenciado en la Marina.
- 2 de octubre de 1946: William Patrick solicita una tarjeta de la seguridad social a nombre de William Hiller.
- 1947: William Patrick se casa con Phyllis en Nueva York, Estados Unidos. Adoptan un alias.
- 1949: nacimiento de Alex Hitler en Nueva York, Estados Unidos. Muerte de Angela Hitler

- 1951: nacimiento de Louis Hitler en Nueva York.
- 1956: muerte de Alois Hitler.
- 1957: nacimiento de Howard Hitler en Nueva York.
- 1960: muerte de Paula Hitler.
- 1965: nacimiento de Brian Hitler en Nueva York.
- 18 de noviembre de 1969: muerte de Brigid Hitler en Nueva York.
- 1979: *The Memoirs of Bridget Hitler*, editado por Michael Unger, es publicado en el Reino Unido por Gerald Duckworth and Co.
- 14 julio de 1987: muerte de William Patrick Hitler en Nueva York.
- 1989: muerte de Howard Hitler.
- 2004: muerte de Phyllis Hitler.

AGRADECIMIENTOS

En primer lugar, quiero dar las gracias a Tim Miles, mi amigo y antiguo socio en Nueva York. Empezamos a trabajar juntos en la historia que sirvió de base a este libro y le estaré eternamente agradecido por haber compartido los años más agradables de mi carrera en nuestra pequeña oficina en el cruce de Spring y Lafayette, en el SoHo, en la década de los noventa.

Tuve el placer de trabajar con algunas buenas personas en varios documentales sobre los Hitler de Long Island, sobre todo con el director Matt Ogens y con David Howard y Madoc Roberts. También tengo una deuda de gratitud con Randall Northam, editor de *The Last of the Hitlers*.

Como siempre, ha sido un sueño trabajar con Toby Buchan y Ciara Lloyd en John Blake Publishing.

Dedico este libro a mi esposa, Michelle, y a nuestros hijos, Mickey, Jazmin y Savannah.

ACERCA DEL AUTOR

David Gardner es redactor en *Newsweek* y autor de varios
libros superventas. Trabajó para el *Daily Mail* como redactor
de sucesos y como corresponsal en el extranjero, enviando
información desde la ciudad de Beirut, devastada por la
guerra, cubriendo la primera guerra del Golfo (fue el primer
periodista británico de prensa escrita en Bagdad) y viajando
por todo el mundo en misiones para el galardonado periódico. Se trasladó a California como corresponsal del *Mail* en
Los Ángeles, donde cubrió cuatro elecciones presidenciales
y los acontecimientos más importantes de las dos últimas
décadas en Estados Unidos. Hasta hace poco ha trabajado
como corresponsal en Estados Unidos del *Evening Standard* de
Londres. Su libro de 2021, *9/11: The Conspiracy Theories*, publicado por John Blake Publishing con motivo del vigésimo
aniversario de los atentados terroristas de Nueva York y Washington D. C., fue un *bestseller* del *Sunday Times*. También es
autor de *The Tom Hanks Enigma* (John Blake Publishing, 2007)
y *Legends: Murder, Lies and Cover-Ups* (John Blake Publishing,
2016), en el que investigó algunas de las muertes de famosos
más célebres de la historia reciente, como las del presidente

John F. Kennedy, Marilyn Monroe y Diana, princesa de Gales. Su libro más reciente para John Blake Publishing es *COVID-19: The Conspiracy Theories* (2022). Además ha escrito dos novelas. Divide su tiempo entre el Reino Unido y Los Ángeles.

Izquierda: Alois Hitler, padre de Alois hijo y su hermanastro, Adolf. «Alois Hitler padre era un impenitente mujeriego y arrogante matón que estuvo casado tres veces y siempre insistió en ser tratado por su título completo de funcionario de aduanas austríaco de rango medio.»

Derecha: La tercera esposa de Alois padre, Klara, de soltera Pölzl. De los cuatro niños y dos niñas que dio a luz, solo dos (Adolf y su hermana Paula) sobrevivieron a la infancia. Su muerte por cáncer devastó a Adolf.

Izquierda: Alois Hitler hijo en el momento de su matrimonio: «[Él] era hijo de su padre, un bígamo y bebedor empedernido que maltrató a su esposa y a su hijo y se deleitó actuando por encima de su posición social».

Derecha: Brigid Hitler (de soltera Dowling), una chica irlandesa de Dublín, que se casó con Alois hijo en 1910, con quien tuvo su único niño, William Patrick Hitler.

Abajo: Adolf Hitler a los veinticinco años (en el centro del círculo) entre la multitud en Múnich en la declaración de Alemania de guerra, en agosto de 1914. ¿Y si hubiera visitado a su hermanastro Alois en Liverpool dos años antes?

Durante la Primera Guerra Mundial, Adolf Hitler se alistó en el decimosexto Regimiento de Infantería de Reserva de Baviera, y sirvió en Francia y Flandes, donde resultó herido y gaseado, y fue dos veces condecorado por su valentía.

Hitler en 1923, año del fallido golpe de Estado de Múnich por el que fue encarcelado. Diez años más tarde se convertiría en canciller de Alemania.

La sobrina de Hitler, Geli Raubal (izquierda) con su madre, Ángela. Geli (la supuesta amante de Hitler) murió misteriosamente en 1931. Oficialmente se suicidó, pero muchos creen que Hitler le disparó.

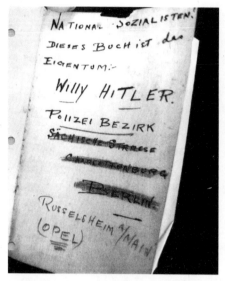

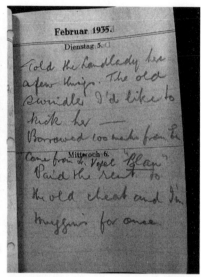

Portada del diario que escribió en 1935 el «repugnante sobrino» de Hitler, William Patrick, hijo de Alois júnior y Brigid Hitler, cuando trabajaba en Alemania. El diario está en inglés y escrito a lápiz.

Una página del diario en la que William Patrick se queja de su casera y le dice que le gustaría patearla. Se desprende de él que siempre le faltó el dinero.

Alois júnior (flecha de la izquierda), William Patrick (flecha del centro) y Heinz (derecha), el hijo del segundo matrimonio bígamo de Alois. Fotografiados en una viaje en barco por los canales de Alemania antes de la Segunda Guerra Mundial.

Guillermo Patricio Hitler, marinero de primera clase, de la Marina de los Estados Unidos, recibe su alta del servicio en febrero de 1946. Él y su madre habían emigrado a Estados Unidos en 1939.

Portada de un folleto para una gira de conferencias de América dada por William Patrick Hitler en noviembre de 1939. En esa fecha faltaban dos años para que Estados Unidos se uniese a la guerra.

The Truth About Hitler And His Regime
From One Person Who Knows Them Both Inside Out!

WILLIAM PATRICK **HITLER**
(NEPHEW OF ADOLF HITLER)

Presents His Startling Story
Of The Real Germany
Hidden Behind Nazi Fictions

**WHAT THE
GERMAN
PEOPLE
ARE
THINKING**

Harold R. PEAT, Inc.
Exclusive Agents

La cuñada de Adolf Hitler, Brigid, promoviendo la Sociedad de Socorro de Guerra británica en Nueva York, en julio de 1941. Detrás de ella hay una fotografía del primer ministro de Gran Bretaña, Winston Churchill.

Arriba: Brigid se despide de su hijo fuera del Hotel Astor, Nueva York, 29 de junio de 1941. Una toma publicitaria escenificada cuidadosamente para aparentar que William Patrick se marchaba para unirse a la Real Fuerza Aérea Canadiense, pero en realidad se había alistado en la Marina de los Estados Unidos.

Derecha: William Patrick (de veintiocho años) y su madre se dirigen a la Catedral de San Patricio en la ciudad de Nueva York, después de asistir al servicio del Domingo de Ramos (2 de abril de 1939).

Arriba: La casa donde William Patrick
Hitler y su esposa Phyllis criaron
a sus hijos. También dirigieron un
laboratorio de análisis de sangre en
ella.

Arriba: William Patrick en su casa a edad
avanzada. Murió en julio de 1987, a los
setenta y seis años.

Izquierda: La lápida de las tumbas de
Brigid Hitler y su hijo William Patrick.
Brigid murió en 1969, a la edad de
setenta y ocho años.

Izquierda: Luis Hitler, el segundo de los cuatro hijos de William Patrick.

Derecha: Brian Hitler tal como apareció en su anuario de la escuela secundaria.

Izquierda: Alexander Hitler, en su foto del anuario de la escuela secundaria.

Derecha: Howard Hitler actuando con la banda de marcha de su escuela secundaria. El único de los sobrinos nietos de Hitler que se casó. Murió en un accidente automovilístico en septiembre de 1989.

Este libro se terminó de imprimir
en el mes de abril de 2024
en Liberdúplex S. L. (Barcelona)